期权基本款

人人可用的

期权专业知识和操作手法

徐华康 岳树帅 著

電子工業出版社
Publishing House of Electronics Industry
北京•BEIJING

内 容 简 介

本书一共有 4 章，首先从实战角度讲解期权实战必备的基础知识，如时间价值、波动率等，通俗易懂，不照搬概念，以期读者可以更好地理解；然后将期权投资交易理念辨析明确，把止盈止损、资金管理等说清道明，便于读者灵活应用；接着介绍在日常交易中容易忽略但又非常重要的市场常识，希望读者能少走弯路；最后分享笔者在国内期权市场中实际运行时表现良好的策略模型，包括模型的理念、细节、后续改进等，读者可以参考借鉴，形成属于自己的“基本款”期权交易模型。

本书从期权交易相关的理念、经验层面进行阐述，可以直接指导交易，实际操作价值高，更注重资金管理和系统性的交易逻辑。本书面向对期权基础知识已经有一定了解、希望在期权市场中赚取更多收益的读者，以及需要学习更多实战经验的读者。

图书在版编目（CIP）数据

期权基本款：人人可用的期权专业知识和操作手法 / 徐华康，岳树帅著. —北京：电子工业出版社，2019.8（2025. 8重印）.
ISBN 978-7-121-37020-5

Ⅰ. ①期… Ⅱ. ①徐… ②岳… Ⅲ. ①期权交易－基本知识 Ⅳ. ①F830.91

中国版本图书馆 CIP 数据核字（2019）第 138047 号

责任编辑：黄爱萍
印　　刷：北京捷迅佳彩印刷有限公司
装　　订：北京捷迅佳彩印刷有限公司
出版发行：电子工业出版社
　　　　　北京市海淀区万寿路 173 信箱　　邮编：100036
开　　本：720×1000　1/16　印张：15.25　字数：244 千字
版　　次：2019 年 8 月第 1 版
印　　次：2025 年 8 月第 4 次印刷
定　　价：59.00 元

凡所购买电子工业出版社图书有缺损问题，请向购买书店调换。若书店售缺，请与本社发行部联系，联系及邮购电话：（010）88254888，88258888。

质量投诉请发邮件至 zlts@phei.com.cn，盗版侵权举报请发邮件至 dbqq@phei.com.cn。

本书咨询联系方式：（010）51260888-819，faq@phei.com.cn。

推　荐　序

一、“韭菜”与“收割机”

期权世界是一个零和的游戏场，无论玩家的动机是投机、套保还是套利，也无论手法是单腿、双腿还是多腿，每笔合约的交易都终以输或赢收场，其中赢家收获的战利品是从输家兜里掏出来的。而在股票的世界里，输赢相加并非为零，即赢家所赢的未必是输家所输的。这是期权和股票核心的差别，如果不理解“赢家通吃”，就没有真正理解期权。

输赢乃玩家常事，但当把时间拉长后，我们能清晰地观察到：期权世界里有一类玩家，其收益曲线大起大落，最后难以遏止地走向衰竭和出局；还有一类玩家，其收益曲线很少回撤，缓慢爬坡，越积越厚。前者短时间内有输有赢，长时间却难逃败局，我们称其为“韭菜”；后者短时间内小输多赢，长时间则能终得正果，我们称其为“收割机”。

于是，这里得到一个推论：期权世界里“韭菜”的存在无非是给“收割机”提供养分、助其长大的。本书要揭示的正是“韭菜”晋升为“收割机”的秘密。

二、勇气、运气与技能

期权游戏非比寻常，无时无刻不在挑战着人的神经和智力，是一场倾尽全力的对赌。所有的玩家都具备勇气、运气和技能，但最后为何仍有“韭菜”和“收割机”之分呢？正是因为他们具有的内涵不同。

“韭菜”的勇气在于搏杀。当你看到一个孜孜不倦地与市场斗、与运气斗、与时间价值斗的人时，多半是遇到了“韭菜”。其对行情的看法是永不认输，就算走势再不利，也会想办法撑下去，甚至投入更高的仓位来扭转局势，期盼奇迹出现。其敢以“地狱”的后果追求“天堂”，而往往最后就下了“地狱”。

“收割机”的勇气在于执行纪律，其表现是敢止损，不怕踩空。当你看到一个遭逢不利走势果断撤离的人时，抑或是走势有利，不变预设坚决止盈的人时，多半是遇到了“收割机”。“收割机”只和自己斗，其了解要真正赚钱，必须有敢于认输、止损、不怕踩空的精神。其唯一的座右铭就是巴菲特的教诲：“交易最重要的两件事，第一件事是保住本金，第二件事是记住第一件事”。

期权世界里的事实不断地证明：执行纪律比搏杀需要更大的勇气！

“韭菜”是“碰”运气。“一夜致富”及高杠杆也许是吸引“韭菜”来游戏期权最主要的原因，市场上高倍数的获利神话激励着他们：“北京有人能在 1 天之内赚到 192 倍，我也可以。”“深圳有人从 1 万元赚到 100 万元，这太完美了。”“你知道吗？有人在 2018 年 2 月 6 日一天赚了 1000 倍。”但其有所不知的是，全市场挣到如此倍数的人可能只有一个。“一将功成万骨枯”，功成者寥寥，骨枯者遍野。“韭菜们”笃信自己能落入“寥寥之圈”，不会跌入“遍野之地”，但对于“寥寥之圈”有多小，“遍野之地”有多大，却浑然不知。

“收割机”是“算”运气。数学领域里有一个伟大的里程碑：概率论。概率计算就是“收割机”的主要部件。每一个“收割机”都在不停地计算各种可能性：分析趋势上涨与下跌的可能性；分析隐含波动率是否属于高位及其回归的可能性；分析相同到期日不同行权价的波动率差距及其收敛的可能性；甚至去分析与中金所的上证 50 股指期货的价差是否合理及其趋同的可能性；等等。“收割机”会毫不犹豫地站在可能性最大的一方，永远做概率的朋友。概率计算才是进场博弈的先决条件。虽然有时“韭菜”会脱颖而出，有所斩获，但只要交易次数够多、时间够长、样本够丰富，概率计算会不断地给“收割机”回报好运气。

期权世界里的事实在不断印证那句兵家老理儿：没有必胜，多算多胜，少算少胜，不算必败！

“韭菜”的看家本领是猜涨跌。凡遇到价格涨跌这个话题，其必会才思泉涌，滔滔不绝。然而进入期权世界，杠杆会加速一切。原本分析失误一年才会亏的钱，透过杠杆一夜达成。但可以肯定的是世界上没有永不出错的人，再厉害的股神也有可能会在期权世界中因一次方向误判而不得翻身，遑论技艺不佳者。

“收割机”的看家本领是模型设计。交易模型实际上并不神秘，只是触发条件和触发动作的组合，说白了就是“如果……，那么……”的句式。组合有的复杂，有的简单；有的精密，有的粗犷；有的灵敏，有的稳健；有的人工化，有的智能化，但基本原理无非如此。一个有效的模型并不会对行情变化做出判断，而是会对行情变化做出反应。无论行情向何方演变，模型都会指示一种有针对性的交易动作。

期权世界里的事实还不断地告诫投资者：“左右逢源”的交易模型比猜中涨跌更靠谱！

三、“收割机”的认知拼图

“幸福的家庭都是相似的，不幸的家庭各有各的不幸”，这就是安娜·卡列尼娜原理，也是一条描述成功的法则。成功都是相似的，失败则各有不同；“收割机”的收益曲线都是相似的，“韭菜”的曲线则各有各的形态。为什么会呈现这样的规律呢？原因是每个成功都要具备多种条件，缺一不可。像一张拼图，拼完整了就成功了，拼不全则失败。成功者都有一张完整的拼图，因此都相似；失败者不是这里缺一块，就是那里缺一块，各有各的不足，因此各具模样。

“收割机”的看家本领是模型设计，而支撑各种模型背后的东西就是认知拼图。“韭菜”有“韭菜”的认知，不尽相同，但大体上都具有模糊、多变和杂乱的特征，在此不多说了。“收割机”也有“收割机”的认知，大体都相似，在此归纳一下。

第一块拼图是不可不知的基础知识。关于期权的教科书可谓汗牛充栋，各种概念和策略眼花缭乱。但是教科书是没有“凹凸”的，你不可能通过阅读判断出哪些知识对实战真正有用。有的知识需要掌握到融会贯通、举一反三的境界；有的知识则是可知、可不知的。在本书第 1 章中重点谈及的时间价值、波动率等就是实战必备的基础知识，特别是时间价值。如果说在一无所有的情况下参与期权游戏，只能带一个装备上场，那就应该带时间价值。而多数玩家并没有真正领会这个概念的意义，更别提灵活应用了。所以我所谓的“不可不知的基础知识”，并非是对教科书的照搬全收，而是以实战眼光观照，让隐藏在教科书中的重心凸显。

第二块拼图是不可不辩的交易理念。理念必须要辩，越辩越明，越辩越好。“收割机”的理念在最高层面上是明确的、相似的，就是对交易纪律的无条件执行；在次高层面上，比如止盈、止损和资金管理等方面则有一定变化。各个层面的理念相互呼应和匹配，进而形成一套稳固的算法。本书第 2 章就介绍一些典型的“收割机”理念。

第三块拼图是不可不察的市场常识。市场常识不同于基础知识，多半是长期实战中的一些经验，一方面其大量存在，若隐若现，不成系统，又时有变化，所以进不了教科书；另一方面这些常识对提高交易效率又是必不可少的。本书第 3 章介绍未到期报酬率的应用、交易软件的使用、对末日轮的看法、备兑开仓的真实收益、期权标的的评价等内容，是“收割机”必须觉察的重要认知内容。

上述“收割机”的认知拼图就是本书的目录编排逻辑。在每一章都有一组独立的文章，其中有些主题会反复讨论，比如纪律、时间价值，而这正是主旋律的变奏和强调。

四、何为期权基本款

期权基本款，是以期权为工具的简单交易套路，其通用公式：

基本款 = 触发器→交易策略+合约选择

其何以基本？第一，每款只有一种核心交易逻辑，通俗易懂。第二，交易手段简单易行，人人都会操作。第三，运用熟练后，可以进行变通或组合使用，威力更大。

其何以重要？第一，如果说“执行纪律+做概率的朋友+用模型交易”是交易期权的价值观，基本款的手法则是与此价值观完全耦合的方法论。基本款的具体类型有很多，但每一种只有体现了上述价值观才是合格的、有生命力的。第二，虽然“收割机”的认知地图可以明晰地加以描述，但无法直接应用，对于实战来说仍显抽象和繁杂，而基本款则把认知地图直接器物化。虽然每种基本款都很朴素，但背后都隐藏着专业、复杂的交易知识和交易原则。第三，每种基本款在各种行情中都可以应用，并经过长期的回测证明：可以安全可靠地穿越“牛熊”。

本书的最后一章就是徐华康老师期权交易生涯的思想结晶——五款基本款。

理解基本款是“韭菜”向“收割机”转变的重要一步，而应用和发展基本款则是晋升为“收割机”的标志。

以上就是“韭菜”晋升的全部秘密！

方正证券股份有限公司
乌力亚苏

目　　录

第 1 章 不可不知的基础知识

1.1 期权时间价值的体现

在期权投资中，有一个概念很多朋友都听过，但在实际交易中却常常忽略它的存在，这就是时间价值。时间价值可以说是期权投资和传统股票投资差异最大的一个地方，作为从股票交易转做期权交易的朋友，很多都在时间价值上吃了苦头。不了解时间价值，期权投资很多时候就是雾里看花、水中望月，赚钱赚得不明不白，亏钱也亏得糊里糊涂。

在开始介绍时间价值之前，我们先来看几个问题：

（1）为什么虚值期权看起来行权又赚不到钱，价格还挺高？

（2）为什么期权口诀常说“看大涨买认购”而不是“看涨买认购”？

（3）为什么有时候看对方向了，期权交易还是没赚到钱？

（4）为什么有时候市场不管是上涨还是下跌，认沽期权和认购期权都会一起下跌？

（5）看错方向期权“被套”后，拿时间换空间是否可行？

这几个问题，您有答案吗？先不着急回答，我们先来了解一下期权时间价值。

一、概念

一般而言，我们在市场上交易期权时，最关注的是期权的价格（即权利金）。实际上期权的价值包含两个部分，一是内在价值（Intrinsic Value），二是时间价值（Time Value）。

内在价值，是指假设期权当前立即到期，买方通过选择是否行权所获取的收益。假设标的当前市场价格为 S，期权合约的行权价为 K，则对于认购期权，其内在价值为 Max（S−K，0）；对于认沽期权，其内在价值为 Max（K−S，0）。

时间价值，是指期权买方支付的权利金中超出当前内在价值的部分。假设当前期权合约的权利金为 C，则对于认购期权，其时间价值为 C−Max（S−K，0）；对于认沽期权，其时间价值为 C−Max（K−S，0）。

举例来看，图 1-1 中标的市场价格为 2.4720 元，行权为 2.4500 元的认购合约，其内在价值为 Max（2.4720−2.45000）=0.0220 元，时间价值为 0.0713−0.0220=0.0493 元。

从上面的计算公式我们可以看到，期权合约内在价值跟当前期权价格没有关系。也就是说只要标的价格、期权行权价不变，无论当前权利金涨跌多少，其内在价值都不会改变。而时间价值则与权利金关系密切，即在内在价值不变的情况下，权利金越高时间价值越大，权利金越低时间价值越小。

合约选择: 50ETF ▾ 2018年09月（20天）▾ 标的名称: 50ETF 最新价: 2.472 涨

时间价值	内在价值	最新	购<行权价>沽↑	最新	内在价值	时间价值
0.0045	0.2720	0.2765	2.2000	0.0020	–	0.0020
0.0081	0.2220	0.2301	2.2500	0.0042	–	0.0042
0.0111	0.1720	0.1831	2.3000	0.0084	–	0.0084
0.0190	0.1220	0.1410	2.3500	0.0159	–	0.0159
0.0313	0.0720	0.1033	2.4000	0.0281	–	0.0281
0.0493	0.0220	0.0713	2.4500	0.0465	–	0.0465
0.0469	–	0.0469	2.5000	0.0717	0.0280	0.0437
0.0290	–	0.0290	2.5500	0.1038	0.0780	0.0258
0.0171	–	0.0171	2.6000	0.1414	0.1280	0.0134
0.0092	–	0.0092	2.6500	0.1833	0.1780	0.0053
0.0048	–	0.0048	2.7000	0.2286	0.2280	0.0006

图 1-1

看到这里，可能很多投资者还是不够清楚。那么，该怎么去理解时间价值呢？其实对于期权本身而言，判断应该值多少钱，主要是看到期现货价格与期权合约行权价的高低关系，实质上是方向上的变动，这个变动包括截至目前方向已经发生变动的影响（即内在价值），也包括未来潜在可能发生变动的影响（即时间价值）。

我们换一个角度来看，时间价值其实就是买方为了赚取未来市场可能的上涨/下跌带来的收益而愿意付给卖方的成本，换取的是一种盈利的可能性。从买方角度来看，如果买方觉得未来市场可能的上涨/下跌收益越大，就愿意出越高的价格去换取这种权利，此时权利金一般就会越高，时间价值就会越大；而如果买方觉得未来市场可能的上涨/下跌收益越小，愿意出的价格就越低，此时权利金一般就会越低，时间价值就会越小。从卖方角度亦然。期权的权利金、时间价值的起伏跟市场上投资者的预期高低、买卖力量的强弱等密切相关。

二、影响因素

我们说期权是一种三维交易的品种，方向、时间、波动率、合约虚实值程度都是常见的影响因素。内在价值与方向直接相关；而时间价值与时间、波动率、合约虚实值程度密切相关。

下面具体分析一下。

1. 时间

如图 1-2 所示，一般距离到期日越近时间价值越小，距离到期日越远时间价值越大，且随着距离到期日越来越近，时间价值呈现加速衰减的特征。通过观察不同期权合约时间价值的情况，可以明显地看到同样行权价的合约，一般越远月时间价值越大，越近月时间价值越小。

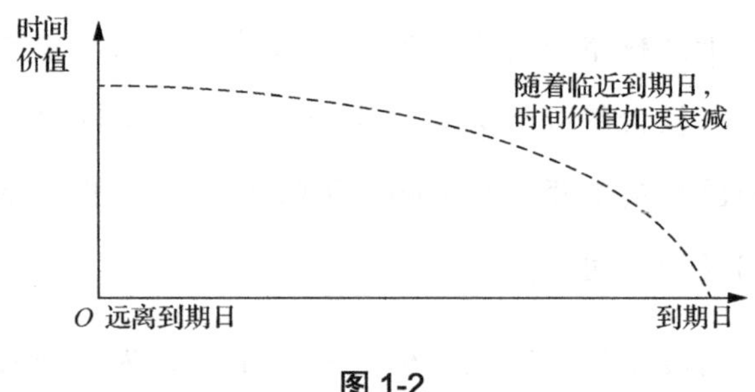

图 1-2

为什么会呈现这样的特点呢？我们来看一个足球比赛的例子。距离比赛结束时间越长，落后的球队就越有可能反败为胜；而如果马上终场哨响，即使落后的球队实力再强估计也无力回天了。对于期权交易也是如此，对应距离到期时间越长，时间价值越大；距离到期时间越短，时间价值越小。而回顾比赛的过程，球迷朋友常能体会到，随着比赛的进行，自己心仪的球队一直处于落后状态，心中的希望会一点点落空，而这个落空的速度是不一样的。如果距离终场还有 60 分钟，过一分钟没进球，就会感觉希望还是很大的；如果已经到了补时时间，过一分钟没进球，则心情就会很容易从天堂跌到地狱。体现在这里，就是时间价值加速衰减的感觉。

一般而言，时间越长越有可能达到预期的涨跌，所以时间价值越大；

而时间越短越难以达到预期，所以时间价值越小。比如距离到期日如果还有很长时间，过去一天对结果影响可能没那么大，但如果马上到期了，过去一天就意味着“一念天堂、一念地狱”。

2. 波动率

提到波动率，很多朋友比较陌生。波动率衡量的是资产价格的波动程度，简单来说波动率就是衡量标的涨跌幅度大小的工具。那么，波动率是高了好还是低了好呢？

对于股票投资者而言，波动率的高低对投资影响有限。假设一只股票的涨跌波动幅度为 50，则上涨可以赚到 50 元，下跌会亏损 50 元，如果概率各一半则总损益为 0；如果波动幅度变为 100，则上涨可以赚到 100 元，下跌会亏损 100 元，如果概率各一半，则总损益还是 0。

而对于期权投资者而言，波动率的高低对投资影响比较大。同样一只股票涨跌波动幅度为 50，上涨时选择行权则可以赚到 50 元，下跌时选择不行权则不会亏损，如果概率各一半，则总损益为 25 元；如果波动幅度变为 100，上涨时选择行权则可以赚到 100 元，下跌时选择不行权则不会亏损，如果概率各一半，则总损益为 50 元。我们可以很明显地看到，在期权投资中波动幅度较大时会更吸引人，所以说进行期权投资的人要特别关注波动率。波动率升高买方很开心，波动率降低卖方很开心。

一般而言，波动率越高，未来可能赚取的收益上限就会越大，此时期权的时间价值就会越大；波动率越低，未来可能赚取的收益上限就会越小，此时期权的时间价值就会越小。

3. 合约虚实值程度

如图 1-3 所示，我们可以看到，一般平值附近期权合约的时间价值最大。对于虚值期权，合约虚值程度越深时间价值就越小，越接近平值时间价值就越大；而对于实值期权，合约实值程度越深时间价值就越小，越接近平值时间价值就越大。

合约选择 50ETF ▾ 2018年09月（20天）▾ 标的名称 50ETF 最新价：2.472

时间价值	内在价值	最新	购<行权价>沽↑	最新	内在价值	时间价值
0.0045	0.2720	0.2765	2.2000	0.0020	–	0.0020
0.0081	0.2220	0.2301	2.2500	0.0042	–	0.0042
0.0111	0.1720	0.1831	2.3000	0.0084	–	0.0084
0.0190	0.1220	0.1410	2.3500	0.0159	–	0.0159
0.0313	0.0720	0.1033	2.4000	0.0281	–	0.0281
0.0493	0.0220	0.0713	2.4500	0.0465	–	0.0465
0.0469	–	0.0469	2.5000	0.0717	0.0280	0.0437
0.0290	–	0.0290	2.5500	0.1038	0.0780	0.0258
0.0171	–	0.0171	2.6000	0.1414	0.1280	0.0134
0.0092	–	0.0092	2.6500	0.1833	0.1780	0.0053
0.0048	–	0.0048	2.7000	0.2286	0.2280	0.0006

图 1-3

我们来简单解释一下为什么会出现这样的情况。从理论上讲，虚值合约、平值合约都没有内在价值，只有时间价值。越虚值的合约到期想要盈利，对标的涨跌幅的要求越高，盈利的概率越低，盈利的绝对金额越小，所以价格越低，对应时间价值就越小。而越实值的合约，内在价值绝对金额越高，同样的标的涨跌，内在价值增长带来的整体合约报酬率越低，投资者参与的意愿就越低，对应时间价值就越小，故时间价值呈现中间高、两边低的分布特点。

另外，时间、波动率、合约虚实值程度对时间价值产生影响的本源，都在于可能造成的预期方向变动获得的收益。从容易理解的角度来说，可以将时间价值看作一种消耗品，每过一天都消耗一些，对应转化成标的方向变动的一部分和合约内在价值的一部分。

三、问题解答

在了解了期权时间价值后，我们再来看看前面的几个问题。

（1）为什么虚值期权看起来行权又赚不到钱，价格还挺高？

原因在于，虚值期权看起来行权赚不到钱，其实只是说合约没有内在价值，但它是有时间价值的。因为还没到期，未来市场潜在的变动有可能让合约内在价值破零并获得盈利，这种潜在的可能性让期权仍然具备一定的时间价值。我们换个角度来看，假设虚值合约价格都为 0，那么作为期权的买方，零成本获得一个权利，这个权利要么让自己赚钱，要么让自己不亏钱，那么在这种情况下谁不想要这个权利呢！又有谁会愿意作为卖方提供这个权利呢！只有买没有卖，当然不会出现这样的市场了。而一般越临近结束时间，虚值合约特别是深度虚值合约的价格降得越低，也是因为可能性已经微乎其微，此时时间价值衰减得非常严重了。

（2）为什么期权口诀常说“看大涨买认购”而不是“看涨买认购”？

初入期权市场，很多朋友都听说过“看大涨买认购，看大跌买认沽”的口诀，但为什么是看大涨看大跌，而不是看涨看跌呢？这是因为如果市场上涨，内在价值一般会增加，而同时时间价值通常是在损耗的，只有内在价值增加的幅度足够大时，才能够覆盖时间价值的成本，也才会盈利。

（3）为什么有时候看对方向了，期权交易还是没赚到钱？

这个问题和上面的问题非常类似，对于参与股票交易多年的投资者来说，在看待后市走势方面都有不少心得，但对时间价值的关注度却往往不够。所以常常会出现明明方向判断很准，但由于选合约下单时没考虑时间价值，选的都是一些临近到期、虚值程度较深的合约，最终虽然市场如期上涨或下跌了，但是过了到期日合约价值已经归零了，这种情况的交易当然难以令人满意。

（4）为什么有时候，不管市场是上涨还是下跌，认沽期权和认购期权都会一起下跌？

比如图 1-4 的例子，市场下跌了 0.11%，此时认购期权价格下跌容易理解，毕竟看错了方向，但同时认沽期权价格也在下跌，对此很多投资者就开始疑惑了。怎么解释这种现象呢？方向看对了，内在价值一般会增加（对于虚值合约，内在价值可能仍然为 0，此时增加会体现在时间价值上），而时间价值却是在流逝的，如果时间价值的变化大于内在价值，那么整体而言就是亏损的。特别是在方向变动不大、内在价值增长不多、合约临近到期时间价值加速衰减时，时间价值的影响可能占主导，出现满屏皆“绿”的情况。另外，如果波动率之前处于高位，其下降后使得时间价值大幅下降，此时也常出现类似情形。除此之外，有时我们还会看到满屏皆“红”的场景，此时多数是由于波动率升高带来时间价值的增加大于看错方向带来的内在价值的减少形成的。

约选择：50ETF　2018年05月（14天）　标的名称：50ETF　最新价：2.711　涨跌：-0.003　幅度：-0.11%　成交量：3486344　持仓

卖价	买价	涨幅%	涨跌	最新	购<行权价>沽↑	最新	涨跌	涨幅%	买价	卖价
0.2660	0.2654	-0.26	-0.0007	0.2659	2.4500	0.0019	-0.0010	-34.48	0.0019	0.0021
0.2167	0.2156	-2.00	-0.0044	0.2156	2.5000	0.0030	-0.0015	-33.33	0.0030	0.0031
0.1715	0.1691	-1.44	-0.0025	0.1715	2.5500	0.0058	-0.0021	-26.58	0.0056	0.0058
0.1270	0.1269	-3.79	-0.0050	0.1269	2.6000	0.0131	-0.0020	-13.25	0.0130	0.0131
0.0895	0.0892	-5.11	-0.0048	0.0892	2.6500	0.0252	-0.0014	-5.26	0.0251	0.0252
0.0585	0.0584	-6.85	-0.0043	0.0585	2.7000	0.0446	-0.0013	-2.83	0.0446	0.0447
0.0353	0.0352	-9.25	-0.0036	0.0353	2.7500	0.0716	-0.0018	-2.45	0.0716	0.0717
0.0203	0.0202	-8.56	-0.0019	0.0203	2.8000	0.1049	-0.0019	-1.78	0.1046	0.1049
0.0101	0.0100	-9.82	-0.0011	0.0101	2.8500	0.1459	-0.0003	-0.21	0.1453	0.1459
0.0046	0.0045	-25.00	-0.0015	0.0045	2.9000	0.1897	-0.0005	-0.26	0.1895	0.1908
0.0020	0.0018	-30.77	-0.0008	0.0018	2.9500	0.2399	0.0028	1.18	0.2380	0.2388
0.0013	0.0012	-18.75	-0.0003	0.0013	3.0000	0.2900	0.0040	1.40	0.2848	0.2881

图 1-4

（5）期权看错方向“被套”后，拿时间换空间是否可行？

在股票市场上，不少投资者有这样的经验，看好的股票没有如期上涨，而是“被套”了，此时有的投资者可能选择被动等待，拿时间换空间来等待股价上涨的那一天，这可能是三五天，也可能是一两年，总之静静等待即可。另外，有的投资者可能比较主动，选择低价补仓的方式，不断摊低建仓成本，这样未来不需要股票上涨太多就能回本。这些做法在股票市场上都有其合理性，但在期权市场上，则要十分注意，因为拿时间换空间的做法多数都难见成效，原因就在于期权具有时间价值。其他条件不变，时间每过一天，就会损失掉一天的时间价值，苦苦坚守换来的很有可能是更大的损失。而且期权是有到期日的，这一点也制约了持有的时限，若到期不操作价值就归零了。所以在期权交易中，如果确认看错了方向，苦苦坚守就不如及早停止，防止越亏越多。

上面几个问题的解答，仿佛是在说期权时间价值带来的都是负面的影响。其实不然，我们常说时间是买方的敌人，是卖方的朋友，对于买方是坏事那么对于卖方就是好事。在实际期权投资中，有很多策略都是利用时间价值来赚取收益的。正所谓“一寸光阴一寸金”，时间价值是期权投资区别于传统股票投资最重要的地方。在深入理解时间价值后，让我们一起来看看如何在期权投资中应用时间价值获利吧！

补充说明：实际上，期权时间价值还受到无风险利率、分红等因素的影响，但若展开讨论，情形较复杂，为简化论述，本文中暂不考虑这些因素。

1.2　期权时间价值的应用

在第 1.1 节中，我们带着几个关于期权的常见问题，讲述了关于时间价值的一些知识。了解这些内容，不只是为了答疑解惑，更是为了指导交易，进而在期权投资中赚取收益。那么，如何将时间价值应用到期权投资中呢？今天我们就一起来探讨一下。

一、在策略选择中的应用

1. 单腿策略

我们先来看一下单腿策略。

也许很多投资者听说过一个口诀“看大涨买认购、看大跌买认沽、看不涨卖认购、看不跌卖认沽”，虽然其中没有明确地提到时间价值，但所说的“大涨、大跌”其实就已经涵盖了时间价值。我们在选择对应策略时，实际上不仅要考虑方向、涨跌的幅度，还要注意涨跌的速度。

例如，某投资者预期标的会出现大幅上涨，此时该选择什么策略呢？看口诀好像直接买认购是标准答案，但实际上如果这个大幅上涨需要很长时间才能达到，也就是说上涨速度很慢，那么此时方向看对所增加的内在价值很有可能在漫长的上涨中被时间价值损耗对冲掉了，综合看还有可能是亏损的。另外，在买认购时如果隐含波动率太高，大家对后市波动信心太足，而实际表现又不那么令人满意，此时波动下降带来的时间价值损耗也可能会非常大，所以在选择策略时需要结合具体情况来考虑，很多时候直接买认购反而不如卖认沽。而如果标的上涨是非常快速的，假设波动率变化不大，此时内在价值增加明显，时间价值损失较少，那么买认购的表现多数会好于卖认沽。很多时候市场快速上涨可能还会伴随着波动率上升，此时时间价值不但不会衰减，反而会增加，所以认购合约通常会表现得十分亮眼。

所以在选择策略时，要注意将内在价值和时间价值综合考虑，具体而言就是除了考虑方向、涨跌幅度大小以外，还要把时间长短（或速度快慢）、波动率大小（后市波动预期）等也考虑进去。

一般来说，买方更适合方向性强、幅度大、变动速度快、波动剧烈的市场情况。对于买方而言，每过一天都在承受时间价值耗损带来的影响，所以希望市场早日风起云涌。而卖方更适合方向性不强、幅度不大、变动速度慢、波动较小的市场。对于卖方而言，每天都在赚取时间价值带来的收益，所以乐于看市场波澜不惊。我们有时也戏称，买方是“改革派”，卖方是“守旧派”。

2. 多腿策略

刚刚说到在选择单腿策略时，需要加入对时间价值的考虑，而实际上在构建更多复杂策略时，也需要综合考虑时间价值来决策。

比如都是预测市场上涨，是选择买认购还是选择认购牛市价差？两者比较，买认购更适合于市场快速拉升的时候。因为在时间这个维度上，时间价值是单向损耗的，所以市场一旦在短期内表现不及预期，标的上涨幅度就没有那么大，盈利也有限，这样就要在时间上吃大亏。而牛市价差因为除了买认购的持仓外，还有卖认购的持仓存在，在时间上相互之间抵消了一部分，所以即使短期内表现不理想，在方向上涨不大的情况下也能实现盈亏平衡，不会在时间上吃亏太多。另外直接买认购，也存在建仓时波动率太高，后因波动率回落带来时间价值大幅衰减的风险，而牛市价差策略因为买方和卖方都有持仓，因而在波动率上受影响会更小一些。在选择策略时，很多时候为了减少时间、波动率等造成的影响，会利用期权合约将买方和卖方进行适当对冲。

很多时候为了赚取时间价值，也可以选择卖方策略来赚取收益。卖方策略一般用于预期标的的未来方向变动不大或变动较慢时，通过做期权卖方承受内在价值亏损的风险，来赚取时间价值收益；此外当波动率过高时，通过做期权卖方，来赚取波动率回归带来的时间价值收益。只要时间价值赚取的收益大于内在价值的亏损，整体就可以获利。这样的操作，在震荡市场中特别容易凸显优势。常见的卖方策略有卖出认购/沽、备兑、卖出跨/勒式策略等。

另外，有时候我们也会利用时间价值的一些特点来构建策略赚取收益。之前介绍过期权时间价值有个特点是“随到期日临近加速衰减”，将其应用到单个期权上，就是越临近到期日每天承受的损耗会越快，所以在信心不足时还坚守着快到期的合约就不如早点移仓换月；而应用到更多的期权合约上，我们发现，在同样的时间内，有的合约时间价值衰减得快、有的衰减得慢，这时我们就可以卖出衰减得快的并买入衰减得慢的合约来获取收益。这种策略叫作日历策略（或者正向日历策略）。实际做法一般是卖出近月、买入远月合约，注意行权价、认购/沽等合约要素，尽量保持一致。另外，为了减少潜在的波动率带来的影响，尽量选择预期市场波动不大时进行。

二、在合约期限选择中的应用

从概念上来看，合约期限应该是和时间匹配度最高的一个要素。很多人一开始不太关注期限，曾经遇到过投资者只在系统默认的界面（一般是展示当月合约）中选择合约，甚至不知道怎么切换到其他月份。

通俗来讲，选择合约的期限，应与判断市场未来走势的时间长短有关。例如，判断市场 1 个月内会出现大幅上涨，则可以选择到期期限不少于 1 个月的合约来构建。此时筛选，如果发现有 4 个不同的月份都符合，这种情况下怎么选呢？

一般，对于同样行权价的合约，近月合约比较便宜，远月合约比较贵，也就是说近月合约时间价值小，对短期方向变动更敏感，而远月合约时间价值大，对短期方向变动不敏感。例如我们某天观察到市场大涨，此时近月认购的表现一般好于远月认购的表现。因为时间价值“随到期日临近加速衰减”，近月合约对时间也比较敏感。若在持有近月合约的几天里市场不温不火，那么时间价值衰减造成的损失就会十分显著，而远月合约在同样情况下的时间价值损耗则不那么明显。

三、在合约行权价选择中的应用

在合约的实际选择中，选项最多的就是行权价。在众多的行权价中，如何找到最适合自己的，无疑颇有难度。我们常从实值、平值、虚值角度来讨论。

实值合约和虚值合约最明显的区别是价格不一样。一般而言，虚值期权只有时间价值没有内在价值，而实值期权是内在价值和时间价值的合集。从实际合约的特点来看，普遍是越实值的合约越贵，越虚值的合约越便宜。这意味着买方同样进行一张合约的投资，实值合约的成本要高，对应的潜在最大损失更大；而虚值合约的成本要低，对应的潜在最大损失要小一些。而如果使用同样的金额分别进行实值合约、虚值合约的投资，我们会观察到，如果市场短期出现大幅利好，此时对应合约的涨跌表现一般是虚值>平值>实值。从这个角度来看，虚值合约的吸引力更大一些。特别是在实际投资中，买入合约后一直持有到期的人是少数，多数更愿意在持有过程中逢高平仓获利，虚值合约更符合本意。

这样看起来，似乎虚值期权更好，毕竟最大亏损较小，潜在报酬率较高。但真的是这样吗？下面我们从买入后持有到期这个角度来看一下实值、平值、虚值期权合约的区别。

从到期角度来看，对于认购期权合约，到期标的的价格需要上涨到行权价加权利金以上才能盈利。对于认沽期权合约，到期标的的价格需要下跌到行权价减权利金以下才能盈利。表 1-1 和表 1-2 为 2018 年 12 月 17 日区分认购、认沽的 12 月期权合约列表，我们可以明显地看到，行权价越低的认购期权盈亏平衡点越低，行权价高的认购期权盈亏平衡点呈逐步上升态势；行权价越低的认沽期权盈亏平衡点也越低，行权价高的认沽期权盈亏平衡点也呈逐步上升态势。总结一下，不论是认购期权还是认沽期权，规律都是一样的，即越实值的期权合约对市场上涨/下跌的要求越低，越容易实现盈利，盈利概率越大；越虚值的期权合约对市场上涨/下跌的要求越高，越难实现盈利，盈利概率越小。

表 1-1

期权代码	期权简称	行权价（元）	权利金（元）	盈亏平衡点（元）
10001411	50ETF 购 12 月 2.156A	2.1560	0.2714	2.4274
10001623	50ETF 购 12 月 2.20	2.2000	0.2284	2.4284
10001383	50ETF 购 12 月 2.205A	2.2050	0.2224	2.4274
10001543	50ETF 购 12 月 2.25	2.2500	0.1775	2.4275
10001377	50ETF 购 12 月 2.254A	2.2540	0.1742	2.4282
10001544	50ETF 购 12 月 2.30	2.3000	0.1300	2.4300
10001369	50ETF 购 12 月 2.303A	2.3030	0.1269	2.4299
10001545	50ETF 购 12 月 2.35	2.3500	0.0857	2.4357
10001359	50ETF 购 12 月 2.352A	2.3520	0.0848	2.4368
10001546	50ETF 购 12 月 2.40	2.4000	0.04920	2.4492
10001331	50ETF 购 12 月 2.401A	2.4010	0.0490	2.4500
10001313	50ETF 购 12 月 2.45A	2.4500	0.0250	2.4750
10001547	50ETF 购 12 月 2.45	2.4500	0.0253	2.4753
10001314	50ETF 购 12 月 2.50A	2.5000	0.0110	2.5110
10001548	50ETF 购 12 月 2.50	2.5000	0.0108	2.5108
10001315	50ETF 购 12 月 2.549A	2.5490	0.0040	2.5530
10001549	50ETF 购 12 月 2.55	2.5500	0.0041	2.5541

续表

期权代码	期权简称	行权价（元）	权利金（元）	盈亏平衡点（元）
10001316	50ETF 购 12 月 2.598A	2.5980	0.0016	2.5996
10001550	50ETF 购 12 月 2.60	2.6000	0.0015	2.6015
10001317	50ETF 购 12 月 2.647A	2.6470	0.0011	2.6481
10001551	50ETF 购 12 月 2.65	2.6500	0.0008	2.6508
10001318	50ETF 购 12 月 2.696A	2.6960	0.0007	2.6967
10001615	50ETF 购 12 月 2.70	2.7000	0.0003	2.7003
10001319	50ETF 购 12 月 2.745A	2.7450	0.0004	2.7454
10001320	50ETF 购 12 月 2.794A	2.7940	0.0002	2.7942
10001321	50ETF 购 12 月 2.843A	2.8430	0.0002	2.8432
10001333	50ETF 购 12 月 2.892A	2.8920	0.0002	2.8922

表 1-2

期权代码	期权简称	行权价（元）	权利金（元）	盈亏平衡点（元）
10001412	50ETF 沽 12 月 2.156A	2.1560	0.0004	2.1556
10001624	50ETF 沽 12 月 2.20	2.2000	0.0004	2.1996
10001384	50ETF 沽 12 月 2.205A	2.2050	0.0005	2.2045
10001552	50ETF 沽 12 月 2.25	2.2500	0.0011	2.2489
10001378	50ETF 沽 12 月 2.254A	2.2540	0.0013	2.2527
10001553	50ETF 沽 12 月 2.30	2.3000	0.0028	2.2972
10001370	50ETF 沽 12 月 2.303A	2.3030	0.0028	2.3002
10001554	50ETF 沽 12 月 2.35	2.3500	0.0078	2.3422
10001360	50ETF 沽 12 月 2.352A	2.3520	0.0080	2.3440
10001555	50ETF 沽 12 月 2.40	2.4000	0.0217	2.3783
10001332	50ETF 沽 12 月 2.401A	2.4010	0.0220	2.3790
10001322	50ETF 沽 12 月 2.45A	2.4500	0.0467	2.4033
10001556	50ETF 沽 12 月 2.45	2.4500	0.0462	2.4038
10001323	50ETF 沽 12 月 2.50A	2.5000	0.0832	2.4168
10001557	50ETF 沽 12 月 2.50	2.5000	0.0830	2.4170

续表

期权代码	期权简称	行权价（元）	权利金（元）	盈亏平衡点（元）
10001324	50ETF 沽 12 月 2.549A	2.5490	0.1256	2.4234
10001558	50ETF 沽 12 月 2.55	2.5500	0.1275	2.4225
10001325	50ETF 沽 12 月 2.598A	2.5980	0.1713	2.4267
10001559	50ETF 沽 12 月 2.60	2.6000	0.1743	2.4257
10001326	50ETF 沽 12 月 2.647A	2.6470	0.2205	2.4265
10001560	50ETF 沽 12 月 2.65	2.6500	0.2225	2.4275
10001327	50ETF 沽 12 月 2.696A	2.6960	0.2696	2.4264
10001616	50ETF 沽 12 月 2.70	2.7000	0.2735	2.4265
10001328	50ETF 沽 12 月 2.745A	2.7450	0.3176	2.4274
10001329	50ETF 沽 12 月 2.794A	2.7940	0.3665	2.4275
10001330	50ETF 沽 12 月 2.843A	2.8430	0.4150	2.4280
10001334	50ETF 沽 12 月 2.892A	2.8920	0.4640	2.4280

综上，越实值的合约，一般盈利概率越大，但占用资金（或者潜在最大损失）较大，市场利好波动时报酬率较低；而越虚值的合约，一般盈利概率越小，但占用资金（或者潜在最大损失）较小，市场利好波动时报酬率较高。所以如果信心特别足，则可以考虑选择虚值合约，但要注意不是越虚值越好。从时间价值的角度来看，其实越临近到期日、虚值程度越深的合约时间价值越小，反映出合约到期获利的概率越小。此时虽然虚值合约价格低且损失很有限，但到期价值归零的风险特别大。尤其是临近到期日的深度虚值合约，除非市场出现特别极端的行情，否则投进去通常就会石沉大海，需要特别警惕。

有时候我们也会利用时间价值的一些特点来辅助选择合约。例如，根据时间价值呈现平值附近高、两边低的分布特点，在实际交易中，一般卖方更偏好购买平值期权，买方更偏好购买虚值期权，在构建组合策略时也会类似；根据时间价值“随到期日临近加速衰减”的特点，在到期前可以利用时间价值所剩无几来进行潜在报酬率更高的方向投资。

四、在对冲中的应用

很多投资者都了解利用期货进行套保或者对冲的操作，其实期权也可以用于套保、对冲。最常见的就是期权保险策略，即持有一定数量的现货同时买入对应数量的认沽期权进行保护。如果市场大幅下行，那么期权就能够弥补现货损失；如果市场上行，则整体还能有较好的上行收益。很多人在了解期权后，会发现期权对冲更加灵活。现货多头可以通过卖认购、买认沽等进行对冲，现货空头可以通过卖认沽、买认购等进行对冲，也可以用更多组合来搭建对冲。

在使用期权对冲时，很多人只关注方向对冲，却常常忽略时间价值的存在。在用买方对冲时，时间价值是不利于自己的；在用卖方对冲时，时间价值是有利于自己的。我们通过比较备兑和保险两个基本策略发现，两者都可以看成是利用期权对现货多头进行了部分对冲，但备兑策略是用卖方对冲，时间这个维度是有利的，而保险策略是用买方对冲，时间这个维度是不利的。如果市场没涨也没跌，就会发现备兑策略是盈利的，而保险策略则是亏损的。在市场出现大涨、大跌后，我们会发现保险策略的表现可能会好于备兑策略。所以在预期市场变化较慢、波动率下降时，卖方对冲更合适；在预期市场变化较快、波动率上升时，买方对冲表现更好。

另外，我们常见的卖出跨式策略其实可以看成是通过同时持仓认购、认沽把方向上的影响对冲掉，此时主要就是想通过时间价值来获利。而一旦方向上出现大的波动，那么此时认购和认沽就不再是平值了，方向上的偏向开始凸显。在上涨中认购的影响越来越大，在下跌中认沽的影响越来越大，此时如果还想保持方向中性，则需要使用现货、期货或者期权进行动态对冲。

还有一些情况是不对冲方向而对冲时间价值，比如合成多/空头策略。直接买入认购看多，可能会因为时间价值衰减而影响获利，同时如果加上卖出认沽合约，则会对时间价值进行对冲，此时能获得更纯粹的方向投资组合。

因为时间价值的存在，在使用期权对冲时，既要考虑方向，也要考虑时间、波动率，这也形成了期权在对冲领域的独特应用。

五、在套利中的应用

1. 利用时间价值进行到期交收套利

一般而言，时间价值都是正值，但在观察期权合约表现时，有时候会看到时间价值为负值（即合约价格低于内在价值）的情况，特别是在合约到期日实值/平值期权出现上述情况时，可能会存在一定的套利机会。下面我们以认沽为例进行说明。

图 1-5 是 2018 年 6 月 27 日（6 月合约到期日）临近收盘时的期权行情截图，其中当月认沽合约行权价为 2.5000 元，内在价值为 0.0350 元，期权价格为 0.0200 元，存在较大的负时间价值。

隐含波动率	历史波动率	时间价值	内在价值	最新	代码	购<行权价>沽↑	代码	最新	内在价值	时间价值	历史波动率	隐含波动率
-	0.1768	-	0.1650	0.1600	10001371	2.3000	10001372	0.0001	-	0.0001	0.1768	0.4422
-	0.1768	-	0.1150	0.1110	10001363	2.3500	10001364	0.0001	-	0.0001	0.1768	0.3095
-	0.1768	-	0.0650	0.0600	10001353	2.4000	10001354	0.0001	-	0.0001	0.1768	0.2211
-	0.1768	-	0.0150	0.0025	10001309	2.4500	10001310	0.0001	-	0.0001	0.1768	0.0443
0.0665	0.1768	0.0001	-	0.0001	10001279	2.5000	10001280	0.0200	0.0350	-	0.1768	-
0.2653	0.1768	0.0001	-	0.0001	10001273	2.5500	10001274	0.0890	0.0850	0.0040	0.1768	0.5500
0.3095	0.1768	0.0001	-	0.0001	10001239	2.6000	10001240	0.1420	0.1350	0.0070	0.1768	0.8032
0.4422	0.1768	0.0001	-	0.0001	10001167	2.6500	10001169	0.1801	0.1850	-	0.1768	-
0.4422	0.1768	0.0001	-	0.0001	10001025	2.6510A	10001030	0.1880	0.1860	0.0020	0.1768	0.8348
0.4422	0.1768	0.0001	-	0.0001	10001026	2.7000A	10001031	0.2407	0.2350	0.0057	0.1768	1.2315
0.4422	0.1768	0.0001	-	0.0001	10001139	2.7000	10001140	0.2386	0.2350	0.0036	0.1768	1.1251
0.7961	0.1768	0.0001	-	0.0001	10001027	2.7490A	10001032	0.2820	0.2840	-	0.1768	-

图 1-5

此时可以买入 1 张行权价为 2.5000 元的当月认沽合约，同时买入 1 万份 50ETF（价格约为 2.4650 元），然后行权。次日日终完成交收，将 50ETF 划出，同时收到资金 2.5 万元。不考虑佣金，获得的收益为 25000−24650−200=150 元。

当然不是每次都有这样的机会出现，很多时候虽然看到到期认沽期权的时间价值为负，但毕竟需要占用一定的资金成本、佣金成本，有时算完后发现收益太低不值得做，所以需要权衡操作成本和收益后再进行决策。

那为什么会出现这样的机会呢？理论上来讲，如果在到期日之前买方还持有实值/平值认沽期权，则一般选择平仓或行权。如果行权，则需要有足额的证券，或者有较多的资金去买券，如果买方没准备足额的资金或证券，那么为了赚取收益就只能选择平仓。而此时如果选择平仓的买方太多，价格可能就会出现过低的情况，因而就提供了套利机会。

除了时间价值为负的情形外，还有其他一些潜在的套利机会。一般而言，在合约到期时时间价值应该衰减到接近零，但有时会看到临近到期日的合约还存在比较高的时间价值，特别是实值/平值期权。以认购为例，此时我们可以考虑进行备兑开仓（也可以根据实际情况选择同时卖出实值认购、认沽等方式），然后等待指派行权了结，获取可观的时间价值收益。

可能的原因在于，对于卖方而言，很多都是判断到期合约价值大概率归零，并没有准备足额的资金来应对交收。一旦判断错误，持仓合约就由虚值变成平值或者实值，被指派行权一下变成大概率事件，此时存在交收违约风险。作为认购卖方，为了防范风险只能选择硬着头皮平仓从而推高价格，这时便会出现上述的套利机会。

总的来讲，一般在到期时时间价值应该减小到零，但由于种种原因，如到期时资金/证券不足以应付交收等，无论是买方还是卖方都可能会需要通过平仓、对冲等方式来避免行权交收，此时就可能出现不合理的时间价值。而如果存在异常高或低的时间价值，则说明存在一定的套利机会。但在具体操作时还需要综合考虑成本和风险，上述例子只为提供操作思路供大家参考。

2. 利用期权平价公式进行时间价值套利

根据期权平价公式，同一行权价的认购、认沽期权的时间价值应当一致。

根据公式“$C+K\times e^{-rT}=P+S$”（其中 C 为认购权利金、K 为合约行权价，e^{-rT} 是根据连续复利进行折现的系数、P 为认沽权利金、S 为标的价格，不考虑折现时也常简写为 $C+K=P+S$。我们把认购、认沽合约的价格拆分成内在价值和时间价值，此时认购内在价值=Max（$S-K$，0），认沽内在价值=Max（$K-S$，0）。

认购时间价值+Max（$S-K$，0）+K=认沽时间价值+Max（$K-S$，0）+S

认购时间价值=认沽时间价值+（$S-K$）+Max（$K-S$，0）−Max（$S-K$，0）

如果 $S\geq K$，那么（$S-K$）+Max（$K-S$，0）−Max（$S-K$，0）=$S-K$+0−（$S-K$）=0。

如果 $S<K$，那么（$S-K$）+Max（$K-S$，0）−Max（$S-K$，0）=（$S-K$）+（$K-S$）−0=0。

无论 S，K 价格如何，认购时间价值都等于认沽时间价值，说明同月份和同行权价的认购时间价值与认沽时间价值一致，如果不一致且达到一定程度，则存在套利机会（此处仅提供简单思路，具体交易还要考虑时间成本、融券实现等因素）。

六、事后归因分析

一笔交易结束，是赚是赔已有定论，但对于交易的人来讲还没有结束，还需要再深入分析为什么赚或为什么赔，下次怎么扬长避短。“前事不忘后事之师”，这时候我们可以利用内在价值、时间价值对交易进行归因分析。

对于买方，如果发现多数交易都是在方向上赚钱、在时间价值上亏损，则说明方向判断较为准确。此时买方需要主要考虑在交易方式上的改进，如从买方变为卖方或加入卖方，即原来买虚值认购可以试着卖出实值认沽或改造成价差等组合策略等。

对于卖方，如果发现多数交易都是在时间价值上赚钱，在方向上亏损，则说明要注意方向性风险。在调整策略时可以考虑买入更虚值的合约，或者尝试一下中性交易，对冲掉方向，集中在时间价值上获利。

时间价值这一维度是期权投资独有的，也是很多期权投资策略利润的重要来源。我们只有深入理解了时间价值，打开期权价格变动的黑箱后，才能发现期权世界中存在着更广阔的投资场景、更多的投资机会。

1.3　期权的隐含波动率

要了解期权，隐含波动率是绝对绕不过去的话题。虽然不了解隐含波动率也可以交易期权，甚至可以在期权上获利，但是要分析期权就不得不分析隐含波动率，毕竟大多数的期权交易者在谈论期权时，都把隐含波动率作为谈论的主要焦点，许多的期权交易策略也都以隐含波动率作为交易的核心，这也是期权交易者与股票和期货交易者最大的不同。

当你问一个期权交易者：“你觉得期权最近有交易的机会吗？”

你可能会听到这样的回答：

“我觉得最近的隐含波动率太高了，可以采用一些卖出波动率的策略。”

“我觉得虚值的认沽隐含波动率太低了，可以买入一些来对冲风险。”

这时你或许一头雾水，“隐含波动率是什么？这真的是交易的机会吗？”

在A股市场中，大多数的投资人不重视隐含波动率，纯粹以期权的杠杆来博输赢。在交易过程中，他们经常站在于概率不利的地方，有时做对了也没赚到钱，其实许多问题都和隐含波动率有关。

要了解隐含波动率，首先从标的（即上证50ETF）的价格波动率说起。

1. 上证50ETF的价格波动率

期权交易者非常重视标的资产的方向走势，很关心上证50ETF明天到底是上涨还是下跌，此外也很关心其每日上涨或下跌的幅度和速度。这一点和一般单纯买卖上证50ETF或其他个股的交易者不同。如果上证50ETF上涨或下跌的速度不够快，就很可能造成期权价值的下跌，使得上证50ETF很可能在这个月到期前根本到不了我们所期待的行权价，所以很多投资者会遇到看对了方向却赚不到钱的窘境。

请思考一下，假设现在上证50ETF的价格是2.500元，在过去几天都大幅震荡，每天的涨跌幅度都在3%以上。直觉告诉我们，在一周内，行情应该有机会涨到2.600元以上或跌到2.400元以下，因为涨到2.600元才上涨4%，跌到2.400元才下跌4%。如果上证50ETF的价格同样是2.500元，但是每天都是窄幅整理，仅有0.3%左右的涨跌幅。直觉告诉我们，一周内要涨到2.600元或跌到2.400元没那么容易，就算每天都上涨0.3%，也要连续上涨13天才会达到，这种概率比较小。所以在价格波动比较大的情况下，由于到达标的价格的概率比较大，所以大家愿意用比较高的价格去买期权。但在价格波动较小的情况下，由于到达标的价格的概率比较小，所以大家只愿意用较低的价格去买期权，因此价格波动会成为影响期权价格高低的重要因素。

2. 价格波动率即是标准差

在期权的定价模型中，将合约标的的价格波动率定义为“每天报酬率在特定期间内的年化标准差，该标准差以百分比表示”。各位请不要被这个定义所迷惑，其实年化标准差就是在特定期间内（通常是 20 天）的标准差乘以一年的交易天数的平方根，如 256 的平方根即 16。

举例来说，若上证 50ETF 的 20 日标准差是 1.25%，则其年化的标准差为 20%（1.25%×16=20%）。若上证 50ETF 的价格是 2.500 元，价格波动率是 20%，根据定义，一年后上证 50ETF 的价格在 2.000～3.000 元的概率（1 倍标准差）是 68%，在 1.500～3.500 元的概率（2 倍标准差）是 95%，在 1.000～4.000 元的概率（3 倍标准差）是 99.7%。

但是由于股票或其他商品的价格都不可能为负数，所以价格波动率均采用标的资产的报酬率来计算，而非以价格的标准差来计算。例如，在正态分布的假定下，某只股票价格为 10 元，其上涨到 30 元的概率必定等于下跌到-10 元的概率，但实际上不是。

我们以上证 50ETF 从 2019 年 1 月 11 日至 2 月 15 日的收盘价为例，计算出其 20 天报酬率的标准差为 1.08%，再计算出其年化波动率是 17.33%；而中国平安的年化波动率为 23.29%，很明显中国平安的年化波动率比上证 50ETF 的年化波动率大。如表 1-3 所示。

表 1-3

日期	50ETF 价格（元）	涨跌幅	中国平安价格（元）	涨跌幅
2019/1/11	2.347	0	58.07	0
2019/1/14	2.325	−0.94%	57.12	-1.64%
2019/1/15	2.370	1.94%	58.59	2.57%
2019/1/16	2.374	0.17%	58.74	0.26%
2019/1/17	2.365	−0.38%	58.73	−0.02%
2019/1/18	2.409	1.86%	59.92	2.03%
2019/1/21	2.424	0.62%	60.79	1.45%
2019/1/22	2.396	−1.16%	60.07	−1.18%
2019/2/23	2.392	−0.17%	59.49	−0.97%
2019/1/24	2.403	0.46%	60.43	1.58%
2019/1/25	2.433	1.25%	61.29	1.42%
2019/1/28	2.430	−0.12%	61.52	0.38%
2019/1/29	2.448	0.74%	61.65	0.21%
2019/1/30	2.437	−0.45%	61.25	−0.65%
2019/1/31	2.474	1.52%	62.98	2.82%
2019/2/1	2.492	0.73%	63.21	0.37%
2019/2/11	2.516	0.96%	64.39	1.87%
2019/2/12	2.524	0.32%	64.27	−0.19%
2019/2/13	2.571	1.86%	65.02	1.17%
2019/2/14	2.567	−0.16%	65.10	0.12%
2019/2/15	2.511	−2.18%	63.25	−2.84%
标准差（价格波动率）		1.08%		1.46%
年化波动率		17.33%		23.29%

由于上述的价格波动率都是由历史数据计算出来的，所以我们也称之为历史波动率。

3. 隐含波动率

我们可以利用历史波动率，再结合已知的期权行权价、标的物价格、到期天数及利率，计算出期权的理论价格，但是真正的期权价格是从市场上交易出来的，所以其理论价格通常不会和市场价格一样。其最主要的原因是，市场上交易期权的人都是通过判断未来上证 50ETF 在到期前可能的波动情况来决定价格的，而未来一段时间的波动肯定不会与过去一段时间的价格波动完全相同，所以就会造成理论价格与市场价格的不同。

所以我们将目前市场的期权价格，通过期权的定价模型（通常是 BS 模型），再倒推回去可以得到一个波动率，这个波动率即是隐含波动率。也就是说如果我们在模型中计算期权理论价格时，若能代入隐含波动率，则一定可以得到一个与市场价格一样的期权价格，所以隐含波动率就是期权价格所隐含的波动率，它可以代表期权的价格。

所以，在期权的世界中，我们一般会用期权隐含波动率代表期权的价格。

以个股期权为例，当某公司表示“下星期宣布重大消息”时，隐含波动率就可能会大幅上升，期权的价格可能也会大幅上升。因为隐含波动率表示在这个合约到期前，市场对标的物波动率的看法，这个“重大消息”将可能对未来的股票价格产生重大影响，也会对波动率产生影响，故对期权价格也会有明显的影响。

也有人将隐含波动率比喻为期权的“市盈率”。詹姆斯·毕·比特曼（James B.Bittman）在 1998 年出版的《股价指数期权》（*Trading Index Options*）一书中就曾说“就如同股票交易者利用市盈率判断股票的相对价值一样，期权交易者利用隐含波动率判断期权的相对价值”。隐含波动率是衡量各种不同期权价值的共同基准。在这个基准上，我们可以比较两种不同股票的期权，以及相同或类似的期权在不同时间的价格。

举例来说，上证 50ETF 期权，行权价为 2.550 元的期权的价格为 0.477

元，到期天数为 10 天；沪深 300ETF 期权，行权价为 3.500 元的期权的价格为 0.568 元，到期天数为 10 天，仅从表面看很难判断这两个期权的相对价值。可是，如果我们知道了上证 50ETF 期权的隐含波动率是 20.48%，沪深 300ETF 期权的隐含波动率是 22.31%，就可以在共同的基础上来比较两个期权的相对价值。

如同市盈率一样，隐含波动率也是期权交易的重要决策因素，但是不论是市盈率还是隐含波动率，都不能作为交易买卖决策的唯一参考。交易者只有掌握隐含波动率的历史数据、波动率变化的趋势，才有可能做出正确的判断。

4. 价值高估或低估

利用隐含波动率可以比较不同期权的到期日、行权价，甚至不同标的物的期权价格，我们了解了这些就可以很清楚地看明白不同到期日和不同行权价在不同期权中相对价值的高低了。

在图 1-6 中，我们先看月份相同但行权价不同的隐含波动率的比较。以 2 月份合约为例，行权价为 2.50 元的期权（A 点）的隐含波动率明显高于行权价为 2.55 元的期权（B 点）的隐含波动率，行权价为 2.55 元的期权隐含波动率略高于行权价为 2.60 元的期权（C 点）的隐含波动率，所以，行权价为 2.50 元的期权价格可能高于行权价为 2.55 元的期权价格，而行权价为 2.55 元的期权价格可能高于行权价为 2.60 元的期权价格。但由于股票大幅下跌的情况偶有发生，所以价格报酬率的分配显然不是正向分布，常常会有“厚尾”的情况发生，所以虽然 2.50 元的行权价比较高，但是买入较低同时卖出较高的行权价的期权是否能赚到钱，仍要视情况而定。

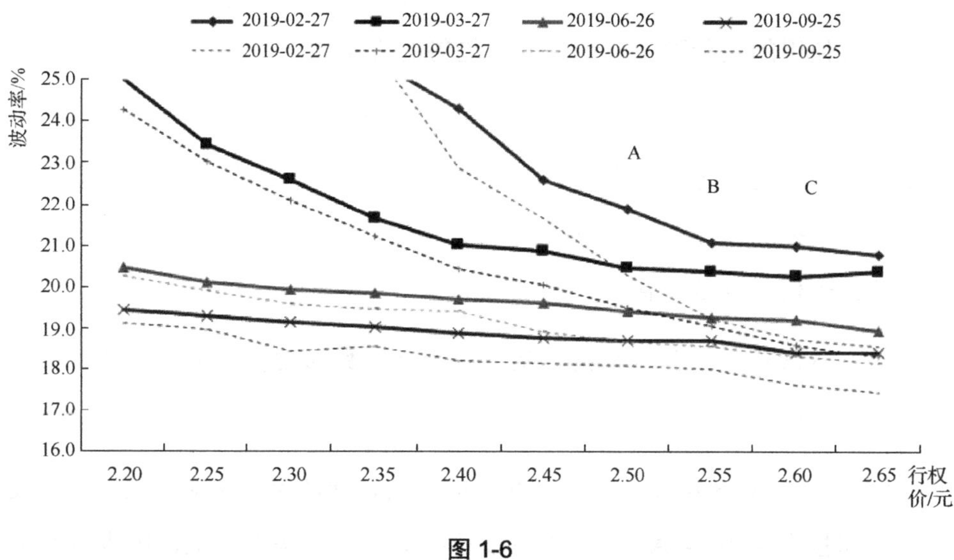

图 1-6

从图 1-6 中可以看到，2 月份的期权隐含波动率比 3 月份的高，3 月份的隐含波动率比 6 月份的高，6 月份的隐含波动率又比 9 月份的高，这是一个比较正向的结构。越远期的合约其行权价在理论上会越接近长期的波动率均值，越接近到期的合约其行权价在理论上也越接近短期的波动率均值。通常若预期近期会有较大的波动或近期已发生较大的波动，则近期的隐含波动率会高于远期的隐含波动率。

当投资人弄懂了隐含波动率之后，配合图形可以清楚地看到不同行权价、不同到期日的期权隐含波动率的分布情况，进而得出它们的相对价格，这在期权交易中也是很重要的一部分，可以避免买到不合理定价的期权。

1）隐含波动率变化趋势的判断

当我们判断隐含波动率会上升时，则可以买入波动率，最常用的方式是买入跨式部位，做多波动率；当我们判断隐含波动率会下降时，则可以卖出波动率，最常用的方式是卖出跨式部位，做空波动率。但是如何判断目前的隐含波动率是高还是低，未来是上升还是下降呢？

最常使用的判断隐含波动率变化趋势的方法如下。

（1）从宏观市场角度观察。从这个角度观察通常会从未来的经济特征、对市场的监管思路等方面来思考。例如，在 2017 年 2 月 26 日证监会主席刘士余先生提到，“证监会主要的任务是监管，如果还有第二个任务也是监管，第三个任务也是监管”。

（2）从微观市场角度观察。从这个角度观察通常会从未来事件及市场情绪方面考虑。

例如，在 2018 年 2 月 5 日至 9 日的一周，行情突然快速下跌，隐含波动率快速拉升（图 1-7A 点），盘中波动率甚至高达 40%以上，因为时间很短，许多投资人的仓位因保证金达到强平线，需要砍仓，使得隐含波动率在短时间内达到近几年都难得见到的高点，而由于市场恐慌，当时的实际波动率也开始上升。但因为是短期现象，恐慌情况持续几天之后卖压减少，短期的隐含波动率开始快速下降，市场逐渐恢复平稳，而隐含波动率也再度下降。

因为这种恐慌事件属于突发性的或事件型的，所以隐含波动率上升快，下降也快，甚至 20 日历史波动率仅拉升至 25%附近就开始走平，显示市场已恢复到事件前的波动率，所以计算出来的历史波动率是一条平稳的线（图 1-7B 处点）。

同样的，2018 年 9 月中旬至 11 月初，市场出现了比较明显的波动，行情从 9 月中旬快速拉升，但在国庆节长假过后，上证综指及沪深 300 的指数快速破底，带动上证 50ETF 持续震荡，在图 1-7 中也可以看到 D 点的历史波动率向上达到相对高点，其波动情况与市场因为非预期的下跌或上涨所造成的短暂恐慌不同。

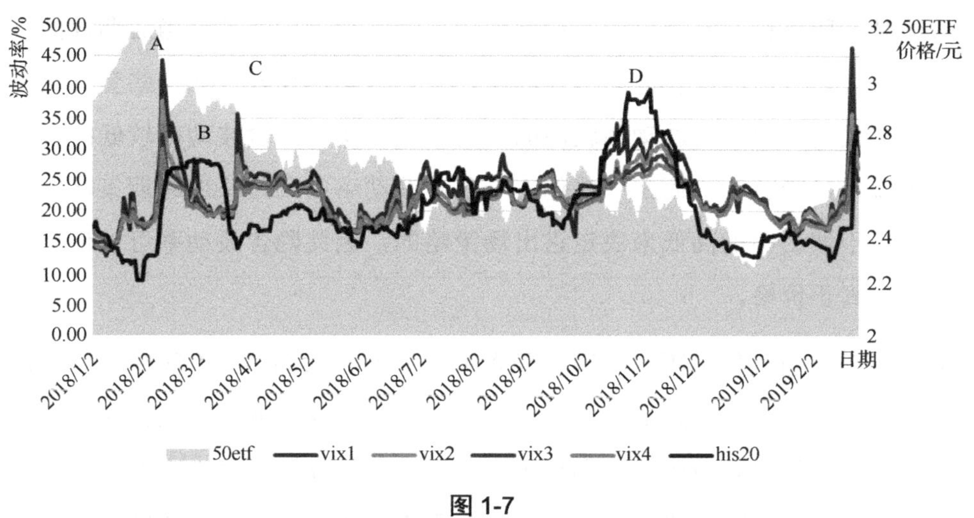

图 1-7

（3）数据分析。也可以通过比较分析波动率的历史数据来判断隐含波动率的变化趋势，即比较分析历史波动率与隐含波动率目前所处的相对位置。例如，目前距到期日仍有 20 天，隐含波动率在 20 天历史波动率的分位数统计中处于 90 分位，这说明隐含波动率处于一个相对较高的位置。毕竟以往仅有 10%的 20 天历史波动率高于这个数值，所以只要未来波动率有下降的情况出现，就可以做卖出波动率的交易，这在概率上应该会有较大的胜算。在实际操作中，交易人员通常会做出一个以分位数表示的波动率锥，用以观察现在的隐含波动率在过去资料中是处于偏高分位数还是偏低分位数，借此来判断买进波动率和卖出波动率哪种做法的成功概率更高。

（4）通过标的资产的走势判断。也可以通过标的资产的走势来判断隐含波动率未来可能的走向。若行情呈上涨走势，隐含波动率通常会下降；而在行情下跌时，隐含波动率上升的概率较大。因为行情走势与隐含波动率的这种负相关性，所以通过对行情趋势的判断也可以判断隐含波动率未来的变化趋势。

2）隐含波动率可以说就是期权的价格

由于期权行权价、到期日的不同，仅使用市场的报价无法有效、迅速地比较市场中不同期权的真实价值，只有放在同一标准下来看，才能真正看清楚，所以在交易期权的专业软件中，常常把隐含波动率当成期权的价格。在交易中，当隐含波动率较高时，更适合卖出期权。在一些套利交易中，会采用卖出隐含波动率较高的合约，同时买入隐含波动率较低的合约来实现低风险获利；而在一些偏态交易、波动率回归策略或跨期策略中，也是基于波动率的高低来决定进出场策略的，因此隐含波动率可以说就是期权的真正价格。

以后，当我们再听到“现在隐含波动率实在太高了!”“现在虚值一档的隐含波动率实在太高了!”等说法时，就不会一头雾水了。因为这些话可以清楚地表达目前投资者对期权价格的看法，也反映出他们未来想做的波动率交易，因为隐含波动率是唯一可以清楚地表达期权价格的方式。

1.4 期权中性策略的简单原理

2018 年，笔者在湖南长沙的一场讲解期权交易策略的会议中，有人提出“卖出认购与认沽的期权要怎么样才能维持中性”的问题，也有人问“怎样才能将手中卖出期权的方向性风险对冲掉，赚取所希望得到的利润”的问题。

其实中性策略不仅可以对冲掉卖出期权的方向性风险，同时对买入期权方向性风险的对冲也有明显效果。

中性策略对许多人来说也许有些难度，因为要想了解中性策略就一定要先了解许多希腊字母，如 Delta，Gamma，Vega，Theta，Rho 等，这些字母让一般期权投资人都望而生怯，但还不妨碍对期权的交易，只是在解释仓位的盈亏时不那么全面。

一、中性策略是什么

中性策略是指同时构建多头头寸和空头头寸以对冲市场风险，在无论是上涨还是下跌的市场环境下都能获得稳定收益的一种投资策略。在股票中，一般所谓的中性策略主要是在股票市场中依据统计套利的量化分析做多某些股票，再做空股指期货或者其他股票，回避掉系统性的风险，以取得稳定套利的一种方式。其通常又可分成阿尔法策略和贝塔策略，中性策略对选股能力及对冲工具的要求颇高，对许多人来说相对复杂，又需要较大的资金，故在机构及资金较大的投资人中使用比较广泛。

在期权中，提到的中性策略一般是指 Delta 中性策略，其实也可以扩展到其他的希腊字母，只是会比较复杂。所以我们从简单的开始，也就是大家口中常说的中性策略——Delta 中性。

那么，到底什么是中性呢？只要我们持有的仓位不偏多，也不偏空，就是中性。例如：

目前的上证 50ETF 的价格是 2.80 元，则买入行权价为 2.80 元的认购期权 1 张，再买入行权价为 2.80 元的认沽期权 1 张。

或者卖出行权价为 2.80 元的认购期权 1 张，再卖出行权价为 2.80 元的认沽期权 1 张。

由于行权价为 2.80 元的认购期权的 Delta 是 0.5，而行权价为 2.80 元的认沽期权的 Delta 是-0.5，故当我们买入 1 张行权价为 2.80 元的认购期权时，方向市值会变成 28000×0.5=14000 元。当同时买入行权价为 2.80 元的认沽期权时，方向市值是 28000×（-0.5）=-14000 元。当这两个仓位同时持有时，持有的方向市值为零，这就是一个中性策略。

同理，当我们卖出 1 张行权价为 2.80 元的认购期权时，方向市值会变成（-28000）×0.5=-14000 元；当同时卖出行权价为 2.80 元的认沽期权时，方向市值是（-28000）×（-0.5）=14000 元。当这两个仓位同时持有时，持有的方向市值也为零，故这也是一个中性策略。

因此，在交易上我们必须知道卖出或买入的期权的 Delta 值到底是多少，如此一来我们就可以自由地构建“中性策略”了。

值得注意的是，通常一多、一空的期权策略能够将方向性对冲掉，只要市值没有相差太多，我们都会称之为中性策略，只是中性的程度不一定达到 100%而已。

二、中性策略不是无风险套利

通常什么时候使用中性策略呢？答案是在对波动率有看法时使用。但是笔者却看到许多投资人并没有对波动率有特别的看法就使用了中性策略，因为他们以为中性策略就是无风险的套利。

虽然中性的卖出期权策略绝大多数的时间都会赚钱，但是在长时间的交易中也一定会遇到极端走势。在极端走势下能做的就是将仓位上负 Gamma 的数字控制一定范围内，即使不能时时刻刻有卖出的仓位，也可以保住过去数年累积的利润，不会被市场一枪毙命。

也许有人会问，既然卖出期权的交易有不可预期的风险、买入期权就会有不可预期的收入，那么是否可以时时刻刻以买入为主呢？答案当然是否定的。除非你的日内对冲技术能让你在买入期权期间，通过对冲使收入大于时间价值的损失，只有这样才有机会获取极端走势的收益，否则就只能是类似赌博的交易。

由于大多数的时间，隐含波动率都会高于实际的波动率，若不进行对冲将大概率地承受连续性的固定损失，在心理及资金控制上也会面临较大的压力。买方不使用中性策略的对冲而交易期权就像是买彩票，这个月没中奖，下个月再买，当然可能中间会中一些小奖而减少部分资金损失，但大奖却难以预测。或许当天可以赚 192 倍（例如 2019 年 2 月 25 日的大涨），但交易者很有可能在盘中盈利 30 倍时就获利了结，也可能多放了两天而全数归零，这都使买方交易的过程中充满了不确定性。

所以当对波动率有看法时，才启动中性策略是较好的选择。当然在决策上可以根据历史数据统计或行情的可能走势来判断。

如图 1-8 所示，2019 年 3 月 8 日，50ETF 的价格为 2.675 元，但 3 月份行权价为 3.000 元的认购期权隐含波动率却高达 40%，期权价格为 200 多元（收盘价为 185 元），这时买入如此深度虚值的期权而期待“中奖”是不切实际的。在 3 月份剩下的交易日中，期权价格再暴涨数倍的概率已经大大降低，这时不仅隐含波动率太高，而且走势也相对不利。所以有些时候持有“正确的仓位”很重要。

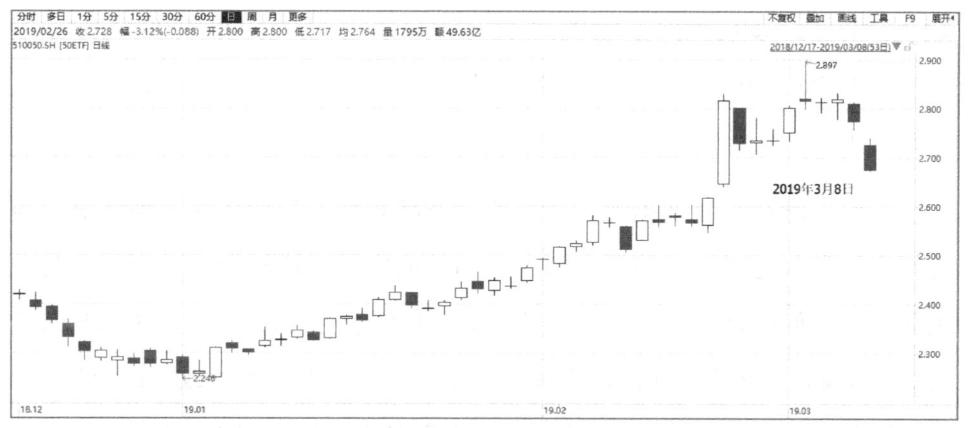

图 1-8

三、中性策略不是单纯的没有方向

当我们采用卖出跨式或宽跨式的期权中性策略时，我们希望市场不要有太大的波动，甚至不要有波动，如此，我们便可以赚取时间价值，获得足够多的利润。因为我们每对冲一次使仓位再次维持中性时，都要花费一些成本，当我们花费的成本大于时间价值带给我们的收益时，这个策略将难以获利，所以我们不希望行情有波动。

当我们采用买入跨式或宽跨式的中性策略时，我们希望市场有大波动，甚至是有大的方向性的走势，如此，我们将可以赚到因为行情变化而产生的利润。根据希腊字母 Gamma 的定义，当行情变化时，若交易者买入期权，所持有的仓位是正 Gamma，就会引起 Delta 的变化，所以原先的中性仓位不再为中性，但会同方向。

例如，当上证 50ETF 的价格是 2.500 元时，我们买入行权价为 2.50 元的认购及认沽期权各 1 张，这时是一个中性策略。我们假设当时的 2.50 元的认购及认沽期权的 Gamma 是 2.738。当标的资产上证 50ETF 的价格从 2.500 元涨到 2.501 元时，Delta 改变 0.002738（2.738/1000=0.002738），即认购的 Delta 由 0.5 变成 0.502738，这时你买进的认购期权就会有方向性上的损益了。

所以这时行情变动越大，对你的收益越有利。我们考虑一种情况：当行情变动很大之后，才将原先的仓位调整成中性，这样会对获利更有利。例如，当我们持有同时买入认购及认沽期权的仓位时，当上证 50ETF 的行情上涨 1%后，立即将仓位调整成为中性，在隐含波动率不改变的前提下，我们赚到的是行情变动 1%时 Gamma 改变 Delta 所产生的方向利润减去时间价值后的利润；但当行情上涨 2%后，我们立即将仓位调整成为中性，我们赚到的是行情变动 2%时 Gamma 改变 Delta 所产生的方向利润减去时间价值后的利润。当然行情上涨 2%所产生的 Delta 会比较大，故也会赚得比较多。所以在使用中性策略买入期权时，我们会非常希望在很短的时间内，行情朝某一个方向持续运动。

当然也有交易者在同时买入认购及认沽期权时有其他的想法，比如，在每日收盘后将仓位调整成中性，赚取实际波动率与隐含波动率差值的利润，这种做法也是中性策略中非常典型的例子。

卖出跨式或宽跨式的期权中性策略也是相同的，因为卖出跨式或宽跨式的策略的 Gamma 是负值，行情一旦开始移动，只要幅度够大，持仓就会有所损失。有时行情变化太快或隔天有大事件新闻而跳空，使我们无法实时对冲掉方向上的损失，所以在大多数的情况下交易员也会预留一个方向，以便在行情有利时可以盈利，而在行情不利时，也能从容面对。绝大多数的交易员会预留稍微偏空的 Delta，因为指数一般具有下跌速度比上涨速度快的特性，故在大多数情况下预留一些偏空 Delta 可以较从容地面对行情并进行对冲。

四、中性策略的盈利

中性策略有一个交易核心，即将方向性的风险降低，赚取其他容易获利的部分。下面我们举一个例子来说明。

2019 年 3 月 8 日，当日的隐含波动率曲面图如图 1-9 所示，行权价为 2.80 元的认购期权隐含波动率为 38.21%，而行权价为 3.00 元的认购期权隐含波动率为 43.25%，这相对于其他行权价来说太高了，所以我们可以根据行权价为 2.80 元的 Delta 是行权价为 3.00 元的 2.5 倍，来持仓一个“买入 10 张 2.80 元的认购期权，卖出 25 张 3.00 元的认沽期权”的比例式价差。

这个比例式价差的未来 1 日后、3 日后、6 日后、10 日后及 13 日后到期时的损益图，如图 1-10 所示（依据最右边点位高低区分，从上往下分别为 13 日后、10 日后、6 日后、3 日后、1 日后曲线）。

波动率
0.45
0.43
0.41
0.39
0.37
0.35
0.33
0.31
0.29
0.27
0.25
2.5
2.6
2.7
2.8
2.9
3
行权价/元
201903
pre-201903

图 1-9

50ETF
1日后
3日后
6日后
10日后
13日后
28000
24000
20000
16000
12000
8000
4000
0
−4000
−8000
−12000
−16000
−20000
−24000
PL金额/元
−19.0
−15.2
−11.4
−7.6
−3.8
0.0
3.8
7.6
11.4
15.2
19.0
标的价格范围/%

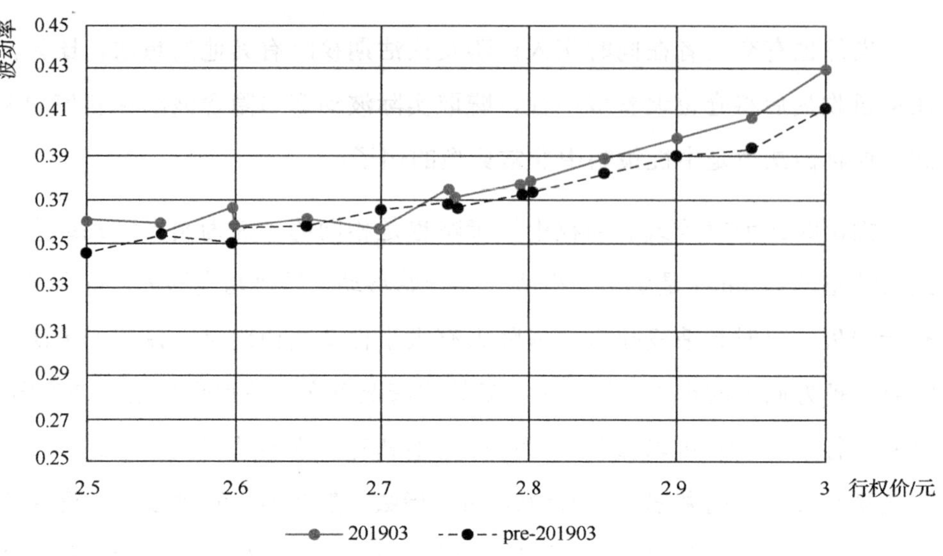

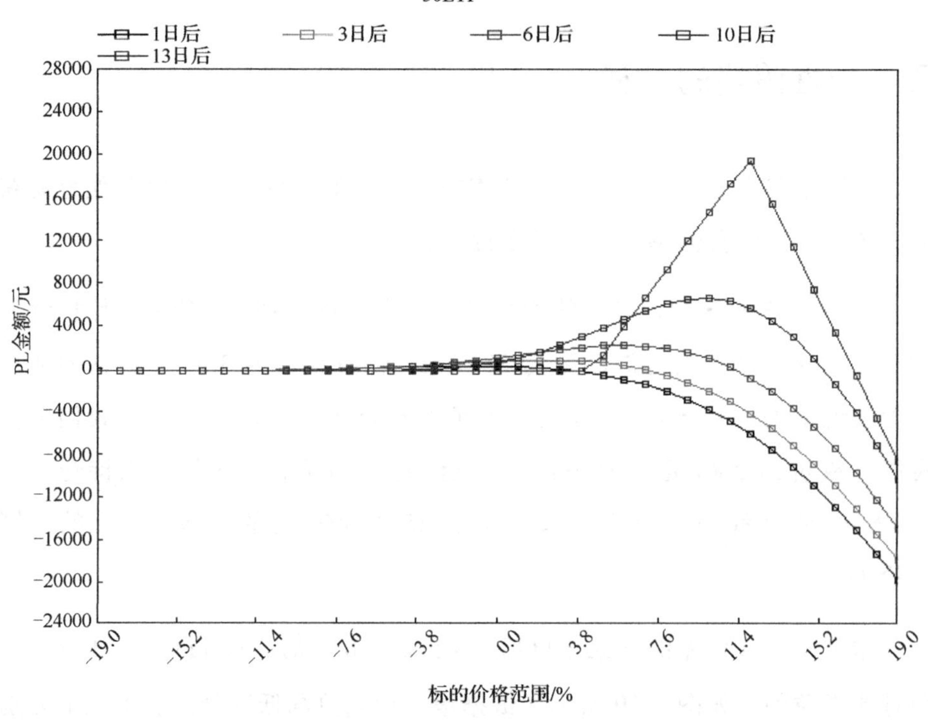

图 1-10

从图 1-11 中可以看到，当离到期日越来越近时，若上证 50ETF 离行权价 3.00 元越靠近，我们的获利就越大。而在到期日，只要行情上涨不超过 16%，就都可以稳稳地获利，算是一个风险低又有获利潜能的策略。但可惜的是，当初我们建立这个策略并不是为了要未来行情最后能行权在 3.00 元附近，而是因为行权价为 3.00 元的隐含波动率太高而其他的行权价的隐含波动率相对太低，所以我们买入平值行权价为 2.80 元认购期权 10 张，同时卖出我们认为价格高的行权价为 3.00 元的虚值认购期权 25 张，形成一个比例式价差，而其 Delta 是中性。

只要行权价为 3.00 元的隐含波动率降下来，与其他行权价相差不太多，我们即可出场了结，这才是我们要赚取的利润。同样，我们也会因为 3 月份的期权合约隐含波动率太高，而卖出 3 月份的宽跨式仓位。

当然，我们也可以卖出 3 月份的跨式期权，同时买入 4 月份的跨式期权，以赚取 3 月份的隐含波动率高于 4 月份的隐含波动率的差额利润。当然也可以买入 3 月份的合成期货，同时卖出 4 月份的合成期货；或者卖出 3 月份的合成期货，同时买入 50ETF 现货；或者卖出 3 月份的合成期货，同时买入上证 50ETF 股指期货，形成中性策略。由于到期日不同，在利率成本不同的情况下，均有获利空间。

五、中性策略的注意事项

中性策略就是控制住方向的风险，赚取其他（如波动率、时间价值及利率）收益的策略。其实中性策略的应用范围很广，通过对冲的手段，只要能控制好负 Gamma 值的大小，风险就都不会太高。因为有此特征，所以中性策略一直都是机构常用的策略，也是多数交易员为主的交易方式。

经过不断的发展，除了在方向上保持中性的中性策略外，许多交易员也喜欢做一些 Delta 中性-Gamma 中性、Delta 中性-Vega 中性的中性策略，使得中性策略的风险控制越来越好。在使用中性策略时，也要注意以下几点。

（1）由于不是无风险套利，所以要更加留意风险。当风险不是太大时，许多人都会将仓位建得很大并当成无风险的套利来看待，甚至在行情走势不好时也硬扛仓位，使低风险交易变成了高风险交易。所以要控制风险，一定要控制好持仓兑量，避免极端风险带来的较大损失。

（2）不要太拘泥于跨式或宽跨式等形式。由于市场情况不同，比如虚值期权隐含波动率太高、实值的隐含波动率太低、近月的隐含波动率太高等，各种情况应有各自适合的交易方式，只有这样才能更有效地在卖出较高的隐含波动率的同时买入较低的隐含波动率，如此便可以更熟练地使用中性策略。

（3）知道何时该进场，何时该出场。即了解自己做中性策略进场的原因和出场原因。

中性交易的行为和所有交易一样，分为进场、出场、止盈、止损、交易计划、资金管理等，所以要遵守交易的所有一般性原则。

1.5 期权的非线性

大家经常会听说期权与常见的投资品种如股票、期货等不同，具有非线性的特点。那么什么是非线性？期权的非线性特点又是如何影响投资的？下面我们就来介绍一下。

一、线性和非线性

线性，是说两个量的变动存在固定比例的关系。用数学语言来表示就是一阶导数为常数的函数，表达式一般为 $y=kx+b$；用图形来表示的话，两个量之间的关系是一条直线。在金融市场上，一般股票、期货等的损益跟价格是线性关系。

非线性，是说两个量的变动不存在固定比例的关系，即一阶导数不为常数，两个量之间的关系用图形表示不是一条直线，很多时候呈折线、曲线等。在金融市场上，期权的损益和价格是比较典型的非线性关系。

下面来看一个简单的例子。假设当前 50ETF 市场价格为 2.50 元，我们比较以下两种情形。

情形 1：直接以 2.50 元的价格买入 50ETF 现货 10000 份，花费 2.50 万元。

情形 2：买入当月认购期权 1 张，行权价为 2.50 元，支付权利金 0.05×10000=500 元。

在当月期权合约的到期日，我们再来看一下各自的情况。

情形 1：如果 50ETF 价格从 2.50 元跌到 0 元，那么亏损 2.50 元/份；如果价格下跌 0.05 元，跌至 2.45 元，那么亏损 0.05 元/份；如果价格不变，仍是 2.50 元，那么不亏不赚；如果价格上涨 0.05 元，涨到 2.55 元，那么盈利 0.05 元/份；如果价格上涨 0.50 元，涨到 3.00 元，那么盈利 0.50 元/份，以此类推……

对于情形 1，我们观察到的现象是 50ETF 价格每上涨或下跌多少，我们的收益或亏损也相应变动多少，也就是说情形 1 的当前损益=50ETF 当前价格-买入成本价（本例中是 2.50 元），用图形表示就是如图 1-11 所示的直线。

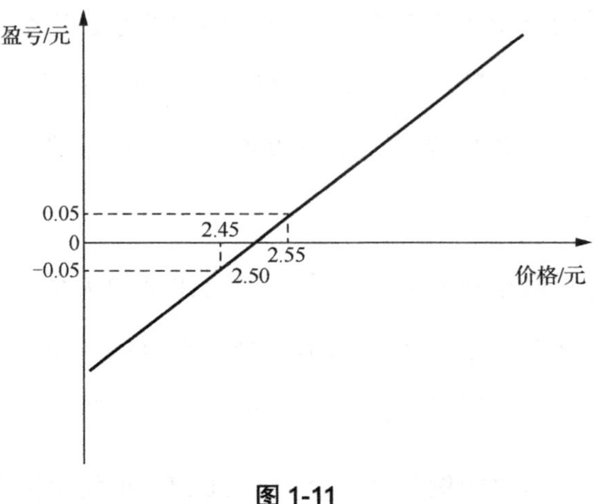

图 1-11

情形 2：如果 50ETF 价格从 2.50 元跌到 0 元，那么期权亏损权利金 0.05 元/张；如果价格下跌 0.05 元，跌至 2.45 元，那么期权亏损权利金 0.05 元/张；如果价格不变仍是 2.50 元，那么期权亏损权利金 0.05 元/张；如果价格上涨 0.05 元，涨到 2.55 元，那么期权不亏不赚；如果价格上涨 0.50 元，涨到 3.00 元，那么期权盈利 3.00−2.50−0.05=0.45 元/张，以此类推……

对于情形 2，我们观察到的现象是当 50ETF 价格比行权价（在本例子中是 2.50 元）高时，那么 50ETF 价格每上涨或下跌多少，我们的收益或损失也会相应变动多少；而当 50ETF 价格比行权价低时，那么无论 50ETF 价格是上涨还是下跌，期权的收益或损失都不再跟随变动。用图形表示就是如图 1-12 所示的折线。

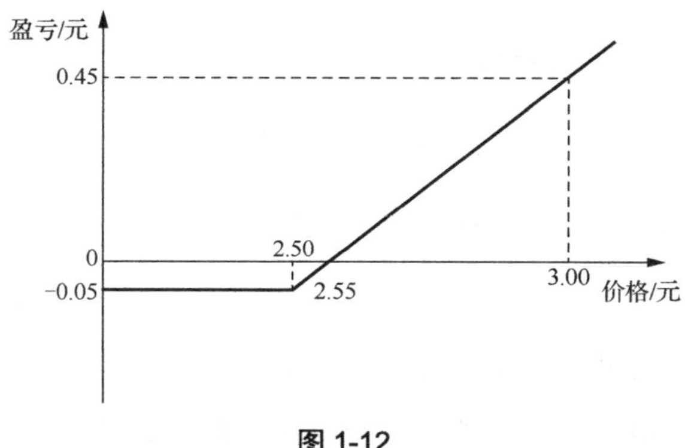

图 1-12

简单归纳，对于股票和现货这样的线性投资品种，在不同价格上涨或下跌多少，损益也变动多少；而对于期权这样的非线性投资品种，在不同价格涨/跌 1 个单位，损益的变动会差别较大。

二、线性品种与非线性品种的比较

理解了线性、非线性后，很多投资者自然而然会问另一个问题，到底是线性品种好还是非线性品种好？

标准答案当然是各有各的好了。线性品种，盈亏与价格变动更直观、好计算，赚钱、亏钱一目了然；而非线性品种的计算稍微复杂一些，还要看不同价格区间段，有时看到现货盈利了期权却还没盈利，更是一头雾水。

但其实，从在投资中发挥的作用来看，非线性品种能达到线性品种达不到的功效。我们都知道，在投资市场上，股票、期货的诞生远早于期权，但为什么还会出现期权呢？其实就在于期权具有的不可替代性。

对于股票、期货这样的线性品种，无论怎么组合搭配，形成的投资组合都还是线性的，无法突破线性这一框架，也就是说不考虑条件调整、人为中间调仓等，用股票、期货无法构建出像期权那样能达到“亏损有限、收益无限”效果的收益组合。

而对于期权这样的非线性品种，则可以与股票、期货相结合，不同的期权也可以相互结合，进而打造出各种收益曲线，满足投资者想要的收益风险组合。

线性无法构造出非线性组合，而非线性却可以非常方便地构造出线性组合。在期权策略中，有一种常见的组合叫作合成多头，就是买入认购期权同时卖出同样月份和行权价的认沽期权，构建出和现货投资十分相似的线性组合，如图 1-13 所示的虚线部分。

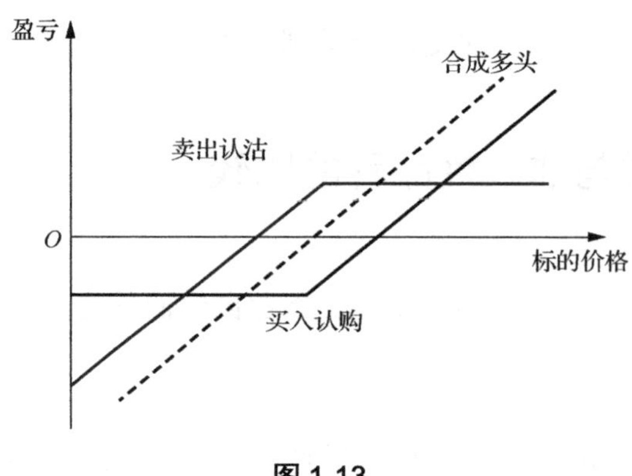

图 1-13

所以我们说期权就像积木，想要什么样的收益风险组合都可以搭建。特别是在资产配置、风险管理中，投资人往往希望打造极具特殊性的组合效果，此时使用期权这样的非线性品种来构建，就显得十分方便、高效。

三、期权非线性详解

上面介绍了期权因具有非线性的特点，使其在投资中具有不可替代性。下面分别介绍为什么期权会呈现非线性的特征，以及其在投资中的应用。

1. 为什么会呈现非线性特征

前文已经从具体的到期损益图角度刻画出了实际的非线性特征，下面我们就从期权概念和交易两方面进行探究。

从概念来看，期权是双方提前约定好，在未来的特定时间，买方可以以特定的价格从卖方手中买入/卖出某项特定标的的一种权利。也就是说，期权买方一旦支付权利金完成期权交易后，就只享有权利而没有义务，其可以决定是否行权，而没有必须要行权的义务，因此买方又常被叫作权利方。而卖方收完买方的权利金后，就变成了只担有义务而没有权利，此时其无权决定是否行权，只有配合买方的义务，所以卖方也被叫作义务方。对于期权，权利和义务是分离的、不对等的，而股票、期货的权利和义务都是绑定在一起的。期权的一方有权决定是否执行约定，那么就会出现情形对自己有利就正常执行、情形对自己不利就放弃执行的情况，从而出现了在不同情形呈现不同的损益。

下面，我们再从实际交易过程来看。因为概念涉及的主要是到期行权这一时刻的操作，而实际上多数人不会持仓到最后，而是中途交易。在交易中理解有点复杂，我们需要引入希腊字母来解释，聚焦在 Delta 和 Gamma 两个字母上。Delta 是用来描述方向变动的，即标的价格每变动 1 个单位对应期权价格的改变量。对于期权合约来说，随着标的价格的变动，期权合约的 Delta 值是在不断变化的。现货的 Delta 值是固定的 1，深度虚值期权的 Delta 值接近 0，即此时标的价格不管是上涨还是下跌，期权价格都基本不变；深度实值期权的 Delta 值接近 1，即此时标的价格每上涨/下跌 1 个单位，期权价格基本上也跟着变动 1，和现货投资很相似；而平值期权的 Delta 值大概是 0.5，即此时标的价格上涨/下跌 1 个单位，期权价格大概变动 0.5。Delta 跟随标的的不同价格发生变化的快慢，在期权术语中，我们常用 Gamma 来表示，也就是说因为 Gamma 存在，Delta 就不是一个固定值了，所以出现非线性的情形。

2. 期权非线性特征在投资中的应用

说到这里，可能很多投资者觉得之前没意识到期权的非线性特征时交易照样做得风生水起。诚然，即使不理解也可以进行交易，但理解了无疑会让您对期权投资的看法更上一个层次。

（1）杠杆。有些投资者选择期权，是看中了期权交易存在杠杆，杠杆能够放大收益。那么在具体选择合约时，该怎么选择呢？事实上很多投资者为了追求杠杆，选择了深度虚值的合约，也就是较便宜的合约，毕竟它们投入少最大亏损也小，而且理论杠杆（理论杠杆=标的价格/期权权利金）非常高，所以认为最合适。但在实际交易中，常常会发现市场上涨了，很多价格高一点的实值、平值合约都已经获利满满了，手里的虚值认购合约却没怎么涨。这就是期权的非线性特征在杠杆上的体现。在标的从虚值到实值的价格运行区间中，Delta 值先慢慢增长，越靠近平值由于 Gamma 越大所以增长越快，之后又开始放缓增速。所以在实践中，衡量杠杆不能用理论杠杆，而应引入真实杠杆率（真实杠杆率=标的价格/期权权利金×Delta 值）。因为理论杠杆是默认标的上涨 1，期权合约也会上涨 1，但实际上因为非线性特征的存在，期权合约上涨不是 1，所以就会出现预期和实际的差异，这个地方需要特别注意。

（2）风险。说完了收益，我们再来聊一聊风险。对于期权买方，我们常讲“风险有限、收益无限”；而对于卖方，则常会提到“收益有限、风险无限”。因而期权买方无须缴纳保证金，只有卖方需要缴纳。

另外对于卖方来说，要特别注意 Gamma 潜在的风险。上文中我们提到了，期权价格的变化并不是随着标的价格呈线性变动的，而是从虚值到实值不断增大的。这对于买方是好事情，而对于卖方则存在风险，所以卖方要在实际损益和保证金制度方面注意非线性风险。

交易所在制订保证金收取标准时，也考虑到了非线性的问题，所以我们可以看到，期货等品种保证金是固定的，而期权的保证金则比较复杂。

以上交所 50ETF 期权的开仓保证金最低收取标准为例：

认购期权义务仓开仓保证金＝[合约前结算价+Max（12%×合约标的前收盘价-认购期权虚值，7%×合约标的前收盘价）]×合约单位

认沽期权义务仓开仓保证金＝Min[合约前结算价+Max（12%×合约标的前收盘价-认沽期权虚值，7%×行权价格），行权价格]×合约单位

从上述公式可以明显看出，对期权保证金的收取也采取非线性的方式。对于虚值期权，由于虚值部分扣减的存在，所以对其保证金的收取相对较少；实值、平值期权保证金的收取相对较多，这也与我们上文提到的 Gamma 风险相呼应。在进行期权卖方交易时，一定要注意保证金变化非线性的特征，特别是在虚值合约卖方遇到极端行情时，容易出现强制平仓风险。

（3）对冲保护。利用期权非线性特征，我们可以为投资很好地做一些风险对冲保护，但在进行风险对冲保护时也要注意非线性可能带来的问题。

在投资市场中，很多人都会使用期货来对冲风险，一般是根据现货持有价值多少的头寸在期货上就做一个相应多少的反向的头寸，使得现货上涨/下跌产生的损失能由期货来弥补，从而防范风险发生。但实际上期货在对冲掉现货风险的同时，也把现货的收益对冲掉了，所以期货对冲是一种完整的对冲。但很多时候，投资者更喜欢不完整的对冲，也就是把风险对冲掉，还能获取收益。此时，由于期货具有线性特征没办法达到这种要求，而期权就应运而生了。期权最简单的对冲方式是保险策略，即在持有现货的同时，买入对应数量的认沽期权作为保险。如果市场真的大跌，那么持有现货的亏损就可能被认沽期权的收益弥补掉，甚至整体还能盈利，但这不是重点。重点是如果市场没有大跌反而大涨，那么持有现货的收益会放大，而支付的仍旧只是一开始认沽合约的权利金，此时当然能获取更多上

涨的收益，所以用期权来做现货的保险，除了防范风险以外，还可以获得一定程度的收益，这是期货达不到的。

期权也常被用来进行 Delta 对冲，一般做法是通过调整期权持仓来达到 Delta 中性，以最小化方向所带来的影响，常用在一些套利、波动率策略中。像刚刚提到的现货保险，其实也是一种对冲，只不过一开始并不是中性的。比如，初始我们买入平值认沽期权进行保护，此时现货 Delta 是 1，假设认沽期权 Delta 只有-0.5，此时我们是整体看多的，所以在市场上涨时我们能获取一定的收益。

很多投资者可能觉得如果进行不完全对冲，保险策略会不会不太保险，其实不是的。从到期的角度来看，若持有 1 万份 50ETF 期权，同时买入行权价为 2.50 元的认沽期权，那么到期时如果市场价格跌到 2.50 元以下，作为买方则会以 2.50 元的价格交易持有的 50ETF 期权，不用管市场价格跌到多少。从希腊字母的角度来看，一开始我们的持仓看起来是偏多的，但是如果市场价格跌到 2.50 元以下，那么 2.50 元的认沽期权就是实值期权。市场价格下跌越多，认沽合约的 Delta 值越接近 1，实值期权距离到期越近 Delta 值越接近 1，所以只要能持有期权到期，保险策略就能对其起到相应的保护作用，不用过于担心。

1.6 期权交易策略“鄙视链”

期权交易策略素来以花样繁多而闻名。在纷繁的期权交易策略中，每个策略各有优缺点，每个交易者对其也都有自己的优劣排序，并不存在一个万全的策略。对于像买方、卖方、备兑、价差这样的基础策略，大家心中都会有自己的评价，对其如何排序也反映出了交易者的心理预期和对期权交易的认知水平。本文想要论证的是在一种理性的心理预期和较高的认知水平下，会对期权交易策略形成一种怎样的排序。

何为理性的心理预期呢？就是合理的假设。首先，假设我们在投资能力和对心态的把控上并不比其他投资者更好。其次，假设我们投资的底线是不能大幅亏损。这种假设显然比“我是股神”“投资就是要盈利”的心理预期更靠谱。

何为较高的认知水平呢？就是理论结合实践得出的真知。很多交易者的期权策略知识都来自书本和讲座，在实际交易中应用过的策略并不多，而且往往集中于做买方。没有真实的交易经历，就容易被理论上的认知左右，因而很难对期权交易策略产生深刻的认识。因此在下文的论证方法上，主要是通过枚举实例，并结合理论知识来阐述。

一、买方 VS 卖方

这是最重要的一个排序。

一般投资者在参与期权投资时，首先尝试的往往是做买方（即买认购、买认沽策略），有很多人已经交易期权很长时间了，依然对做卖方避之不及、谈“卖”色变。这主要有三个原因：一是买方操作和股票交易类似，好上手。二是在接触期权早期，大家都听到过“买方风险有限、收益无限；卖方风险无限、收益有限”的说法，因而对卖方心存忌惮。三是由于做卖方试点初期暂免交易费用，因此期货公司或证券公司缺少向投资者讲解卖方策略的积极性和动机。那么，我们看一下实际的情况。

截至 2018 年 6 月行权日，50ETF 期权自上市以来共有 1282 只到期合约。我们假设在每只合约的第一个交易日收盘建仓，然后在到期日收盘平仓（计算不考虑佣金，下同），那么在 1282 只合约中，买方共有 429 只合约取得正收益，占比约 34%。假设每只合约都只买 1 张，则买方出现亏损的合约合计亏损约 99 万元，而出现盈利的合约合计盈利约 94 万元，合计净损益约-5 万元。从上述数据来看，不考虑投资者对市场的看法、合约选择等，只比较买方跟卖方，盈亏次数比接近 1∶2，而盈亏金额比要小于 1。

如果考虑不同合约的投资者参与度不同，我们参考各合约总成交量的权重来配置交易张数，发现买方取得正收益的合约盈亏次数比由 1∶2 下降到 1∶2.5，而买方出现盈利的合约合计盈利金额与出现亏损的合约合计亏损金额比，由 1∶1.05 下降到 1∶2.13。从这个角度来看，卖方比买方有优势。

另外，笔者收集了 2000 余名期权投资者从 2015 年 2 月至 2018 年 6 月的盈利人数占比统计数据，其中做单腿买方的盈利人数占比为 14%，做单腿卖方的盈利人数占比为 35%，买方与卖方都做的盈利人数占比为 34%，再次体现了卖方的优势。

那么，为什么会有这么明显的差异呢？

1. 数学的解释

比如行权价都为 K 的买认购（权利金为 C）、卖认沽（权利金为 P）策略都属于看涨策略，但策略的到期盈亏平衡点却差别较大，分别为 $K+C$、$K-P$。假设标的到期价格有三种情况，分别为 $X1$，$X2$，$X3$，演算结果如下。

若盈利，$K+C > K-P$ 做买方要比做卖方要求标的价格有更高的涨幅

① $K-P > X_1$ →都赔

② $K+C > X_2 > K-P$ →卖方赚，买方赔

③ $X_3 > K+C$ →都赚

卖方赚钱的场景把买方赚钱的场景都囊括了，所以从盈亏概率来看，买方盈利的概率较小，卖方盈利的概率相对较大。

2. 上述解释的进一步演绎

从方向上来看，买认购、买认沽对行情的分析是看大涨、看大跌；卖认购、卖认沽的行情分析是看不涨、看不跌。所以，做卖方的判断比做买方的判断可以更模糊、更宽泛。买方在行情趋势明朗，且有相当大的变动幅度时才会有盈利。但众所周知，这样的行情很少，大多数情况下行情呈现温和平稳的态势。所以，做卖方比做买方盈利的可能性更高。

3. 时间的威力

彼得·林奇（Peter Lynch）针对股票投资讲过“如果你持有的是股票期权，时间就会站在你的对立面，持有时间越长，赚钱机会越小”。他是站在买方的立场上这样讲的。时间是买方的敌人，是卖方的朋友。

在理论上，时间价值是买方支付的权利金中超出合约当前内在价值的部分，也就是买方为了赚取未来市场可能的上涨/下跌带来的收益而愿意付给卖方的成本，换取的不是确定的盈利而是一种可能性。时间越长越有可能达到，所以时间价值一般越大；时间越短越难以达到，所以时间价值一般越小。考虑到时间价值的存在，对买方而言，不管市场涨跌与否，时间价值每天都在流逝；而对卖方而言，时间价值每天都在积累。卖方赚取时间价值，买方要为时间价值买单，这是卖方相比买方的天然优势。

现在，在笔者的假设和方法下，证明了概率和时间是卖方的朋友，因此可以很有把握地说在买卖双方的排序中，卖方>买方。

二、卖方 VS 备兑

备兑是使用现货持仓、卖出认购期权来构建的策略，首先我们来看一下备兑与卖出认购策略。两者都可以在预期后市不涨或小幅上涨的情况下使用，最大的差异在于备兑使用足额的现货持仓充当保证金，不需要额外现金，而卖出认购则使用现金作为保证金。

其次我们再来看一下备兑与卖出认沽策略。我们观察同一行权价的卖出认沽、备兑策略的到期盈亏图，会发现两者存在高度一致性。根据期权平价关系，卖出认沽与备兑策略之间确实存在着一定的等价转化关系，这也意味着卖出认沽与备兑策略相比差别不大，具体如图 1-14 所示。

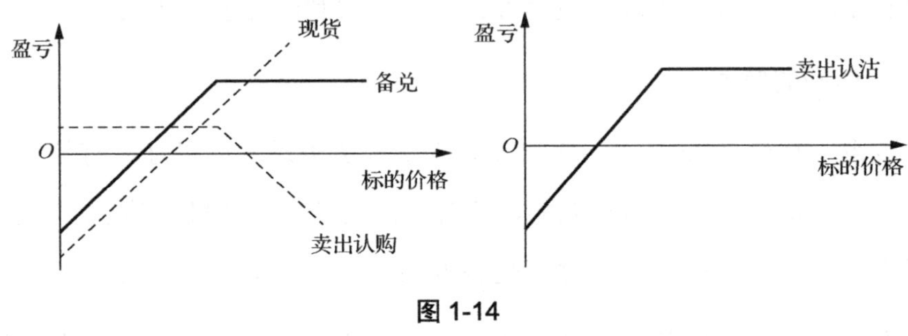

图 1-14

那么，在交易层面上备兑与单纯卖出认沽/认购策略的主要区别是什么？

1. 保证金风险的区别

根据交易规则，卖方需要保证金，所以我们来比较一下备兑与卖方保证金占用的情况。

备兑不需要现金保证金，我们可以理解为备兑已经使用全额现货作为保证金，市场波动再大也不用额外加收保证金。

而卖方不需要使用全额现货作为保证金，只需要占比较低的现金保证金，资金使用效率较高。在实践中，备兑策略实际占用资金明显多于卖方占用的资金，但许多投资者为了追求更高的资金收益而选择较高仓位开仓，虽然这样杠杆更高、收益更可观，但一旦行情出现大幅不利波动，很可能被强平处置。这就需要投资者及时关注行情变化、调拨资金等，对投资者的盯盘要求较高。而备兑策略则不存在追加保证金的风险。

2. 上述区别的进一步演绎

作为卖方投资者，很多人的交易初衷是在温和看涨/跌后市情况下通过做卖方赚取风险相对较低的时间价值的收益，这种情况类似于固定收益类的投资。由于收益空间有限，所以很多人选择最大化地使用资金，选择较高仓位以提高报酬率，但一旦行情发生不利变动则需要不断追加保证金或减仓。随着市场涨涨跌跌，心理也起起伏伏，容易心态失衡。

对于备兑投资者来说，可能觉得现货涨不了太多，收益不够可观，就选择顺便做卖方来增加收益。对他们而言，保证金由现货做全额保障，不用考虑追加的问题。如果市场下跌了，则会因为卖出认购赚取权利金，比直接持有现货亏损更小；如果市场大涨，虽然卖出认购丢掉部分上行收益，但账户总体是赚钱的，所以心态更加平和。

大家千万不要以为这一点有点虚。在实践中，大多数人都很注重在投资能力上的积累，而忽视了对心态的把控。成功的交易者都有体会，投资心态随行情涨落是人之常情，而正是这种“常情”造成对行情反复的错判和绞杀。而备兑交易策略是一种天然的对冲情绪交易法。

可见，备兑策略可以看作是卖方策略的一种特殊形式，其特殊性在于没有追加保证金的压力，从而营造了心态平和的投资过程。因此，在卖方与备兑的排序中，笔者的答案是备兑>卖方。

三、备兑 VS 价差

价差策略和备兑策略在构建方式、损益曲线、保证金收取等多个方面都存在显著的差异。价差策略同时做卖方和买方，既可以将其解读为卖方的变形，也可以解读为买方的变形，因此会兼顾卖方和买方共同的特点。

1. 到期盈亏的区别

为方便比较，假设当前标的行情价格为S，我们均选取行权价为$K(S<K)$的合约来构建策略，即备兑策略为以S价格买入标的现货加上卖出行权价为K的认购（权利金为C_1），价差策略为买入行权价为S的认购（权利金为C_2，$C_2>C_1$）加上卖出行权价为K的认购。

- 对于备兑策略而言，到期盈利区间是（$S-C_1$，$+\infty$）。
- 对于价差策略而言，到期盈利区间是（$S-C_1+C_2$，$+\infty$）。

与备兑策略相比，价差策略到期盈利的概率相对小一些。

我们再来比较一下盈亏上下限：

- 对于备兑策略而言，到期盈亏上下限是（C_1-S，$K+C_1-S$）。
- 对于价差策略而言，到期盈亏上下限是（C_1-C_2，$K-S+C_1-C_2$）。

与备兑策略相比，价差策略损失下限明显较小、盈利上限也较小。从这个角度来讲，备兑策略风险相对较大，一旦市场方向出现较大不利变动，就容易出现较大亏损；而价差策略产生的亏损相对较小，风险可控度较高。

2. 保证金风险及资金使用效率的区别

前文提到，备兑策略不需要现金保证金，我们可以理解为备兑已经使用全额现货作为保证金，市场波动再大也不用额外加收。但因其使用全额现货作为保证金，实际资金占用较多，资金使用效率较低。

价差策略结合其盈亏情况来看风险相对较低，但目前的保证金收取制度比较严格，决定了其当前资金使用效率较低，报酬率表现不太好。我们结合海外市场的实践，预期未来保证金制度能够优化，这将会大幅节省资金并凸显资金使用效率。

3. 市场情绪影响

备兑投资者持有认购义务仓，如果市场情绪高涨，即使可能市场没涨、没跌，但合约价格却上涨了，这样就会出现较大的浮盈、浮亏变化。而反观价差投资者，因为既有权利仓又有义务仓，双边上涨会有所冲抵，所以市场情绪对浮盈、浮亏的影响相对有限，策略整体的收益表现更平稳。

价差策略相比于备兑策略（以及单纯的买方策略），出现大幅亏损的风险更小，持有期间浮盈、浮亏受市场情绪影响较小。其中不会出现较大的亏损，是其最本质的优点。我们投资的底线是避免大幅亏损，那么做价差策略显然更有利。

可见在备兑策略与价差策略的排序中，笔者的答案是价差>备兑。

通过以上对期权基础策略的比较，我们得出的排序是买方<卖方<备兑<价差。

这就是笔者心中的期权交易策略“鄙视链”！

第 2 章

2

不可不辩的交易理念

2.1 交易员赚钱之道

笔者在机构的衍生品交易部门工作超过 15 年，每年都能够盈利。很多人问，如何在期权交易中稳定获利，如何指导交易员做交易？笔者认为，从来都不需要指导交易员做交易，因为交易有规则与限制，只要在这限制之内，交易其实是很自由的，重点就两个字“纪律”。

一、交易员是否都有经验

在交易室内，其实大多数交易员都并不是很有经验的人。有些是刚毕业的、有些是从其他部门转调过来的等，每一个人都有不同的个性，对行情有不同的观点，对风险的偏好也各不相同，但这些人每天却要面对相同的行情，用不同的节奏下不同的单，实现部门赚钱的目标。

在并非大多数交易员都有交易经验的前提下，公司必须制定很多的规则来控制风险，让整个交易的流程及风险是可控的，当然每一家公司的风格不一样，但是主要目的都是希望在风险有限的情况下能够赚到更多的利润。因此，在控制风险的层面上，交易员都希望能够在即使行情走势判断完全错误的情况下也能让损失有限，且全身而退。

二、风险如何设定

交易的风险要如何控制呢？由于期权是非线性的交易标的，通常会用 Greeks 来设定风险值，即当交易员持有仓位时，不可以超过 Greeks 对风险的设定值。例如，我们常会规定 Delta 不能超过资金的 100%，负 Gamma 不得超过资金的 30%，Vega 不超过奖金的 1%等限制。以实际例子来看，若交易员有 100 万元的可交易额度，其持有方向性的总仓位不能超过正负 100 万元，持有总仓位的负 Gamma 不能超过 30 万元，总 Vega 不能超过 1 万元。这表示若行情跌了 1%，隐含波动率变化 1%，则交易员在 Delta 上最多损失 1 万元、Gamma 上最多损失 0.15 万元，在波动率上也最多损失 1 万元，合计最多损失仅 2.15 万元，如此交易员就不会持有过大的风险性仓位了。

为避免交易员过度交易，除限制交易员进行高频或套利交易的程序外，也会限制其每日当冲的次数。例如，本来持仓最大风险仅有 2.15%，但交易员透过每次当冲损失 0.5%，日内交易 20 次，总损失就可以达到 10%以上，交易员这种失控的过度交易也要绝对避免。

在风险上，控制住保险金额及交易次数是期权交易的第一步。毕竟期权是一个带杠杆的衍生品，预防在极端走势或交易员失控时损失大额资金是首要目标，有了第一层保护才能在可控的情况下往获利目标前进。

三、越能赚钱的交易员越能承担更高的风险

所有的风险和报酬都是相对应的。在不承担风险的前提下去要求太高报酬，这显然是不合理的。随着交易的进行，有的交易员会露出赚钱的天分，很容易每天都赚到钱；有的交易员却遭遇困境，一直无法赚到钱。这可能是行情、交易策略，也可能是交易员本身造成的。

不管是什么原因，我们都倾向于让更能赚钱的交易员用盈利去扩大交易风险。例如，原先的风控限制是负 Gamma 的 30%，但获利超过资金额度的 5%后，负 Gamma 可以增加到 40%。这个很类似于大家所熟知的“安全垫”，让更能赚钱的交易员在不损及本金的情况下，去承担更大的风险；这也类似于在资金管理概念上的赚钱加码，期待加快获利速度，而减慢损失速度。

四、其他规定

除此之外，交易员会被要求每天对第二天的行情做出预判，并决定要下的单。很多交易员不同意这样的做法，因为太麻烦，他们觉得自己“可以”顺着第二天的大盘走势实时做出正确的反应。事实证明，有些交易员确实可以，但是绝大多数的交易员没有办法在盘中实时做出正确的决策。

除了预先规划交易之外，在收盘后，交易员也会被要求做交易报表，归因交易的损益是来自方向（Delta），还是行情波动的大小（Gamma），或是波动率的上涨或下跌（Vega），或是时间价值的流入（Theta）；总结当天有没有操作失误的地方、需要加强的地方等。这些动作都可以强化思路和培养更好的交易纪律，以便在交易中减少人为的失误。

五、为什么交易员比一般投资者更容易赚到钱

很多人认为交易员比一般投资者更容易赚钱或更不容易亏损的原因是有更多的信息帮助其判断。其实许多投资者对行情的看法和判断比大多数的交易员精准，那为什么只有很少的投资者能长期获利，中间的差别是什么呢？答案就是“纪律”两个字。

在期权交易中，每次使用杠杆的获利与损失总是会被无情地放大，它使得投资者的投资周期也加速反映在账面上。损失者会更快地被迫离开这个市场，而原来的获利者也可能会因为一个失误而瞬间亏损。一切都被加速，也都被放大，因此，要想在期权的世界中获利，必须要遵守纪律，唯有遵守纪律才有可能长期不输。在不输的情况下，再不断地学习，找寻更好的入市机会。唯有如此，才能跳脱期权市场非线性使用杠杆的残酷现实与无情轮回，站在更有利的位置去使用这项有利的工具。

对于初入期权市场的人，这里提出一些意见作为参考，共有三个步骤。各位可以按照这三个步骤逐渐进步，这也是笔者送给初入市场的投资人最好的礼物了。

第一步：在你可以获利之前，使用更小的杠杆。

（1）如果是买方的投资，建议初始每次投入资金不超过总资金的 5%，剩余资金可以放入现金港等获取固定收益。例如，现有资金 10 万元，资金的 5%是 5000 元。在获利时慢慢扩大投资，在损失时慢慢缩小投资。

（2）如果是卖方投资，则需考虑 Delta，但目前大多数的投资者没有找到较好的交易软件，故以总市值金额考虑交易，暂时不放杠杆是一个好方法。

（3）在获利之前，不要放大或缩小杠杆。原则是在获利后适当放大杠杆，在损失后适当缩小杠杆。

第二步：避免过度交易。

（1）初入期权市场的投资者，不管是买方还是卖方，刚开始每日的交易次数都不要超过一次；不管当日是赚钱还是赔钱，都要保持稳定的交易频率。

（2）以月度控制最大损失。如果当月损失超过总资金的5%，则停止当月一切交易。在此前提下，交易者会更小心地控制风险，在可能获利的情况下才会更积极。

第三步：在每日收盘后思考第二天的交易方式。

（1）在已经思考好的逻辑下进行交易，即按开盘前的计划做交易，并将其记录，不要受情绪影响。

（2）如果盘中仓位超过风险控制范围，则应立即对冲掉，坚守风险及计划交易。

如果投资人能按照以上的方式进行交易，相信未来其在期权的交易上必定易赚难亏。或许，以上的建议会让许多人觉得无法快速赚到大钱，但是在期权市场中，最重要的是先求生存，只有在稳定获利时，再使用期权的杠杆，才能真正获利。

2.2 止损的重要性

不论是交易股票还是交易期权，有三件事一定要记住：第一件事是止损，第二件事是止损，第三件事还是止损！

我们看到在股票市场上亏损惨重的投资者，绝大多数都不止损，或者虽然设置了止损但没有严格执行，犹犹豫豫不忍下手，最终亏损被放大到不可承受才悻悻出场。期权的一大魅力，在于其所具备的高杠杆性很容易让获利飞起，但很多人却忽视了风险与收益是共存的。在取得高昂收益的同时，也存在着较大的风险。在期权交易中，如果还坚持一味搏杀不留后路，只追求收益而不去控制损失，那么大概率的结局是让亏损飞起。

关于止损，相信大家都非常熟悉，它在交易上能起到什么神奇的作用呢？其实止损并不神奇，甚至很多时候它让投资者感觉糟透了。在《海龟交易法则》一书中，曾经提到过一个例子，两个开仓条件一致的合约，只是在平仓时一个有止损、一个持有特定时间后平仓，结果发现有止损的合约的报酬率、准确率都要低于未设置止损的合约。在日常交易中，很多人也有类似的体会。在止损后股价又涨上去了，此时就开始后悔为什么要止损，为什么将止损价格设得这么低。既然止损拉低了报酬率、准确率，那为什么还要设置止损呢？原因在于风险控制，在于存活率。设置止损，能够在降低收益的同时，降低大幅亏损的风险，此时即使暂时离场我们还保有东山再起的实力和机会。止损就像踩刹车，虽然很多时候会让速度慢下来，但至少能避免很多无畏的脱轨和碰撞，不至于遇到一次极端行情就结束了。

很多人觉得，只要策略胜率能超过 50%，盈亏比能超过 1∶1（即亏 1 块钱的同时，也能盈利超过 1 块钱）就能赚钱，在真实交易中是这样吗？在现实交易中，即使胜率超过 80%，也很有可能出现连续几次都亏钱的场景。很多人都听过这样一个表述：如果这次交易亏损 10%，下次需要盈利 11%才能回本；如果这次亏损 50%，下次需要盈利 200%才能回本；如果这次亏损 90%，下次需要盈利 1000%才能回本。可见一旦出现大幅亏损，想扭亏为盈的难度有多大。止损就是让亏损停止放大，让参与次数能够增多。在大样本之下胜率高、盈亏比高的优势才能发挥出来，否则可能早早出局，空有好策略却无法盈利。

那么，止损具体该怎么做呢？市场上关于止损的方法有很多，包括固定金额/比例止损、浮动止损、结合技术面止损、跨品种联动止损、固定期限止损、结合资金仓位止损等，下面具体介绍。

一、固定金额/比例止损

固定金额/比例止损是比较传统和常用的一种止损方式，即投资者设定好一个固定的损失金额或亏损比例，一旦触及则进行平仓止损操作。一般在期货交易、产品仓位管理等场合使用较多，普通投资者也比较容易接受。

比如以 500 元买了一张期权合约，同时设置 20%的止损位，即 500×（1−20%）=400 元，也就是说当价格下跌 100 元，跌到 400 元时就会触发平仓了结。

此种做法的优点是通俗易懂、好操作，缺点是缺乏合理的依据，与交易的品种之间缺乏联系，很多时候这个比例就是拍脑门决定的，所以总有人问止损比例应该设置多少，这个答案是因人而异、因品种而异的。对于资金较雄厚、仓位不高的投资者，止损比例可以设置得很高，因为有再来一次的能力；对于仓位过重，一个品种押上全部身家去做的投资者，止损比例尽量不要设置太高，否则万一出错，就可能很难回本。对于不同品种，止损设置也有差异。股票的涨跌幅度相对没有那么大，止损比例可以适当设置小一些，而期权很多时候涨跌幅度很大、波动剧烈，此时如果止损比例设置过小，则很容易出现频繁触发止损的情况。

那么在实际使用时，我们该怎样比较合理地设置止损呢？一方面，要从我们的策略本身出发，通过理论分析、回测或复盘前期表现等，大致了解策略的盈利概率、盈亏表现等，然后寻找能抓住更多上涨的机会，以实现收益，同时从整体期望上也能强化正收益。另一方面，要结合我们的资金仓位、操作品种，以及自己能够承受的风险来确定。如果我们有 5 个操作品种，最多能接受 10 万元的亏损，假设每个品种的止损设置都一样，那么在止损金额的设置上就不能超过 2 万元。

二、浮动止损

固定止损给很多人的感觉是比较死板、机械，因为行情一直在变化，怎么能以一个固定的金额/比例去止损呢？所以也有不少人放弃固定止损，采取浮动止损的方法。

浮动止损，也被称为相对价位止损，是以某一参考价格（常见如曾经开仓后达到的最高价）为参照设置止损金额/比例，来计算止损点位作为浮动止损点位。如果价格向有利方向移动且一路创新高，则不断提高浮动止损点位；如果价格向不利方向移动，则不会降低浮动止损点位；如果价格跌至浮动止损点位，则触发浮动止损。注意，浮动止损点位只会提高，不会降低。

三、结合技术面止损

以上两种止损方式其实都对操作品种的实际走势行情考虑较少，而很多时候我们也会参考品种的具体技术指标、形态等进行一些止损设置，常见的如支撑/压力位止损、均线止损等。这些方法在基本原理上比较类似，都是根据技术面指标的表现来预估标的走势大致运行的区间，一旦走势超出运行区间，则大概率会亏损，因而选择止损。

我们以支撑/压力位止损为例，来介绍一下一般做法。

一般而言，如果跌破支撑位，对于多头而言可能紧跟着就会大幅度快速下跌，所以在支撑位附近适合多头止损；而如果涨过压力位，对于空头而言可能紧跟着就是波澜壮阔的上涨，所以在压力位附近适合空头止损。这是在结合技术面止损时比较常用的一种做法。下面我们来看几个具体的例子。

如图 2-1 所示，自 2018 年 6 月以来，50ETF 价格基本进入了 2.350～2.650 元的震荡区间中，2.350 元是大致的区间支撑位。如果此时持有 50ETF，那么根据支撑位止损法可以设置 2.350 元为止损位。2018 年 12 月 20 日日内 50ETF 价格跌破 2.350 元，此时会触发止损。

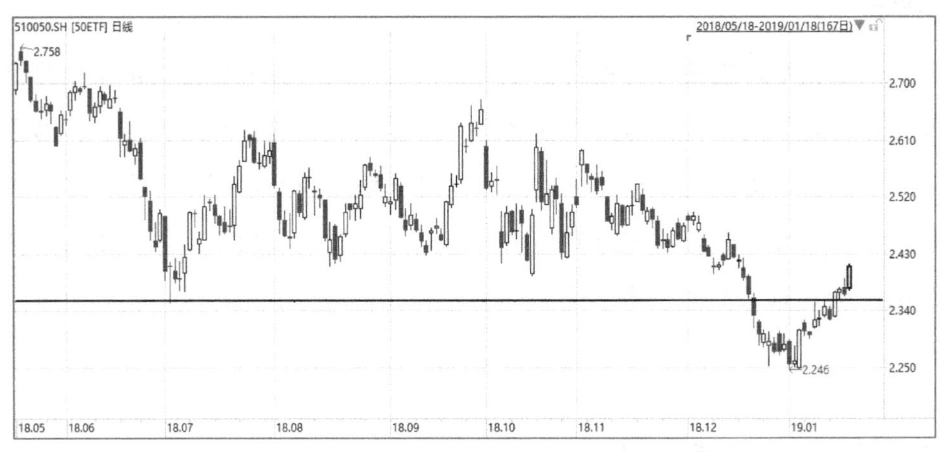

图 2-1

当然，有很多方法能够找到支撑/压力位，每个人眼中的支撑/压力位也不尽相同，有的投资者还常用短线支撑/压力位来进行交易。比如，设定前 3 个交易日低点为支撑止损位，假设 T-3 日最低点为 2.350 元，T-2 日最低点为 2.400 元，T-1 日最低点为 2.370 元，那么 T 日的止损位就是 2.350 元。如果 T 日未达到止损，最低点为 2.380 元，那么到了 T-1 日止损位就变为了 2.370 元，以此类推。

很多时候，大家也用移动平均线来作为一种移动的支撑/压力位，在多头行情里，如果短期均线跌破/涨过了中长期均线支撑/压力，那么趋势可能会出现变化，所以设置中长期均线作为止损位。

例如，我们经常使用的 30 分钟 K 线，选取 60MA（移动平均线，Moving Average，简称 MA）作为控盘线。当 30 分钟 K 线向上突破 60MA 时，我们认为是市场偏多的信号，适合空方设置止损；当 30 分钟 K 线向下跌破 60MA 时，我们认为是偏空的信号，适合多方设置止损。

如图 2-2 所示，我们可以看到，在多数情形下，这种简单的多空区分方式还是有着比较高的准确率的。通过移动均线设置止损，在趋势突然爆发时可能会跟不上节奏，但就长期来看则提供了比较稳妥的止损方式。

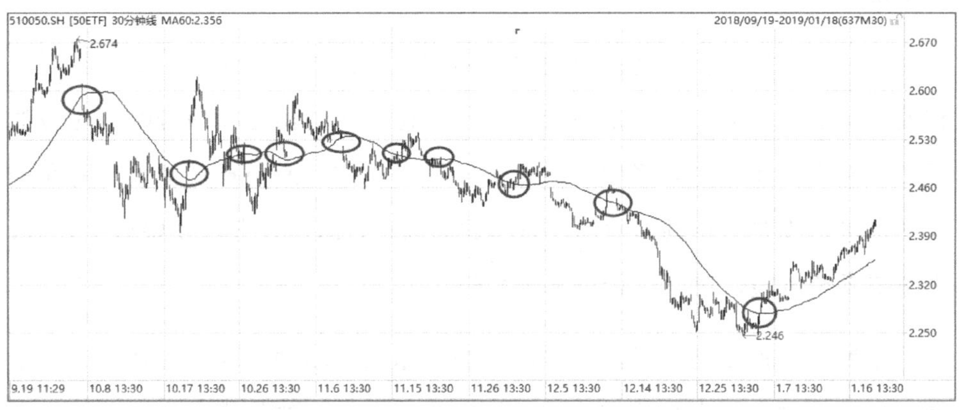

图 2-2

有时我们也用反转止损来控制风险，比如，在市场连续上涨时突然出现大阴线，且量能突然放大，此时行情带有市场反转意味，可以作为止损信号。我们可以审视一个波段，如果近期有明显快速拉升（如涨停等）、高开后突然出现放量下跌的情形，则应尽快止损。

结合技术面进行止损的好处是增加了对操作品种的考虑，特别是对标的本身的走势变化考虑得比较全面，而且对交易者的心理影响较为正面，即交易者觉得止损是有理有据进行的，而不是因运气不好导致的。但技术面止损有时可能会难以控制风险，特别是在跟随趋势时很容易让损失慢慢扩大，超出开仓时的预期。所以在结合技术面止损时，还要考虑整体的风险暴露情况。

四、跨品种联动止损

前面所述的止损，多是针对标的自身走势的止损，即当操作的标的价格达到某一水平时就平仓。在实际期权交易中，大多数根据 50ETF 的行情走势变化设定止损位，在出现止损信号后平仓期权合约，这属于跨品种联动止损。

不仅是期权，很多现货也使用跨品种联动止损的方法。比如，将现货和期货结合，当期货走势出现较大趋势变化，在给出止损信号时，对应的现货虽然走势还未完全形成，但也可以尽早操作，避免损失扩大。跨品种联动也包括股票与市场指数、行业指数的联动，即当行业表现整体下行时，为防范系统风险，可以进行止损等操作。

作为跨品种联动止损，其实最大的问题在于品种关联性的强弱。对于期权交易来讲，因为合约走势核心的影响因素是标的价格变化，所以我们多采用根据 50ETF 价位来设置期权合约止损的方式，在具体设置时可以应用前述的几种方法。

五、固定期限止损

很多时候，在设置完持仓止损位时，会遇到震荡行情，一直触发不了，而持仓始终占用不少资金，且白白浪费时间，这时可以用到固定期限止损。

即在交易初始，设定一个持仓的时间上限，一旦达到则按照预定的方式进行止损，这种方式多用在短线交易和期货交易中。在期权交易中，由于时间价值的存在，这一止损方式更显突出。

如图 2-3 所示是一个比较典型的虚值期权的历史价格走势。当 50ETF 出现利好走势时期权合约也表现亮眼，但随着到期日临近，合约仍未转正，价格就慢慢损耗到 0.0001 元。股票一般不会存在随着时间的衰减其价值也呈现慢慢衰减的问题，但期权合约存在。

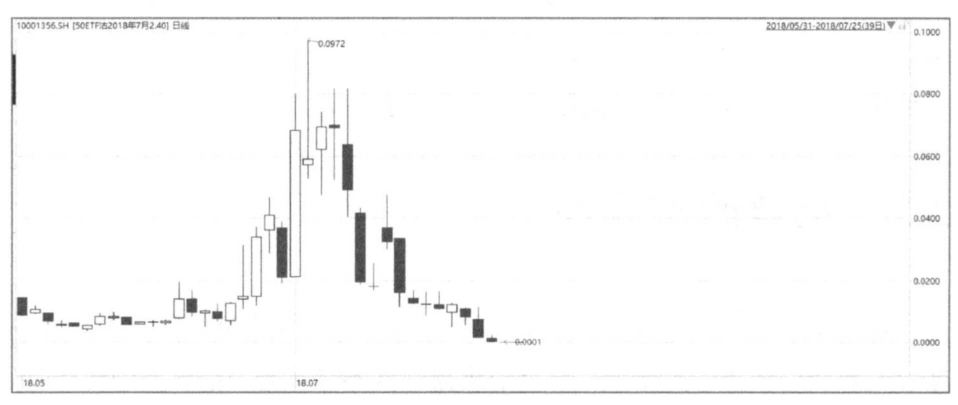

图 2-3

对于很多买方投资者来讲，如果在预期时间内未出现对现货有利的波动，那么此时一直持有现货并不是很好的方式。而且随着到期日临近，时间价值在加速衰减，此时设置一个平仓期限，则是一种较好的止损模式。

六、结合资金仓位止损

对于交易来讲，一次的损益虽然重要，但是比起总仓位的损益来说就显得微不足道了。在与成功的投资者交流中，感触很深的一点就是他们往往不计较一城一池的得失，而是将时间拉长，关注一段时间内的整体损益情况。对于他们而言，只要止损及时，风险可控，有足够的资金去把握下一次的机会，就是成功的交易。

止损的核心也在于保存实力、拉长战线，只有这样的策略才能长期获得盈利。每笔交易该什么时候结束与自己有多少资金、可以承受多大的风险、每次投资到单一品种上的仓位多少息息相关，不能一概而论。

我们看到，关于止损有各种各样的方法，有固定金额/比例止损、浮动止损、结合技术面止损，还有结合其他品种、时间期限、资金仓位进行止损等。至于哪种方法最好，其实并不重要，重要的是在设定好止损后要严格执行。正如我们开篇强调的，在交易中有三件事一定要记住：第一件事是止损，第二件事是止损，第三件事还是止损！

2.3 止盈的重要性

止盈也是出场的重要纪律，但比起止损，其名气要小得多。多数人都理解或者认可止损的重要性，但对于止盈却并不感兴趣。很多人的想法是，止损是防止亏太多了没有筹码再次入场，而止盈难道是防止赚太多了吗？也许是因为止盈建立在盈利的基础上，所以大家在看待它时不像看待止损那么痛彻心扉。其实在很多交易中，特别是在期权交易中，止盈是非常重要的。如果处理不好止盈，则很容易“辛辛苦苦几十年，一朝回到解放前”。毕竟止损遇到的都是亏损，而止盈拿到的是主要的收益，因此把握好每次获利的情形，想办法获取更多的收益，才能将遇到的止损一一填平，做到真正意义上的整体盈利。

比起止损，止盈其实更考验心态。当市场表现较好、收益开始翻滚时，多数人会将浮盈看作已经确定的收益，在因没有及时出场而导致收益回吐时，便觉得自己像被打劫了一样，此时想要割肉出场非常艰难。在交易前，很多人觉得盈利 10%～20%已经很不错，但在真的盈利 20%或 50%，甚至

100%后，反而不肯出场，结果错过了出场的最好时点，直到从浮盈变成亏损。整个交易完毕，即使最后还是赚钱，但回头看曾经可以赚到高额收益的地方，还是莫名的失落，总觉得那是自己本该赚到的。这样的情绪一旦形成，对于后续交易一定是有害而无利的。

我们强调，在交易中也要注意止盈，用纪律代替不怎么靠谱的情绪控制、心理预期，让盈利能够踏踏实实、落袋为安，并长期坚持下去。

在期权交易中，我们对止盈也有特别的看法，来看下面的例子。

如图 2-4 所示，这是一个虚值期权合约在到期之前的走势。如果作为期权的权利方/买方，没有把握住中间出现的上涨机会，那么之前积累的浮盈很容易变成镜花水月。而一旦错过了机会，选择继续持有等待，换来的就将是合约到期价值归零的结果。这并不是特例，因为期权存在时间价值，多数合约特别是虚值合约都会经历类似的走势，行情利好时大幅走高，然后随着行情利好的减弱合约价格一落再落，原可以止盈的，后面可能只能进行止损了。

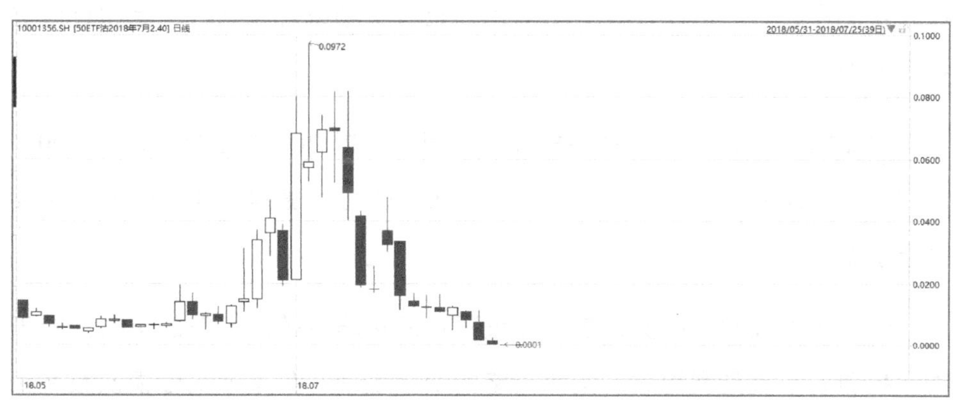

图 2-4

而对于卖方，已经确认大概率到期虚值的期权合约，如果一直持有至到期，最后一段时间的收益往往很少。很多深度虚值合约在临近到期前一两周，价格能够跌到几元一张的水平，此时如果还一直持有，那么最后只能获得微乎其微的收入，还不如尽早出场寻找下一个投资机会。

在这里也要稍微说明一下，期权买方和卖方的止盈是截然不同的。买方止盈的价格越高对自己越有利，因为止盈平仓收取权利金，此时当然权利金收得越多越好；对于卖方，止盈平仓是以买入的形式进行平仓，此时是需要支付权利金的，因此合约价格越低对自己越有利。提醒期权交易者，卖方止盈是以低价平仓，高价平仓一般用于止损。

在实际操作中，一般怎么设置止盈呢？与设置止损的方法类似，常见的止盈方法也包括固定金额/比例止盈、浮动止盈、结合技术面止盈、跨品种联动止盈、固定期限止盈、结合资金仓位止盈等。

一、固定金额/比例止盈

对于多数投资者而言，固定金额/比例止盈是最容易接受的一种方式。在开仓交易起始，可以设定一个具体的止盈金额或者比例，一旦超过就进行止盈操作。

比如以 500 元买了一张期权合约，同时设置 20%的止盈位，即 500×（1+20%）=600 元，也就是说当价格上涨 100 元，涨到 600 元时就会触发平仓了结。

这个止盈金额或比例该怎么设置跟你的策略有关。一般的策略由若干次亏损和若干次盈利构成。按照策略的实际表现，如果平均亏损次数×止损金额+平均止盈次数+止盈金额，其结果大于 0，或者（1-止损比例）^止损次数×（1+止盈比例）^止盈次数，其结果大于 1，那么这个止盈比例就是可以的。通过测试可能会得出很多个不同的止盈比例，需要我们再根据收益情况、回撤情况等去筛选。

从理论上来讲，因为固定止盈方式缺乏对品种的跟踪，所以绝大多数需要结合策略、止损来设置，必须让止盈得到的收益冲抵掉止损带来的亏损，策略才会是赚钱。

二、浮动止盈

浮动止盈与浮动止损比较类似。当市场向不利方向持续移动时，并不触发止盈；当向有利方向移动达到一定价格水平（如超过开仓价的 20%）后即开启浮动止盈模式，开仓后达到最优价格就开始回撤，超过一定比例（如 10%）就会触发止盈。

浮动止盈的好处是能够随着行情的利好而提高止盈点位，缺点是容易在洗盘行情中早早出局，享受不到拉升的那一波收益。所以使用浮动止盈也需要在对行情判断上有所细化，一般在上涨末端随时可能反转的行情比较适合做浮动止盈。

三、结合技术面止盈

对于止盈，结合技术面的各种指标、各种形态是比较常见的做法。其具体做法和止损比较类似，只不过看多常在压力位止盈，看空常在支撑位止盈，此外，当均线指标出现反转时也是常见的止盈触发方式。

四、跨品种联动止盈

对于期权止盈而言，根据标的自身情况来设置止盈位要多于根据

50ETF 的走势进行设置。因为期权有买方、卖方存在，受时间价值的影响，若此时纯粹按照 50ETF 走势去止盈，则很容易出现 50ETF 盘整后没有触发止盈指标，但实际上因为时间价值损耗，已盈利的合约逐渐开始缩水，甚至出现亏损。因此，虽然可以结合 50ETF 设置止盈位，但也要考虑到期权自身的特点，不要盲目依据 50ETF 来等待盈利信号。

五、固定期限止盈

对于期权而言，持有一定的时间后进行止盈是一种比较常见的方法。其实关键点还是在于时间价值，期权买方每天都在损耗时间价值，所以迫切需要市场波动来弥补时间损耗。这种做法并不适合长期持有，更适合买入开仓后市场立马大幅波动然后获利了结。如果开仓后市场一直不温不火，那么此时一味等待就等于在白白损耗时间价值，所以设定止盈期限有助于尽早摆脱时间损耗的困扰。对于卖方，主要是赚取时间价值的收益，而面临的问题是快到期时的时间价值太少，此时设定到期前一定时限进行止盈平仓，一方面有助于提高资金报酬率，另一方面也有助于避免到期行权交收的风险，还能保证成本。

六、结合资金仓位止盈

止盈和止损一样，都是交易的平仓了结方式。一进一出，盈亏就在这期间实现。仓位的轻重对我们整体盈亏的影响很大：若亏损时为重仓，那么再回本就很难；若盈利时为轻仓，则下次不见得能赚回来亏损挖的坑。对于交易而言，除了关注策略、品种本身的盈亏属性以外，资金仓位的轻重对应的止盈设置也不尽相同。

除了以上止盈方法外，还有分批止盈、组合止盈等方法。

归根结底，止盈就是尽量争取更多的收益，不用非要每次都了结在最高点，但一定要把亏钱时挖的坑填上。希望大家在看待止盈时，也能从全局考虑，结合自己的止损设置综合进行止盈设置。

关于止盈，其实并不新鲜，我们给大家简单列举了市场中常见的一些止盈做法，也强调了要结合止损、资金仓位等进行综合考虑。其实从某种角度来讲，止盈就是止损，是出场纪律的一种体现。止盈和止损，关键不在于盈和损，而在于止，即在于出场！

本文特别强调交易的纪律，也是希望通过止盈、止损这些进出场的设置，能够减少一些主观感受、情绪带给交易的负面影响，让投资更客观。

2.4　小赔大赚之道

在笔者的期权交易生涯中，接触过不少期权交易者。渐渐地，笔者从与他们的接触中就能够预测他们的结局，并且这预感变得日益清晰和笃定。投资者是盈利还是惨败的关键并不在于其资金实力、运气和知识，而在于其交易模式，坏的交易模式必然导致失败。

期权交易模式包括交易策略和资金管理两部分：交易策略没有好坏之分，因人因时而异；资金管理有好坏之分，一个好的资金管理可以让你永远避免破产的危机，让你在相同的交易策略下赚得多、亏得少。因此，成功者真正的秘诀在于资金管理，而非交易策略。一般情况下，只要交易策略运用得当就可以盈利，而好的资金管理则可以增加盈利。许多平凡无奇的交易策略都可以通过好的资金管理发挥巨大的作用，用风险更低的方式快速累积净值，以获得绝对意义上的成功。本文就是要给大家介绍这样的资金管理方法。

常用的资金管理方式有亏钱加码法和赚钱加码法，即马丁格尔（Martingale）资金管理和反马丁格尔（Anti-Martingale）资金管理。由于亏钱加码法对大多数资金有限的投资者来说，心理压力和本金风险太大，在实际交易中，除了网格交易的信仰者之外，机构和大户均用赚钱加码法进行资金管理。根据笔者 20 多年的机构交易经验来看，赚钱加码法确实能提供更多的资金管理报酬。

赚钱加码法中常用的方式有凯利公式（Kelly Formula）、固定风险法、固定比率法、固定资金法、固定单位法、固定百分比法、威廉斯固定风险法和固定波幅法。

下面我们对凯利公式、固定比率法和固定资金法三种方式进行讨论，让大家了解一下资金管理的好处。

1. 凯利公式

这个方法来自 21 点游戏，是最经典的资金管理方式之一，也是最早用于衍生品交易的资金管理方式。公式如下：

$$F = [(R+1) \times P-1]/R$$

P：根据历史交易次数计算的获利概率

R：每笔交易平均盈利和平均亏损的比率（即程序化交易中的 win/loss ratio）：

F：资金最佳投资比率

假设某个交易策略获利概率为 60%，盈亏比为 1.4，即 P=0.6，R=1.4，计算出 F=［（1.4+1）×0.6−1］/1.4=31.4%，表示每次投入本金的 31.4%进行交易，资金累积最快。

按照拉瑞·威廉姆斯（Larry Williams）的观点，如果账户内有 100 万元人民币，用 31.4 万元作为保证金，假设一张合约的保证金是 3000 元，则可交易 100 张期权合约，这样的资金安排可使利润最大化。

但以保证金计算交易张数的方式是不切实际的，也与凯利公式最初的赌场下注的应用场景相差甚远。保证金因行情变化而时常调整，交易的仓位也会因为“规则”而大幅改变。另外，与计算的历史交易的盈亏比和获利概率相比，未来交易情况可能会大不相同，这都会使交易者无法使用凯利公式有效地累积资产。

我们改良一下，尽量用贴近该方法的方式来做资金管理。

以“多空挪移”这一期权基本款交易策略（详情见本书第 4 章）为例，在交易中如果利用凯利公式进行资金管理会达到怎样的效果呢？2015 年 4 月至 2018 年 6 月，总计进行了 402 次交易，其中 147 次获利，255 次亏损，获利概率为 36.57%。在 147 次的盈利交易中，平均每笔盈利 181 元；在 255 次的亏损中，平均每笔亏损 61 元，平均获利为平均损失的 2.98 倍。可以算出 F=［(2.98+1）×0.3657−1］/2.98=0.15。

换句话说，自 2015 年 4 月开始进行“多空挪移”基本款交易，每次交易投入 15%的本金作为可以承担的亏损。假设本金 1 万元，每次用 1500 元进行交易：若盈利，则获利 1500×2.98=4470 元；若亏损，则损失 1500 元，由平均损失 61 元可算出每次交易大约 24 张期权合约（1500/61=24.5 张）。

但实际情况却并不这么简单。“多空挪移”基本款的每一笔损益差距颇大，在 2015 年 7 月 7 日～8 日单笔最大损失 601 元。如果当时交易 24 张合约，最大损失将高达 1.4 万元，一次亏光 1 万元本金，这不仅不能避免破产，也在无形中放大了风险。

为了解决这个问题，我们用最大损失 601 元替换平均损失 61 元来计算每次交易的张数，“多空挪移”基本款每次交易大约 2 张（1500/601=2.49 张）期权合约，即每获利 4006 元（601/0.15=4006 元）增加 1 张。402 次的交易，通过叠加资金管理，累计盈利由 11001 元变成了 85865 元，如图 2-5 所示。

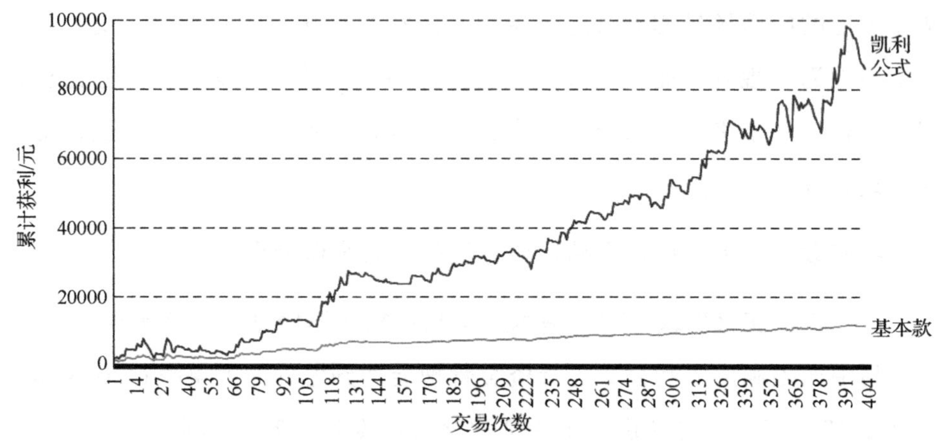

图 2-5

2. 固定比率法

固定比率法由雷恩·琼斯（Ryan Jones）提出，在其经典著作 *The Trading Game* 中，描述交易员如何根据某个“交易比率”的增减调整交易的数量，即交易员只有在赚取“交易比率”的增量后才能增加交易单位，如果亏损则恢复到原来的交易单位。公式如下：

固定比率增量资金=预计单笔最大损失+初始保证金

交易数量=当前资金/固定比率增量资金

我们仍采用“多空挪移”基本款作为探讨的对象。“多空挪移”基本款的单笔最大损失为 601 元，假设卖出虚值一档期权所需保证金为 4000 元，则

固定比率增量资金=601+4000=4601（元）

起始交易数量=10000/4601=2.17（张）

即使用固定比率法每获利 4601 元，交易增加一张。402 次的交易，通过叠加资金管理，累计盈利由 11001 元变成了 53640 元，如图 2-6 所示。如果一张期权合约的保证金是 3000 元，其资产累积效果应比凯利公式好。

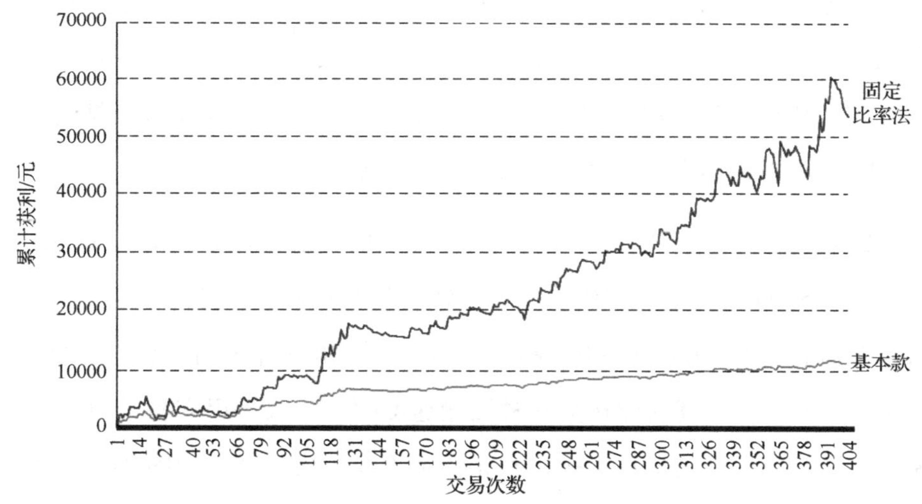

图 2-6

3. 固定资金法

固定资金法以可容忍的单笔最大损失作为风险管理的标准，公式如下：

固定资金=单笔最大损失/可容忍的损失比例

交易数量=当前资金/固定资金

这种方式的主观成分较大，若投资者可容忍的投入资金损失的比例较大，则在持续盈利的前提下合约交易的数量会增加非常快；若投资者的亏损容忍程度较小，则在相同条件下合约交易的数量会增加非常慢。

继续以“多空挪移”基本款为例，单笔最大损失为 601 元。若交易员 A 可以承受 20%的亏损，而交易员 B 则认为高于 5%的损失都已经无法接受，比较两个交易员。

交易员 A：固定资金=601/0.2=3005（元）

交易员 B：固定资金=601/0.05=12020（元）

即交易员 A 每赚 3005 元增加 1 张期权合约的交易，而交易员 B 是每赚 12020 元才会增加 1 张期权合约的交易。如果未来能够稳定获利，则交易员 A 的资产增值情况肯定会比交易员 B 好很多；如果未来收益情况不稳定，则交易员 B 的资产增值情况会优于交易员 A。

如果采用交易员 A 的交易模式，402 次的交易累计盈利就由 11001 元变成了 145209 元。这种方式看似最赚钱，但不要忘了前提条件是交易者可以容忍单笔损失 20%。在实际情况下，净值在 2018 年 6 月的快速回撤超 2 万元，投资者是否真的能接受这种回撤速度呢？如果采用交易员 B 的交易模式，目前为止仍是交易 1 张，和无资金管理一模一样，如图 2-7 所示。

真正赚大钱的方式并非是利用期权的高杠杆一夜致富，而是在风险可控的前提下，利用赚到的钱逐步增加交易资金来累积资产。三种资金管理方式各有不同，获利累积较快的方式其净值必然面临较为剧烈的波动，这是无法避免的。

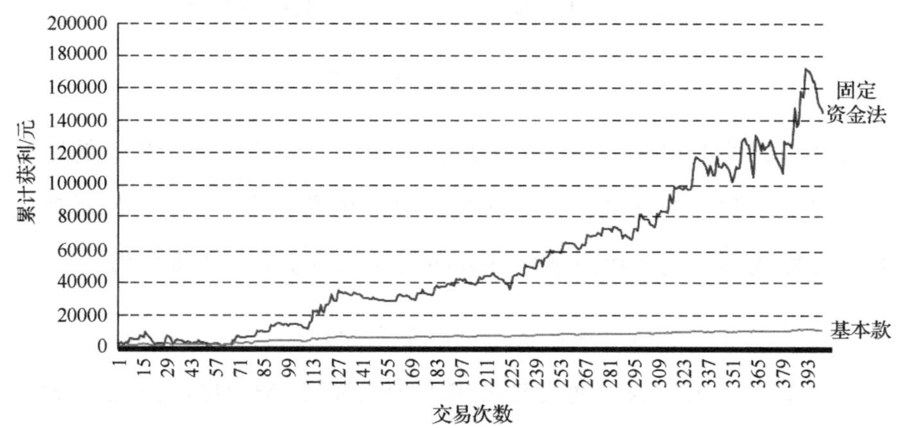

图 2-7

使用资金管理方式的前提是必须要有一个稳定的获利方式，在市面上也有不少交易资金管理的理念。例如，若连续两次交易亏损，则将第三次交易资金翻倍，或者若本次交易获利，则将下次交易的仓位减半等，这些方式都太过于随机或对路径过于依赖，并不是良好的资金管理方式。

一个好的资金管理方式应当具备以下几点：

（1）在交易不顺利时，能适时减少交易资金，避免破产风险；

（2）在交易顺利时，能适时增加交易资金，快速累积资产；

（3）交易增速不应过快，在交易亏损时不会损失之前的盈利，更不会亏损本金；

（4）增加交易资金的方式和原理合乎风控逻辑。

交易者只有掌握了这些原则，再根据交易策略选择合适的资金管理方式，在风险可控的情况下才能加快资产累积速度。

2.5　主观投资与客观投资

在投资交易中，主观方法与客观方法各有自己的忠实拥护者。那么在期权投资领域中，特别是对于绝大多数非专业的投资者而言，到底是主观方法好还是客观方法好呢？我们一起来探究一下。

一、概念

一般而言，主观投资是指投资者在统计分析、回测校验、选股择时、资金管理、下单交易、持仓跟踪、复盘调整、平仓了结等投资交易过程中，更多使用偏主观的方法进行分析、决策以完成交易的一种方式。比如在选股时，主观投资者往往是通过自己主观对市场宏观环境的分析，对行业、公司、具体运营等方面的研究，对个股未来走势的判断等，找到自己满意的交易机会进行交易。目前，A 股市场上的大多数投资者都是这一方式的践行者。

客观投资不同于主观投资，是投资者将整个投资交易过程借助软件、分析工具等对数据进行数量化、标准化、模型化，通过明确的逻辑和纪律进行交易的一种方式。

客观投资一般也称之为量化投资，但本文未采用该称呼，因为多数人提到量化，想到的就是高频、自动下单，需要强大的硬件、软件和技术支持，我们认为这种想法是比较偏颇的。在我们看来，只要将自己的想法和做法能够用数据、逻辑进行标准化表达和执行，就都可以看作客观投资。

二、主观投资与客观投资的异同

1. 相同

两者所处市场环境和做法在本质上相同。在本质上两者都是投资者进入市场，通过投资获取收益的手段。

两者面临的市场是相同的：同样的市场环境、数据信息、技术图形、资金流动、交易规则、市场行情等。

赚取收益的过程也是相同的：同样的统计分析、回测校验、选股择时、资金管理、下单交易、持仓跟踪、复盘调整、平仓了结等。

2. 不同

1）执行过程中受情绪影响的程度不同

这可能是大家最常听到的主观投资和客观投资的区别。主观投资，由人主观去执行，所以何时该开仓、何时该停止，都是由大脑去判断决定的。而投资有时是反人性的，在投资中，人都不免会受到各种情绪的影响，特别是恐惧、贪婪、冲动等情绪。

在进化心理学理论中，有一个“热带草原法则”。说的是人的大脑等各个器官是受环境影响而慢慢适应进化的，但这个进化的时间单位比较长，不是几年而是千年、万年，所以虽然现在是 21 世纪，但实际上我们的大脑适应的是原始大草原时代的环境。而影响我们投资的各种情绪，在原始时代恰恰是保护我们自己的一种身体机制。

比如，很多人看到蛇、狮子、老虎，本能就会恐惧，此时恐惧会促使我们逃跑保命，而不是靠近它们导致自己受到伤害。在主观投资中，市场的涨涨跌跌时刻在刺激着我们的神经，很多人的心态开始慢慢被恐惧情绪影响，也许就会在不该停止的时候停止，明明机会很好但是赚不到钱。

因为恐惧错过几次盈利机会后，便会容易被另外一种情绪影响，这就是贪婪。“上次早平仓结果少赚了 10%，这次一定不能轻易就跑掉！”抱着类似的心理，遇到盈利并不止盈，遇到亏损也不止损，结果盈利没抓住，亏损则是一再扩大。

在反复亏钱后，有的人心态就开始不稳定了。开始渴望绝地翻盘、一把回本，此时就变得冲动、不理性了，重仓杀进场、赌单边大涨、看错不认错，最终损失惨重。

在执行过程中主观投资最容易受到情绪影响，不受影响的人少之又少。而反观客观投资，在设定好纪律后坚持执行，可以比较好地减少情绪的影响。

2）标准化及可复制性不同

对于主观投资，比较难量化和标准化，因为涉及主观判断，不同的人观点不同。

因为没有办法做到量化和标准化，所以同样一套主观投资方法，换个人来做就会出现偏差。每个人都有自己眼中的价值低估、政策向好的标准，不同的人执行，结果当然千差万别。

而客观投资，则容易标准化及复制。所以有的时候，我们常说对于主观投资，人是最重要的，投资策略是次要的，即使别人知道了你的投资策略，执行起来还是谬以千里；而对于客观投资，投资策略是最重要的，人是相对次要的，如果别人知道了你的投资策略，就能复制出很相似的结果，所以策略的保密性就很重要。

3）投资方法习得难度不同

对于主观投资，往往是易学难精；而对于客观投资，则更容易慢慢习得。

主观投资，比较讲求悟性、灵感，光靠学习很难提升，有点像“谈经论道”。

客观投资，比较讲求积累、学习，即使悟性、灵感不足，也可以通过经验、试错来提升，有点像背课文。

4）信息来源范围不同

对主观投资而言，信息来源更广，只要是认为有用的信息都可以作为投资方法的一部分。有一位认识的朋友，在做分析时会通过其微信朋友圈最近对 A 股的关注程度、某些金融媒体人的活跃程度作为投资参考，而这些显然不好客观化。客观投资因为要考虑可标准化和可执行性，所以现实中的很多信息不能作为方法依据。

5）回测校验难度不同

主观投资回测难度较高，很多时候甚至没法回测，因为场景无法完全重现。客观投资可较容易回测，因为使用的信息偏数据化，更容易获取和处理。

在处理数据量方面，主观投资主要依赖大脑，比起电脑等工具，大脑可处理的数据量、速度、准确度等都要逊色不少，所以当数据量太大时，还是使用客观方法更适合。

6）容错空间不同

主观投资对于整体要求更高，对细节的要求很有限，即使某个细节出了错，也很容易发现，并能通过整体主观逻辑去修正。而客观投资的执行过程更机械化，一旦出错，不容易处理且容易造成谬以千里的结果。

三、投资方法抉择

我们比较了主观投资和客观投资，看到了主观投资容易被情绪影响、难以标准化和复制、易学难精、不容易回测校验等问题，也看到了客观投资能作为依据的数据比较有限、小错误容易被放大等问题，可见哪种投资方法都不是十全十美的。

那么，在期权投资领域中，特别是对于绝大多数非专业的投资者而言，到底是主观方法好还是客观方法好呢？我们的答案是客观方法。

下面来解释一下原因。

1. 个人能力要求

主观投资易学难精，对个人能力要求太高，需要具有强大的综合分析能力、情绪自控力、风险意识、精准的市场嗅觉及敏锐度，因此能长期通过主观投资赚钱的人并不多。

而客观投资要求相对较低，只要不是追求高频、自动化等，会使用 Excel 处理数据、客户端软件等基本操作就能实现，而且也可以慢慢学习提高。

2. 情绪影响

对于很多专业机构的交易员而言，他们对情绪的控制相对要好些，而对于绝大多数普通投资人而言，做好情绪控制非常困难。

由于期权交易存在杠杆高、保证金风险等特点，对情绪控制、止盈止损等要求高。所以通过客观投资的方式设计好纪律、做好执行工作，要比想尽办法控制情绪更容易，也更符合期权投资的特点。

3. 回测验证

对于期权投资，特别是目前多数人参与的 50ETF 期权而言，其标的、合约数据易量化。如果有觉得不错的策略，对其是否能盈利进行回测验证是很容易的事情。通过回测验证，如果发现策略的历史表现不那么令人满意，那么在应用时就要慎重。而如果采取主观投资的方法，特别是对于难以重现的场景，只能通过拍脑门的方式决定是否应用，那么盈利概率自然会大打折扣。

4. 转化

我们之前也提到，客观投资与主观投资并不是完全割裂的，可以通过主观挖掘发现策略，通过客观去细化和执行。很多投资者都有自己的主观体系，将其明确、数据化后，能得到非常不错的客观投资体系，而且将其客观化、数据化的过程，其实也是对原来主观方法的回顾和改进，这能够将模糊的想法变得清晰、将比较随意的时点、操作变得更有纪律性，再配合回测校验、策略调整，就会让自己对策略的认识再上一层楼。

综上所述，对于多数的投资者来说，偏客观的投资方法更适合期权投资。

2.6　心态的重要性

笔者常常在各个城市讲课，见过许多做期权的交易者，其中绝大多数的期权交易者都赚不到钱，只有少数的交易者能赚到钱，而且赚到了不少。这是因为他们看得特别准吗？其实不是。是因为他们运气特别好吗？也不是。那到底是什么原因呢？

一、一个真实的故事

回想 2001 年，笔者刚开始在期货公司做交易的时候，还是一个年轻人，什么都不懂。在交易室内有一个在美国从事过金融交易又回国工作的同事，他对期权交易中的 Delta，Gamma，Theta，Vega 等希腊字母的原理分析特别透彻，笔者对他非常崇拜。

这位同事的交易方法相当灵活，法无定法，有时会突然间就卖出一些认购期权，有时不知道什么原因又卖出一些认沽期权，让人眼花缭乱，然而很快就在市场赚到了钱。笔者常想，他到底有什么诀窍？我一定要学会这种神奇的方法。

过了一年，笔者调到了期货自营部门，也开始了交易生涯。一天，公司的总经理问："这位从美国回来的同事最近的仓位有点奇怪，我实在是搞不清楚，您能帮我看一下，到底是怎么回事吗？账上已经损失不少钱了，但是他一直宣称'时间价值'都会赚回来的，我实在不放心，所以找你帮忙看一下"。

笔者把这位同事的仓位仔细看了一下，将每一笔都输入到 Excel 做成的期权模拟计算器中，发现这是一个非常复杂的、跨越多个行权价的卖出宽跨式策略，但是许多卖出的行权价已经重叠在一起。

笔者大概了解这种重叠性的仓位形成的原因，因为笔者经历过这种情况，即甜蜜或痛苦的持续累加。

这到底是怎么形成的？下面以上证 50ETF 期权为例，给大家大致说明一下。

刚开始这位同事认为上证 50ETF 的行情在结算前大约会落于 2.600 元至 2.800 元之间（如图 2-8 所示），故他卖出 2.600 元的认沽及 2.800 元的认购，在 2018 年 6 月 13 日的认购价格和认沽价格分别为 0.0057 元和 0.0162 元（如表 2-1 所示）。所以当时他想赚取每一组宽跨式 0.0219 元的权利金，这应该是一个大概率事件。

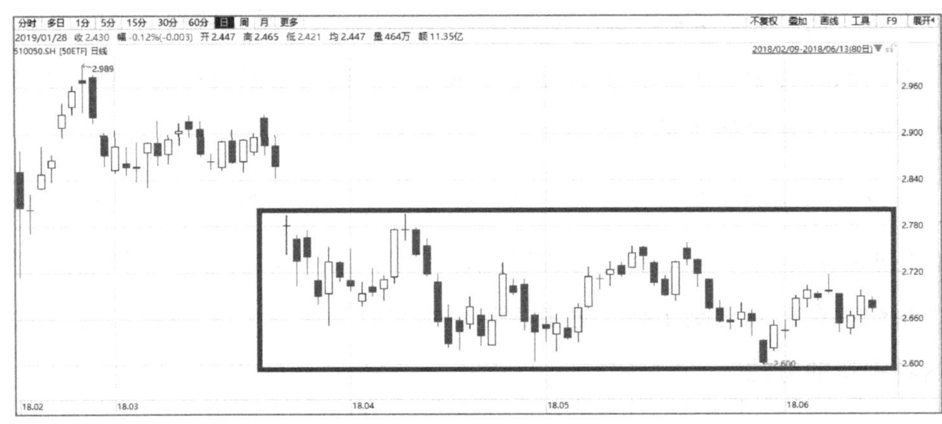

图 2-8

表 2-1

T字报价										
认购期权					1806	认沽期权				
持仓量	成交量	涨跌额	最新价	虚值隐波	执行价	虚值隐波	最新价	涨跌额	成交量	持仓量
575	430	-0.0204	0.2731	29.21%	2.400	29.21%	0.0014	0.0001	3617	18820
6379	2790	-0.0183	0.2251	26.72%	2.450	26.72%	0.0023	0.0001	3288	38035
4786	3931	-0.0174	0.1776	23.80%	2.500	23.80%	0.0037	0.0002	10385	41627
11029	5017	-0.0193	0.1300	22.38%	2.550	22.38%	0.0077	0.0008	22253	77274
22450	19811	-0.0153	0.0902	21.62%	2.600	21.62%	0.0162	0.0030	41339	69911
46117	64313	-0.0120	0.0552	20.59%	2.650	20.59%	0.0309	0.0050	60224	68138
7103	6591	-0.0124	0.0542	20.59%	2.651	20.59%	0.0314	0.0053	9877	9589
93120	82202	-0.0083	0.0292	19.77%	2.700	19.77%	0.0548	0.0100	12700	9810
11641	13250	-0.0080	0.0295	19.87%	2.700	19.87%	0.0531	0.0082	53489	51419
8581	6347	-0.0044	0.0141	19.71%	2.749	19.71%	0.0877	0.0130	3721	4221
98133	46691	-0.0043	0.0137	19.66%	2.750	19.66%	0.0890	0.0145	20839	33044
9742	5843	-0.0024	0.0058	19.55%	2.798	19.55%	0.1294	0.0175	988	1922
78844	17520	-0.0018	0.0057	19.67%	2.800	19.67%	0.1314	0.0164	7848	16507
9687	3066	-0.0010	0.0023	20.15%	2.847	20.15%	0.1738	0.0199	309	774

但由于预想的情况与真实的不一样，在 6 月 19 日，上证 50ETF 下跌 2.46%（如图 2-9 所示），盘中狠狠跌破原先预想支撑价位 2.600 元，又由于当天的指数下跌颇为凶猛，故隐含波动率也明显上升，期权较高的报价让人在交易上觉得止损不划算而去对冲风险。故会先行卖出 2.600 元的认购，希望行情能止稳于 2.600 元附近，如此一来就可以赚到 2.800 元认购的权利金和 2.600 元认购的权利金及 2.600 元认沽的权利金，总计 0.0678（0.0057+0.0162+0.0459）元每组策略，这赚的甚至比在 6 月 13 日仅卖出 2.800 元认购及 2.600 元认沽行权价的期权还多，但其唯一的前提是最后结算价格能落在 2.600 元附近。不过由于行情已经下跌，故原来的仓位已经亏损，截至 6 月 19 日收盘，权利金报价为 0.0945（0.0027+0.0459+0.0459）元，如表 2-2 所示，故暂时仓位损失 0.0267（0.0945−0.0678）元。

图 2-9

表 2-2

T字报价										
认购期权					1806	认沽期权				
持仓量	成交量	张跌额	最新价	虚值隐波	执行价	虚值隐波	最新价	张跌额	成交量	持仓量
635	1360	-0.0689	0.2128	33.70%	2.400	33.70%	0.0032	0.0021	12703	22629
5422	4274	-0.0705	0.1626	30.09%	2.450	30.09%	0.0049	0.0031	18632	39163
4535	5935	-0.0648	0.1191	28.11%	2.500	28.11%	0.0097	0.0067	27762	45296
12412	16193	-0.0577	0.0791	26.42%	2.550	26.42%	0.0190	0.0121	63365	73826
27984	70294	-0.0494	0.0459	26.14%	2.600	26.14%	0.0376	0.0242	96571	57725
73470	122229	-0.0332	0.0255	25.82%	2.650	25.82%	0.0648	0.0378	101073	47446
9129	21632	-0.0346	0.0241	25.13%	2.651	25.13%	0.0635	0.0369	19307	7855
15124	18446	-0.0194	0.0122	25.99%	2.700	25.99%	0.1013	0.0535	20114	8639
100084	101608	-0.0202	0.0120	25.73%	2.700	25.73%	0.1001	0.0521	84727	44453
7415	5622	-0.0092	0.0054	26.07%	2.749	26.07%	0.1443	0.0628	4606	4152
95451	52772	-0.0091	0.0053	26.20%	2.750	26.20%	0.1451	0.0649	21138	31162
10722	7988	-0.0034	0.0025	27.30%	2.798	27.30%	0.1929	0.0724	1895	2000
74340	31784	-0.0029	0.0027	27.95%	2.800	27.95%	0.1946	0.0726	7664	13933
9860	4451	-0.0007	0.0015	29.73%	2.847	29.73%	0.2355	0.0697	893	856

理想是丰满的，但现实是残酷的。如表 2-3 所示，2018 年 6 月 25 日行情持续下跌 1.92%，盘中甚至跌破了 2.550 元的低价，这使得盘中的损失又创了新高，但是这位同事却不认为会有太大的问题。因为如果上证 50ETF 结算在 2.550 元，那么仓位仍然可以获利，每组策略仍可获利 0.0187（0.0687-0.0500）元。但是由于担心行情持续下跌，加上为了守住原来卖出且仍未到期的期权的时间价值，只能咬牙再卖出 2.550 元的认购 0.0137 元，以提防行情再下跌。如此重复地对冲避险，使仓位越来越大，而风险也越来越大。虽然到期仍有可能赚钱，但是损失的概率也越来越大。

表 2-3

T字报价										
认购期权					1806	认沽期权				
持仓量	成交量	涨跌额	最新价	虚值隐波	执行价	虚值隐波	最新价	涨跌额	成交量	持仓量
559	2063	-0.0522	0.1463	30.08%	2.400	30.08%	0.0004	0.0001	2219	19536
4041	5768	-0.0508	0.0971	24.20%	2.450	24.20%	0.0009	0.0003	4381	31342
6886	15455	-0.0520	0.0480	20.54%	2.500	20.54%	0.0040	0.0023	24219	34817
25265	88746	-0.0395	0.0137	16.48%	2.550	16.48%	0.0166	0.0101	92044	66430
51975	132685	-0.0178	0.0036	21.44%	2.600	21.44%	0.0560	0.0324	119866	33659
57030	62794	-0.0060	0.0007	24.30%	2.650	24.30%	0.1018	0.0446	66104	14319
7704	10416	-0.0056	0.0007	24.76%	2.651	24.76%	0.1014	0.0429	21540	2614
62019	21532	-0.0011	0.0003	29.47%	2.700	29.47%	0.1511	0.0475	3917	4348
10519	3790	-0.0009	0.0003	29.47%	2.700	29.47%	0.1562	0.0525	16333	19312
6309	1205	-0.0003	0.0003	37.12%	2.749	37.12%	0.1993	0.0465	2870	1405
65425	9054	-0.0003	0.0003	37.27%	2.750	37.27%	0.2030	0.0516	11480	8710
8970	751	-0.0002	0.0002	42.65%	2.798	42.65%	0.2481	0.0455	1439	923
52150	5854	-0.0001	0.0003	42.93%	2.800	42.93%	0.2502	0.0454	8342	3803
6778	601	-0.0001	0.0002	46.76%	2.847	46.76%	0.2873	0.0365	600	512

总经理又问：“这个仓位风险高吗？损失的钱有可能赚回来吗？”

笔者回答：“有可能赚回来，但是也有风险。”当时的回答不够肯定，唯一肯定的是，如果行情能停留在这位同事预计的价位区间，就肯定可以赚到钱；如果行情不能停留在这个区间，那就会亏更多。由于不知道未来价位会到哪儿，所以无法肯定。

每每想到这件事，总是后悔。若是今日，一定会有一个非常肯定的回答，告诉总经理这个策略非常危险。

舍不得放弃未来可能赚到的时间价值是一个很严重的心理障碍，就算是有经验的人，也可能会遇到这样的障碍，笔者也曾经有过多次这样的遭遇。“虽然没有立即止损，但是已经对冲掉了，风险没有想象中的大”这是最常听到的回答。对冲和止损这两件事是不同的，造成的结果也不同。

二、心态会使期权交易变得与其他交易不同

由于期权是非线性的交易，在交易上会有较多的缓冲空间。很多交易期货不会赚钱的人，交易期权会赚到钱；或者交易股票不会赚钱的人，交易期权也会赚到钱。期权的非线性特征、时间价值、波动率使得投资者在

进行交易时，与交易其他品种的心态不一样。

或许是因为有幻想的空间，又或者是因为存在侥幸的心理。2015 年 7 月，笔者的朋友在 A 股市场又犯下错误。在上证 50ETF 价格 2.800 元时，他卖出了 500 张行权价为 2.300 元的 9 月认沽深度虚值期权。他认为上证 50ETF 的价格根本跌不到 2.500 元以下，在隐含波动率很高的时候，他希望能轻松赚到时间价值，这在行情下跌超过 20%的背景下是大概率事件。目前的行情是 2.800 元，离 2.300 元仍有 17.8%的距离，再加上权利金，要下跌 22%才会开始赚不到钱，这种板上钉钉的事怎么可能会错，但是有时候结果却不是你想象的那样。

当上证 50ETF 的价格下跌至 2.700 元时，他想“只要价格在 2.300 元以上就能赚到钱”。

当价格跌至 2.500 元时，他开始有点紧张了，但他想“现在仍占有优势，结算至 2.300 元以下的概率仍小于 50%”。

当价格下跌到 2.400 元时，他的压力变大了，已经有点后悔当初的决策，但心中仍觉得还有机会，市场只不过在考验他的信心。

当价格跌至 2.300 元时，他却不知如何是好了。如果止损，他的损失与当初想赚的钱不成比例，况且还没输，或者可以把风险对冲掉。原来单纯的交易，现在变成一个“舍不得时间价值”的对冲交易，当初美好的预想最后却变成了一场灾难。

其实交易都是一样的，看错就是看错，亏损就是亏损，没有什么不同。

买方也是一样，当做错的时候，常常自我安慰“我的损失只有全部的权利金”，所以当看错行情时，就一直拿着等待奇迹出现，希望期权在到期之前会有一个绝地大反弹。当持有多头买入认购期权时，总希望政府放大利多，也总希望公司会有好消息；当持有空头时，则希望会有大崩盘，希望全球突然出现没预料到的大恐慌事件，好像出现这些事情比将手中的仓位出场还容易，使得交易的品种决定了交易的逻辑，这种不合理的情况屡见不鲜，尤其是在期权交易上。

三、另一个真实例子

有许多新进入市场的人因“舍不得”而使亏损悲剧一再重演，像是无法阻止的宿命。如图 2-10 所示，2017 年 11 月在 A 股市场中又看到了不愿止损却拼命对冲引起的灾难。2018 年的 2 月也是如此，许多人知道却以为这无法避免。

图 2-10

从 2017 年 11 月 1 日开始，上证 50ETF 期权的价格开始微幅上涨。由于前两个月的涨幅都有限，使得许多交易者认为这次的行情可能也是区间的格局，就算真的上涨，应该也有时间来调整，故仍以 1 张卖出 2.850 元的认购及 1 张 2.800 元的认沽的形式持有仓位。

然而行情持续上涨，当2017年11月7日50ETF价格涨至2.870元时（图2-11中的A点），投资人才不情愿地卖出2倍的2.850元的认沽来对冲已经损失的2.850元的认购期权，但这个时候投资人已经持有1张卖出2.800元的认沽、2张卖出2.850元的认沽及1张卖出2.850元的认购。仓位一下子从2张合约变成4张合约，但是事情还没结束，行情还在继续，投资人若资金不够还会再投入资金以便赚到时间价值。

11月10日，行情又涨了1.14%，50ETF价格涨到2.918元（图2-11中的B点），这又超出了投资人的预期，只好再卖出2张2.900元的认沽来对冲其偏空的仓位。投资人想：行情不可能无限地上涨。这时他持有的总仓位变成了6张合约，1张卖出2.800元的认沽、2张卖出2.850元的认沽、2张卖出2.900元的认沽和1张卖出2.850元的认购。

11月16日，50ETF价格涨到2.935元（图2-11中的C点），11月17日50ETF价格涨至2.990元(图2-11中的D点)，他又陆续卖出了1张2.950元的认沽、2张3.000元的认沽，总仓位变成了9张合约。这时资金不够了，他只好持续调入资金，希望能赚到当初卖出宽跨式仓位的权利金。

这故事的走向在外人看来极不合理，但在投资人心中，没有觉得不合理，反正坚持下去就是了。也许这不是第一次了，但这时他可能还会说一句“市场要我多赚钱，我有什么办法”。

11月21日，行情上涨1.67%，50ETF价格涨到3.046元（图2-11中的E点），盘中最高价格达到3.071元，投资人再卖出2张行权价为3.000元的认沽（因为没有3.050元行权价的期权），使总持仓达到了11张合约，但事情还没有结束。

11月22日，上证50ETF的价格最高达到3.094元(图2-12中的F点)，投资人又卖出2张行权价为3.100元的认沽，之后行情反转直下，当日收盘价仅有 3.067 元，他只好先平掉 1 张在高点卖出的行权价为 3.100 元的认沽，这时总仓位有 12 张合约，居然是当时最初建立的仓位的 6 倍，而且其中 11 张都是卖出认沽。

11 月 23 日，上证 50ETF 价格下跌 2.48%，达到 2.991 元，盘中价格低点达到 2.968 元（图 2-11 中的 G 点），一下子贯穿行权价为 3.100 元的认沽 1 张，行权价为 3.000 元的认沽 2 张，甚至对 2 张行权价为 2.950 元的认沽的仓位也形成压力。这时由于隐含波动率上升，账面损失一下子就显现出来了。为了对冲掉风险，只好认赔，于是买回之前卖出的行权价为 3.100 元的认沽 1 张，同时卖出行权价为 3.000 元的认购 2 张。这时总仓位是 13 张，总计有 1 张卖出 2.800 元的认沽，2 张 2.850 元的认沽，2 张 2.900 元的认沽，1 张 2.950 元的认沽，4 张 3.000 元的认沽，1 张卖出行权价为 2.850 元的认购，2 张 3.000 元的认购。

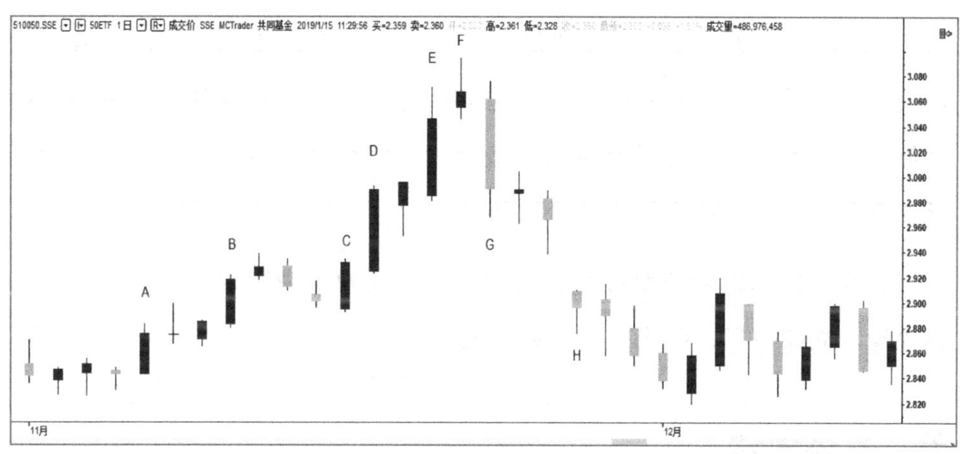

图 2-11

接下来，如果行情再跌怎么办？要再卖出认购进行对冲吗？如果现在认赔，那么认赔的金额似乎太大了一些，因为现在的仓位已经是当时的 6.5 倍，每一次对冲所耗损的成本都比原来想赚的钱多，这肯定不是这位投资人当初想要的结果。由于误判行情，且后来行情走势的波动率变大，投资人一直增加卖出的仓位，又使用对冲取代止损，将最初一个简单的仓位变成了一个庞大的“怪兽”，不断地侵蚀资金并破坏投资者的心理平衡。

最后的结果，当行情到达图 2-11 中的 H 点时，投资人绝望地清空所有仓位，损失了 30%的出场资金。

四、交易就是交易

多少年来，以上这样的交易情境总是在同一个人或不同的人身上重演。

大多数的交易者都知道，指数的行情常常是没有方向的，其大多数时间都在区间内整理，只要卖出认购和认沽再去对冲，一般情况下都可以顺利赚到钱。在开始的时候，交易者习惯先卖出宽跨式期权来赚取时间价值，假设指数在某个区间内上下波动，那么当运气很好的时候，确实很容易获利，由此容易让人产生错觉，即每个月都可以有 5%～10%的无风险或低风险收益。但是一旦行情走出区间、走向反方向，那将是噩梦的开始，一般会随着对冲的进行仓位越来越大，最后当行情快速反转时会给做对冲的投资者致命的一击，从而结束这个循环。

交易者遇到这种情况该怎么做呢？应该回归到最原始的交易原则，不要犹豫，立即出场，因为交易就是交易。

五、具体做法

第一，清楚你要赚什么钱。

对于这一点，在刚开始的时候投资人是清楚的，但是连续顺利的结果会让人忘记初衷，而变成了什么钱都要赚。

如果原本预计要赚 2.800 元到 2.900 元区间震荡的钱，那么即使后来行情涨到了 3.100 元，也不要改变当初设立的盈利区间。许多卖出宽跨式的投资者仅主观认为行情应该在某个区间，要赚这个区间震荡的钱。当行情有所改变时，心态要调适、转换，最好的方式就是全部出场，然后重新调整，建立一个新的仓位。

第二，控制住仓位风险。

我们常说，不管你是做期权卖方还是买方，都要控制住仓位大小，即控制住仓位的 Gamma 值，特别是负 Gamma 值。在持有仓位的过程中，不管你怎么对冲，都一定要控制住 Gamma，这样损益才不会失控。

有投资人说卖方持仓不大，根本完全不了解 Gamma 值。如果不清楚卖出仓位的 Gamma 值，则可以通过对总体仓位的控制来控制风险，即不管是什么行权价，合约总张数都不能增加。

在一般情况下，我们希望投资人的负 Gamma 值最大不要超过总体资金的 40%。例如，假设投资人投入期权交易的总资金为 100 万元，则其负 Gamma 值无论何时都不要超过 40 万元，但是在接近到期日时平值附近的 Gamma 值会变大，这表示这个仓位的对冲风险会变大，这时即使每天可收取的时间价值相当可观，但是在考虑风险的情况下，也应该适当减少仓位，尽量避免行情出现突发性的改变造成大量损失。

若以总体仓位的控制来说，笔者建议总仓位不要超过 1 万元一张的净卖出张数。举例来说，投资人有 100 万元投入期权交易，我们建议净卖出的总张数最好不要超过 100 张。意思是说，投资人可以卖出 50 张认购和 50 张认沽，或者买入 100 张认购和卖出 200 张虚值的认购，这样净卖出张数可以控制在 100 张以下。许多投资人认为这样的仓位控制太谨慎了，资金的利用效率有限。但是一定要记住，你交易的是衍生品，衍生品是有杠杆的，只有当你能完美地控制杠杆时，才可以陆续放大仓位。在一般情况下，笔者仍然建议以保守为原则，因为只要你不亏大钱，就一定有机会赚到钱。

第三，不要犹豫，照计划去做。

如果预定行情在 2.800 元到 2.900 元的区间震荡，就要有预案，即当行情涨到预定价位时要止损，留住认购、卖出认沽。举例而言，若上证 50ETF 的价格上涨超过 2.850 元则立即止损认购期权，等价格跌回 2.850 元以下时再次建立仓位；若上证 50ETF 价格跌破 2.800 元，则立即止损认沽期权，等价格再涨回 2.800 元以上时再次建立仓位。如图 2-12 所示，如果投资人在 2017 年 11 月 7 日就将原来卖出的认购期权止损买回，后来也不会有那么大的损失了。

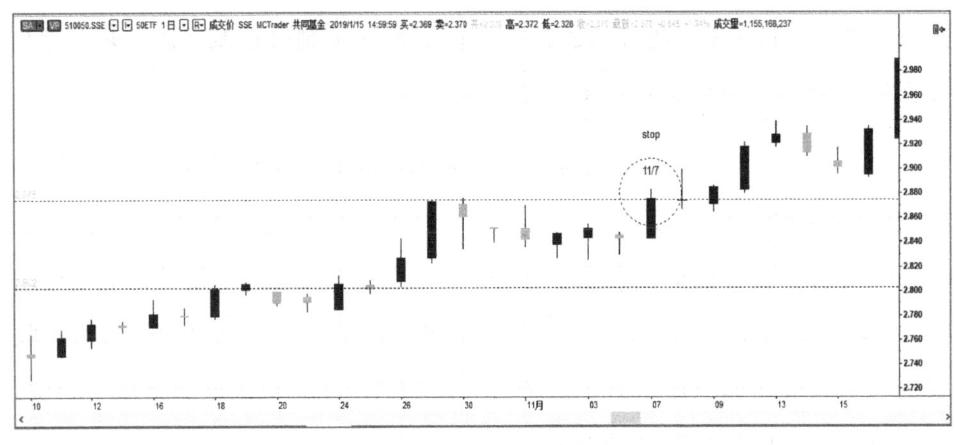

图 2-12

若是原本就有经过中性调整而对冲的计划，也要按照计划去对冲。在计划中就可以规划使用多少资金、多少仓位，以便避免在交易的对冲过程中无限制地扩大仓位。

3. 绝对不要因为了解期权而改变对交易的基本要求

有人做了多年的非期权交易，遇到期权反而不会交易了；有人做了多年的期权交易，对其他的衍生品交易也不熟了。其实交易的本质是不会变的，不会因为你交易的品种不同而不同，至少在风险管理、止盈止损等方面是一样的。

在心态上，千万不要因为买方的损失有限而不进行止损，期待奇迹出现；也不要因为卖方有时间价值就先放着，只等时间价值来弥补你的损失。当你开始忽略交易最基本的原则后，风险就会随之而来，所有的悲惨故事都是这样开始的。

2.7　如何应对极端行情

“常在河边走，哪有不湿鞋”，只要在市场中交易期权，总会遇到极端的行情。我们所谓的极端行情是指当日涨跌幅度超过 5%，或者是隐含波动率的当日变动上涨超过 10%的极端走势，因为这样的情况总会使卖方的亏损一下子到达令人难以接受的地步。这个时候，如果投资人仓位很小或是没有仓位，那么面临的是一个什么样的机会？这个时候，如果投资人持有正确的一方或是错误的一方的期权，那该怎么办？这真是几家欢乐几家愁的情况：持有卖方的，也许会亏到灰头土脸，直呼市场不公平；持有买方的，权利金翻个几十倍也正常，只是这时候你面对的不知道是天堂还是地狱。

笔者在衍生品市场 20 多年的交易中，也经历过很多次大行情，看到过许多因为极端行情而退出市场的交易员，也看到过许多客户因极端行情而破产。笔者深深地体会到市场的无情与人生的无常，但世事就是如此，只要你在这个市场就迟早会遇到。

如果在遇到极端行情时，你刚好站在错的一边，那么立刻出场绝对是最佳选择，不管损失多少，因为立刻出场会让你还有机会在市场中保有继续做下去的机会。若是没有立即出场，那么接下来的时间到收盘为止，绝对是一场噩梦，会让你后悔不已。

下面列举一些极端行情。

一、卖方爆仓

2018 年发生了不少极端走势的事件，当全球还在讨论 2017 年度最佳的交易策略为卖出波动率策略、2018 年收益可达 188%时，2018 年 2 月就发生了股市的崩盘事件。当市场上大家都在讨论卖出策略是获利最佳策略的时候，使用这个策略的交易大概也到了风险最高的时候，这与股市的“擦鞋童理论”不谋而合。

2018 年 11 月 15 日，美国 James Cordier 所掌管的期权交易公司 OptionSellers.com 爆仓了，原因是其卖出美国天然气的认购期权，且无任何对冲保护，同时天然气的行情出现了极端的走势。2018 年 11 月 14 日天然气的价格走势（如图 2-13 所示）出现了收盘上涨 17.2%、盘中最高上涨 25%的情况，而次日又下跌了 19%，这种振幅可以说是绝无仅有的。在这种行情下，卖方出场带来极大的损失也在意料之中，只是行情的走势永远在意料之外。

James Cordier 曾在 2004 年出版过《期权出售完全指南》，这本书的内容相当简单，就是教你如何决定期权的支撑区或压力区。当初看完这本书，只是觉得其策略不适合当时的交易情况，因为那时的远期期权流动性太差，如果较远的虚值合约出现大涨或大跌行情，岂不是逃生无门。虽然当初这么想，但是也很想尝试其策略。

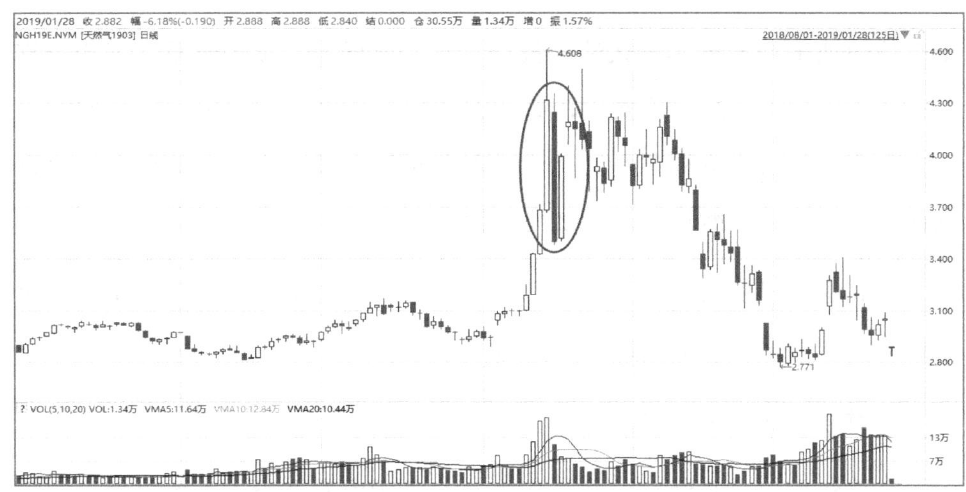

图 2-13

很难说 James Cordier 的方式不好，毕竟他是从交易员的位置出来开私募公司的，至 2018 年其平均每年的报酬率超过 15%，破产前的前两年，每年则有 30%以上的报酬率。但事后再看天然气的图形走势，会深刻体会到市场就是专门布局多年，将你一点点地诱入，然后把你狠狠教训一顿，接着拍拍屁股关门走人，只是下一次不知道会轮到谁。

二、超额损失

2018 年 2 月 6 日，因美国股市道指下跌超过千点，全球期权市场激烈震荡。

虽然 2 月 6 日现货市场下跌有限，但是在期权上却完完全全给了大家一个新的视野：虽然行情波动没有想象中的大，但由于许多客户追缴保证金，加上期货公司及证券公司连续不断的砍仓动作，造成了当日部分市场认购期权和认沽期权出现涨停板的情况，也出现了卖出认购或者放空的投资者被强平造成损失的情形。

很多人不理解，为什么行情下跌会造成这样的情况？其主要原因是由于行情快速下跌导致卖出认沽的投资人遭受到强平，损失惨重，又由于许多投资人以卖出宽跨式或卖出跨式的方式持有仓位，所以当期货公司砍仓、以整个账户的市价立即出清时，认购和认沽被一起砍仓，故连带被强行砍仓而买回出场的认购也被拉到涨停板价格了。

当时很多投资人非常不解地问：“卖出认购看空，为什么在行情下跌时仓位会亏损严重，从而被期货公司砍仓？”

当时有这样一个故事：

有多年期权交易经验的林小姐表示，其因为看空股市，所以卖出看涨的认购期权来做空，账户保证金的使用不到 30%，原本以为保证金一定足够，却没想到期权成交价急拉涨停，造成保证金不足，被迫强制平仓，且几乎都平仓在最差价格，非但没赚钱，还赔了近 50 万元。

她透露，行情波动大使得保证金急速飙升，超过强平线，触发强行平仓，所以才发生这样的惨事。明明看对方向，只不过没选择买入认沽，而是选择卖出认购，却因此产生超额损失，实在让人无法接受。

事后我们再来看，当时期权确实有许多交易机会，由于认购、认沽都出现涨停板的情况，所以虽然市场行情大跌，但看多的认购期权却没有因为行情下跌而下跌，事实上这也是一个非常好的交易机会。特别是在行情下跌认购期权出现涨停板时，这样的机会不常有，一般只有在极端行情出现时才会发生，故这时如果还有资金，逢高卖出会是一个不错的选择。

三、A 股市场的卖方纪念日

在 A 股市场中，有人将 2018 年 2 月 9 日定为期权卖方纪念日，以此来纪念上市刚好 3 周年的上证 50ETF 期权在 2018 年 2 月 6 日至 9 日卖方损失惨重的情况。

我们来看一下 2018 年 2 月 6 日至 9 日的情况（如图 2-14 所示），由于当时受美国升息和美债下跌双重因素的影响，美股道琼斯指数下跌 4.6%、标准普尔 500 指数下跌 4.27%、纳斯达克指数下跌 3.78%，从而引发了 A 股的下跌。2 月 6 日，全球股市均疯狂下跌，但上证 50ETF 反而坚挺，仅下跌 2.2%，这会让人心中产生错觉——美股下跌与我何干，但 50ETF 在接下来的几天下跌却非常惨重。

图 2-14

2018 年 2 月 9 日，A 股市场的期权波动对卖方造成了不小的冲击。我们来看看在波动最大的 2 月 9 日当日，50ETF 的日内 5 分钟行情走势，如图 2-15 所示。

2018 年 2 月 9 日，上证 50ETF 下跌跳空低开 3.47%，接下来一路下跌，市场开始恐慌。至当天 10:50 时，行情最低点达到 2.731 元，当日最大跌幅达到 7.68%，接下来行情进行区间整理，最后半小时则小幅拉升，以 2.803 元收盘。当天上证 50ETF 走势可谓惊涛骇浪，尤其是上午，完全不知道行情会跌到哪儿。当开盘以 3.47%跳空低开后，出现跌 4%、5%、6%再到跌 7%情况时，确实会有指数跌停的感觉。

图 2-15

2 月份行权价为 2.80 元的认沽期权，从 2 月 8 日收盘价为 160 元涨至盘中最高价 1568 元，涨幅接近 9 倍，而盘中权利金的震荡在 5 分钟内常常也高达 200～400 元，如图 2-16 所示。

图 2-16

若以当时最远的行权价为 2.65 元的虚值认沽在 2 月 9 日的走势来看，若进场时为 34 元，2 月 9 日最高点价位为 800 元，故最大的涨幅达 22.5 倍，应该很少人能如此交易，但是以盘中的波动幅度来看，在 5 分钟内常常也有 150 元的权利金变动，这对于虚值期权来说，权利金的变化幅度仍是非常惊人的，如图 2-17 所示。

我们再观察一下当时的认购期权是怎样的情况。在图 2-18 中，可以看到 2 月份合约行权价为 3.00 元认购期权的 5 分钟的日内走势。虽然上证 50ETF 跳空低开 3.47%，但由于隐含波动率的上升，认购下跌状况并没有非常的明显，到下午的时候，因为隐含波动率的下降使 2 月份行权价为 3.00 元的虚值期权价位稍微有些回落。

图 2-17

图 2-18

我们再来看一个 3 月份合约行权价为 3.00 元的虚值认购期权在 2 月 9 日的 5 分钟日内走势图，如图 2-19 所示。期权标的资产价格在 10:20 时明明已经跌幅 5%以上了，但是当时的认购期权居然没有下跌。特别是在上午 10:30 之前，如果你是买方，买入认购期权看多，那么在上证 50ETF 价格下跌 5%后仍没有什么亏损。这时千万别犹豫，否则当隐含波动率下降后就没有机会了。这些都是因为市场极度恐慌造成期权定价的错误，且盘中有许多的交易机会，当然，只有当你是空手或者看对方向时，这些机会才会是你的。

图 2-19

我们再来看一下当时上海证券交易所公布的中国波指盘中的变化情况（如图 2-20 所示）。在刚开盘时，隐含波动率拉到最高，5 分钟内最高达到 35.56%，接下来开始下滑，但当标的资产上证 50ETF 价格破底时，中国波指则再度拉升。下午行情波动稍微平静，由于标的资产上证 50ETF 价格没有再破低点，故中国波指也趋向平稳，开始有规律地缓步下降，结束了激情的一天。

在这种极端的行情走势中，期权的价格高得不合理（因为隐含波动率上升），而且在短时间内权利金的变化很大，而不同行权价及不同月份的行权价的期权价格也会变得与原来差距很大，这些都是可以交易的机会。

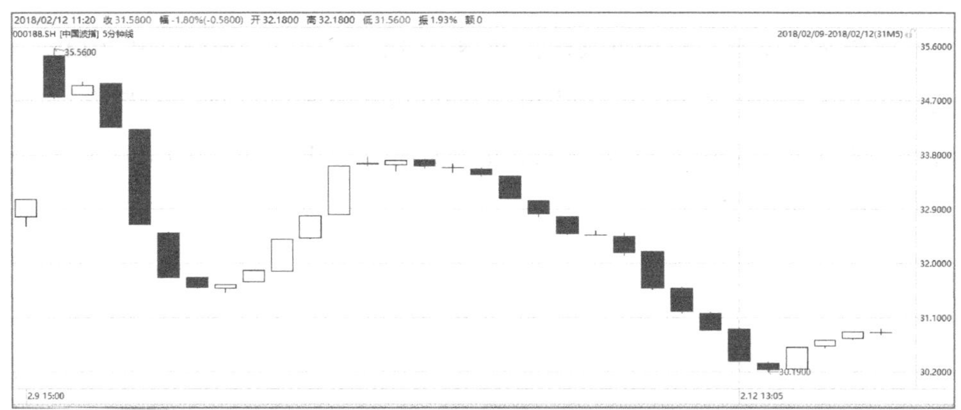

图 2-20

四、极端行情的特征

极端行情不常出现，但是只要一出现就会有人开香槟庆祝大赚，也有人黯然从此告别市场，而且并不是每次的大涨或大跌都会出现极端行情。

例如，2018 年 10 月 8 日行情跳空低开 2.21%，当日最终行情下跌 4.74%；2018 年 10 月 11 日，上证 50ETF 跳空低开 3.14%，当日最终行情下跌 4.17%，但是持有卖方的投资者似乎没有受到太大的冲击，所以这并不是一个极端的走势，而仅仅是一个正常的涨跌情况，如图 2-21 所示。

图 2-21

我们可以从另一个角度来看，2018 年 10 月 11 日，行情低开 3.14%，而 10 月份行权价为 2.40 元的虚值认沽从 70 元涨至 297 元（开盘价），上涨 3 倍多，买入者每张可以赚 227 元（如图 2-22 所示），而卖出认沽的卖方则每张损失约 227 元。

图 2-22

若一个投资人同时卖出了 10 月份行权价为 2.60 元的虚值认购期权，从 10 月 10 日的 216 元跌到 10 月 11 日开盘价的 109 元，他可以获利 107 元，故对于之前持有卖出宽跨式的投资者来说，开盘时每组交易差不多损失 120 元，与他放在证券公司内的保证金相比，损失不超过 2%，故对大多数的期权卖方影响不大，不会造成太大的恐慌事件。如图 2-23 所示。

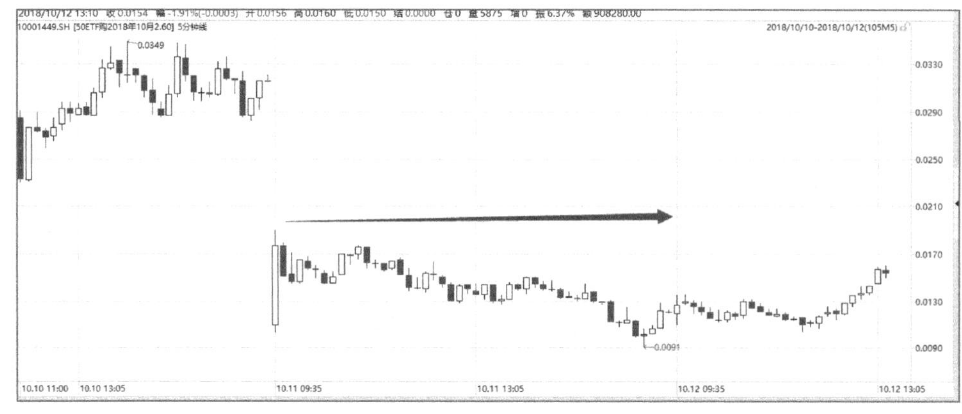

图 2-23

那么，极端的走势会有什么样的特征呢？

第一个特征是，期权极端走势大多出现在行情连续下跌或连续上涨的情况中，但因指数连续上涨造成期权出现极端走势的情况并不常见，因为指数上涨的速度比下跌速度慢，要造成期权卖方因此而追缴保证金的情况并不容易。

在行情连续下跌过程中，许多卖方投资人因为来不及对冲或还保留着之前“舍不得卖掉”而遗留下来的认沽，已经累积了一定的损失。若接下来是跳空下跌，则将导致压倒骆驼的最后一根稻草会突然降临，所以极端走势大多出现在连续下跌之后的第三根或第四根 K 线中。

笔者以前常说，做买方若是要赚到数倍，不应该经常去布局买入一些低价的认沽或认购，然后像买彩票一样地等待，而是应该观察，如果已经连续下跌两三天则买入一些虚值认沽，如果已经连续上涨了两三天则买入一些虚值的认购（一般买入认沽效果比买入认购效果好很多），若再连续大跌或大涨就能中奖了，因为可能会出现极端行情。

所以常常做一些单边顺势波段交易的交易者，不管是买方还是卖方都有相当大的机会站在对的一边。

第二个特征是，若极端走势不是出现在连续的上涨或下跌行情中，那一定是当时有非常让人出乎意料的事件造成了行情大涨或大跌。其重点是“出乎意料”，因为唯有“出乎意料”才能使在发生事件前期权的价格（隐含波动率）不会特别高，然后在事件发生后期权的价格有非常剧烈的变化发生。

第三个特征是，行情的涨幅或跌幅大到足够引起恐慌（隐含波动率上升），这是出现极端走势的必要条件。虽然以上两个特征都可能会引起极端走势，但都是充分条件而非必要条件。极端走势的出现必然有恐慌发生，而恐慌的发生会使期权的价格一直上升，这时因避险或止损原因会引起连锁反应，使期权价格进一步上升，从而出现极端走势。

通常可以由以上三点来判断是否会出现极端走势，而最后判断是否是极端走势，可由当时的期权价格是否合理来决定。如果隐含波动率上升 10%以上或者平值的认沽价格上涨至少 5 倍以上（不是虚值的期权），那么极端走势的情况就会相当明显。

五、可以交易的方式

由于个别行权价和个别月份的持有者在亏损极速扩大的过程中，出场动作不一致，又特别焦急，就造成了许多可以交易的机会。当然，前提是你没被困在焦急的卖方中。

若你是在裸卖的焦急卖方，照计划执行止损、控制风险是最好的方法，不要犹豫。

若你是买方，在赚到 5 倍以上时则可以考虑出场，千万不要长期持有，一定要趁隐含波动率高的时候出场。若想长期持有，你可以考虑顺势站在卖方，中线持有效果比较好。

若是空手，则可以考虑以下的交易。

（1）隐含波动率较高，顺势卖出虚值期权。所谓顺势是指，若行情因下跌而出现极端走势，则卖出虚值认购；若行情因上涨而出现极端走势，则顺势卖出认沽。

为何可以做这种类型的交易呢？因为只要行情止稳，原先下跌的行情开始反弹，则期权价格就会因为隐含波动率开始下降使得就算是反弹，认购价格也涨不起来。在这个过程中，投资人有很多机会在当天或者未来的一两天内将价格回补在较低的价位，风险报酬比相当合适。

（2）判断行情已经为极端走势，分批卖出虚值认沽并严控风险。

由于卖出认沽的时间价值变高，在出现极端走势行情最大的当日进行交易是最理想的，但关键在于能否判断现在已在极端走势了，以及之前卖出的义务仓是否会被强平处理。判断的主要原则是前文所提到的：市场感觉已经“炸”起来了，平值的认沽至少涨了 5 倍以上，隐含波动率至少上升 10%以上。如此可以免除掉一些因为行情移动而虚值认沽看起来涨很多的误判，这也可以尽量避免你卖在图 2-24 的低点 A 处。

当然你仍有可能卖在图 2-24 的 B 处，虽然价位很高，但随着行情持续下跌仍有可能亏损，故要分批卖出，使后续有机会卖到图 2-24 的 C 处。在图 2-24 的 D 处可以将仓位回补，没有必要收回所有的权利金，只要能在原先高档的 50%以下即可。当行情再回到图 2-24 的高档 E 点价位附近时，仍可再行卖出，只要期权仍是深度虚值即可。一般最好的回补时间通常是在出现极端走势行情最大的下一个交易日，即图 2-24 的 F 点价位之后的那一天，由于我们要赚的通常是隐含波动率的快速回跌，故只要回跌至之前最高价位权利金的 50%以下，即可开始回补，不要恋战或想赚到所有的权利金。

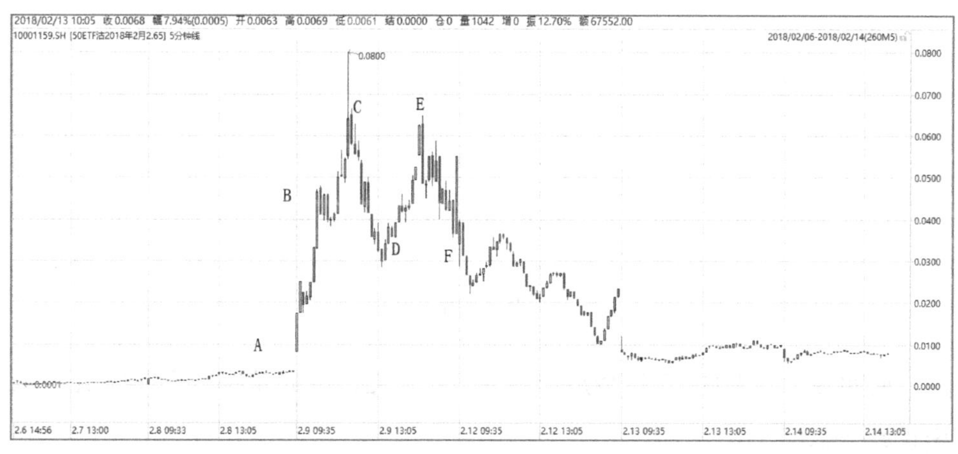

图 2-24

（3）做比例式价差。由于期权的价格很高，时间价值在这个时刻也非常高，故可以卖出 2 张深度虚值的认购同时买入 1 张虚值的认购，使得卖出收取的权利金高于购买所支付的权利金。在 2018 年 2 月 9 日的例子中，我们观察到，由于指数崩盘从 2 月 7 日开始明显下跌，短期内要站回该处应该不容易，故我们可以卖出 2 月份合约行权价为 3.00 元的认购 2 张，价位在 410 元附近，同时买入 1 张 2 月份合约行权价为 2.90 元的认购 1 张，价位在 678 元，两者均为虚值期权。

在此交易中，我们可将行情划分为三个部分：①结算在 2.90 元以下，则获利 142（410×2−678=142）元，即在 8 个交易日内可获得投入资金的 2%。②结算在 2.90 元至 3.00 元之间，若能在 3.00 元结算，则可获得最大收益 1142（1000−678+820=1142）元；结算在 2.90 元之上，则每多 0.001 元多赚 10 元。③结算在 3.00 元至 3.114 元之间，最大收益为 1142 元，在结算价超过 3.00 元后，则每多 0.001 元获利减少 10 元，损益平衡点为 3.1142 元，如图 2-25 所示。

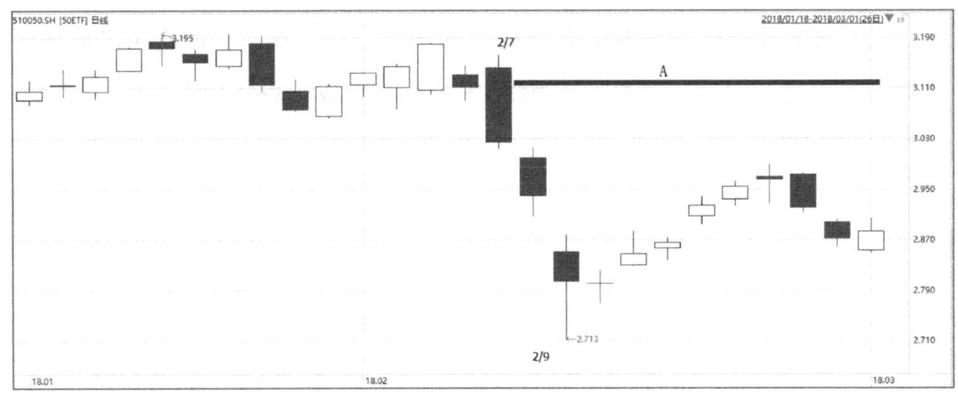

图 2-25

而实际上，2 月 28 日最后结算为 2.871 元，故此策略获利 142 元，报酬正好 2%。

（4）做 Put-Call Parity 的无风险套利。此方式为在极端行情走势中一般机构或做市商最常用的策略，因为完全没有任何风险。交易者需要随时观察每个行权价的合成期货，比较任意两个行权价所组成的合成期货的价格高低，当发觉两者所组成的合成期货价格不一致时，可以卖出价格偏高的合成期货，同时买入价格偏低的合成期货。例如，如表 2-4 所示，在 2018 年 2 月 9 日收盘时，行权价为 2.80 元的合成期货价格为 2.7685 元，而行权价为 2.65 元的合成期货价格则为 2.7729 元。若投资人卖出 2.65 元行权价的合成期货，同时买入行权价为 2.80 元的合成期货，到期时不含交易成本可无风险套出 44 元/组的无风险利润。但此种交易利润太低，又需要考虑交割时如何处理的问题，故对一般的散户不太合适，除非每组有数百元的无风险利润，否则优先参考其他交易策略。

表 2-4

行权价（元）	2.80	2.65
认购（元）	0.0635	0.1779
认沽（元）	0.0950	0.0550
合成期货价格（元）	2.7685	2.7729

六、结论

在行情波动剧烈的情况下，期权的交易机会确实比在一般的行情时多，但问题在于投资人是否能在当下立即设计出一些能交易且能控制风险的策略。

在大多数的情况下，投资人都是眼睁睁看着机会溜走，或者仅考虑如何做单边的买入策略，或者大多数的时间跟随市场起舞，没有一个较好的交易模式或方向，单凭着感觉去做，往往拥有一个好的机会却赚不到任何钱。

如果你能确定现在是在极端的大行情下，而你又站在对的一方，首先应考虑如何处理手中的买方仓位，不要恋战，到了目标就出手。接下来，不要急，按照书中的方式进行分析，画出图形好好地计划如何卖出，如何规划未来的走势。如果站在了错误的一方，也不用想太多，立即按原计划止损，再进行后续的动作。

第 3 章

3

不可不察的市场常识

3.1 未到期损益比到期损益更重要

许多人（包括笔者在内）在刚开始学习交易期权的时候，都是从什么是买权、什么是卖权开始的，然后再开始学习一些组合的期权策略。

其实，在学习期权时，一定要从阅读相关书籍开始，而且一定要将基础知识学扎实，与期权相关的图和定义都要好好研究。根据期权的定义，认购期权是买方有权利在某特定日期（称为到期日），按照固定的价格（行权价）买进某种标的资产的交易工具；认沽期权是买方在某特定日期（到期日），按照某种固定价格（行权价）卖出某种标的资产的交易工具，但是没有义务买进或卖出。期权的卖方收到指派通知，就必须履行期权的义务。所以这是一个买方有权利，而卖方有义务的合约。

当我们和其他人解释期权的时候，除了将上面的定义说一遍之外，通常还会用一个实例再解释一下。比如，假设你买进了一个 2 月份的认购期权，行权价是 2.50 元，这代表着在到期的时候（上证 50ETF 期权是欧式期权），你有权利用 2.50 元的价格买入 10000 股的上证 50ETF 现货，不管到期时价格怎么变动。若到期时认购期权的价格是 2.60 元，你也有权利用 2.50

元买入，这时 10000 股就可以赚 1000 元，而你最大的损失只有权利金而已。如果手边有纸笔的话，你也许会顺手画一个到期损益图，如图 3-1 所示，说明这是一个风险有限、利润无穷的好东西。

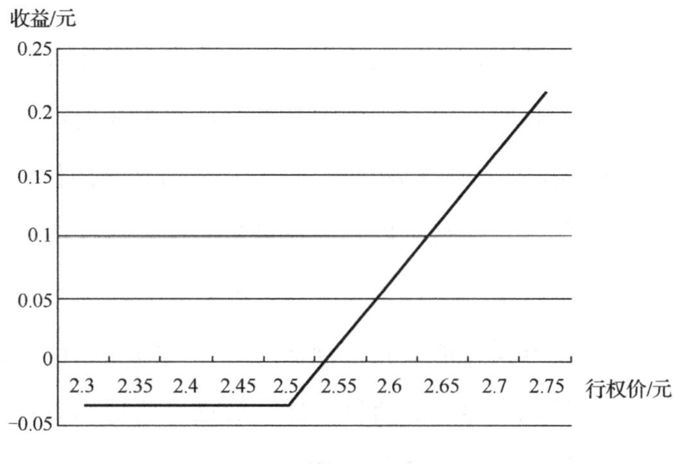

图 3-1

大多数人第一次听到的关于期权的解释无非都是如此，所以开始都认为期权很简单，甚至对期权充满了美好的憧憬。

事实上，期权每天的价格都会因标的资产价格的改变和市场上供需的改变而改变，所以我们真的要将期权放到到期前，看其是否达到某价格才决定是否要出场吗？

一、期权到期损益不一定赚得到

笔者在进入交易的自营部门后，因为以前有做期货的经验，所以以做卖方的方向为主，虽然也有一些获利，但是和其他一些专门做期权的资深交易员相比，交易的数量相差很大，而且差距最大的是损益的波动幅度。

笔者试着和资深交易员讨论，为什么他们做的交易周转性那么高；为什么在一个行情里面，要那么频繁地进进出出，因为我们不是经纪业务单位，理论上来说交易量对我们来说并非重点，仓位能获利才是王道。

后来遇到一位周博士，他说做期权主要是看你要赚什么钱。一般我们交易并不是赌期权到期时其价格落到哪个位置，因为我们很难去判断期权到期时的价位。例如，因为你无法判断 10 天后行情会落到什么价位，所以不太可能赚到全部的钱，但是可以判断在最短的期限内行情落在哪个价格区间。比如，两日内行情不在你预期的价位或隐含波动率更高了，如果看法比较确定，则表示只要行情回到你预估的价位，潜在利润就更大了。故可以在风险可控的情况下再增加仓位，然后透过一些短期的对冲，将仓位慢慢降下，以反复的方式获取你想要的利润。

一般我们用技术分析或其他的分析方式可以预估是否上涨，但不太可能知道何时会涨，这时可用趋势追踪的方法分析出来，只要先前的走势在延续且不跌破某个价位，就可以继续持有该仓位，让利润奔跑，所以做卖方持续持有是有道理的。例如，卖出认沽期权看多，只要行情不跌，每天就有可能多赚一点。如果行情上涨也可以等到更多利润，反正放得越久利润越高。但是如果行情在 5 天后已经上涨 6%，而你却选择在 25 天后再出场，这就不太合理了。因为这两者利润差不多，先出场会比较好，没必要放到最后。若行情又回头，就又亏回去了，得不偿失。（如图 3-2 所示，曲线依据最高点位，从上往下依次为 25 日后、20 日后、15 日后、10 日后、5 日后、1 日后曲线。）

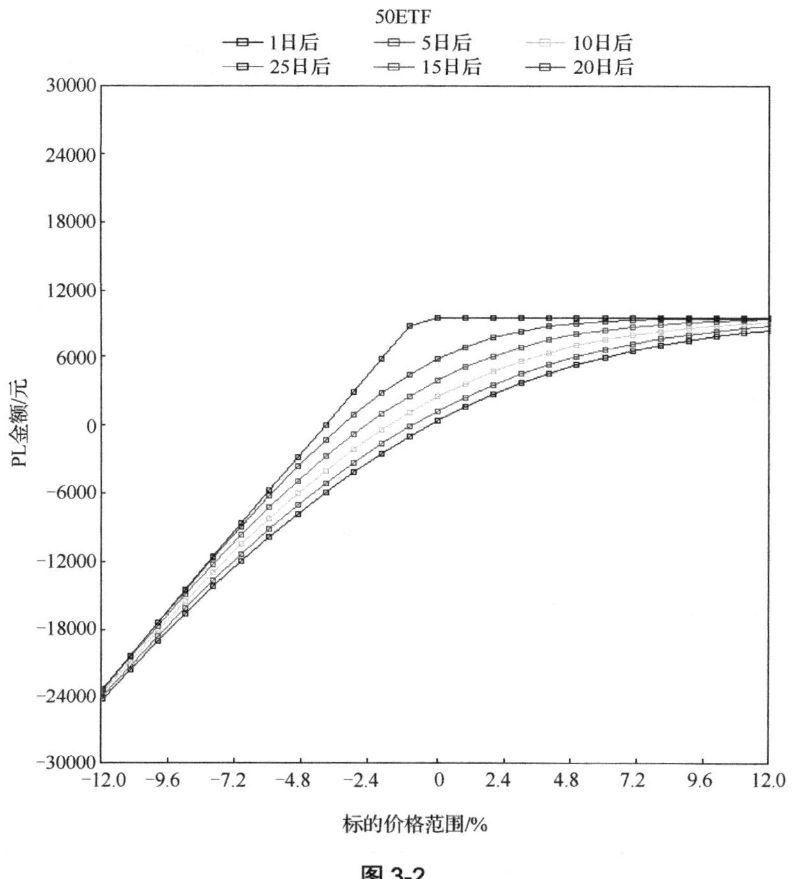

图 3-2

若以买方买入认购期权为例，则可以发现标的在 1 日后上涨 2%、5 日后总计上涨 2%、10 日后总计上涨 2%、15 日后总计上涨 2%、20 日后总计上涨 2%，其损益结果都不一样。当你进场做多买进认购期权时，能够知道上涨或下跌就已经很厉害了，但何时上涨或上涨多少根本就是不可能知道的事。其中最主要的原因在于，若你站在期权的买方，由于并不知道行情要“马上涨”或是“正在涨”，所以结果是很随机的。如果我们观察到行情“马上涨”或是“正在涨”的结束时，要立即出场，所以，很明显我们要赚的钱除了 Delta 就是 Gamma，即在方向上变动的获利大于时间价值损失的钱，如图 3-3 所示，曲线依据最低点位，从上往下依次为 1 日后、5 日后、10 日后、15 日后、20 日后、25 日后曲线。

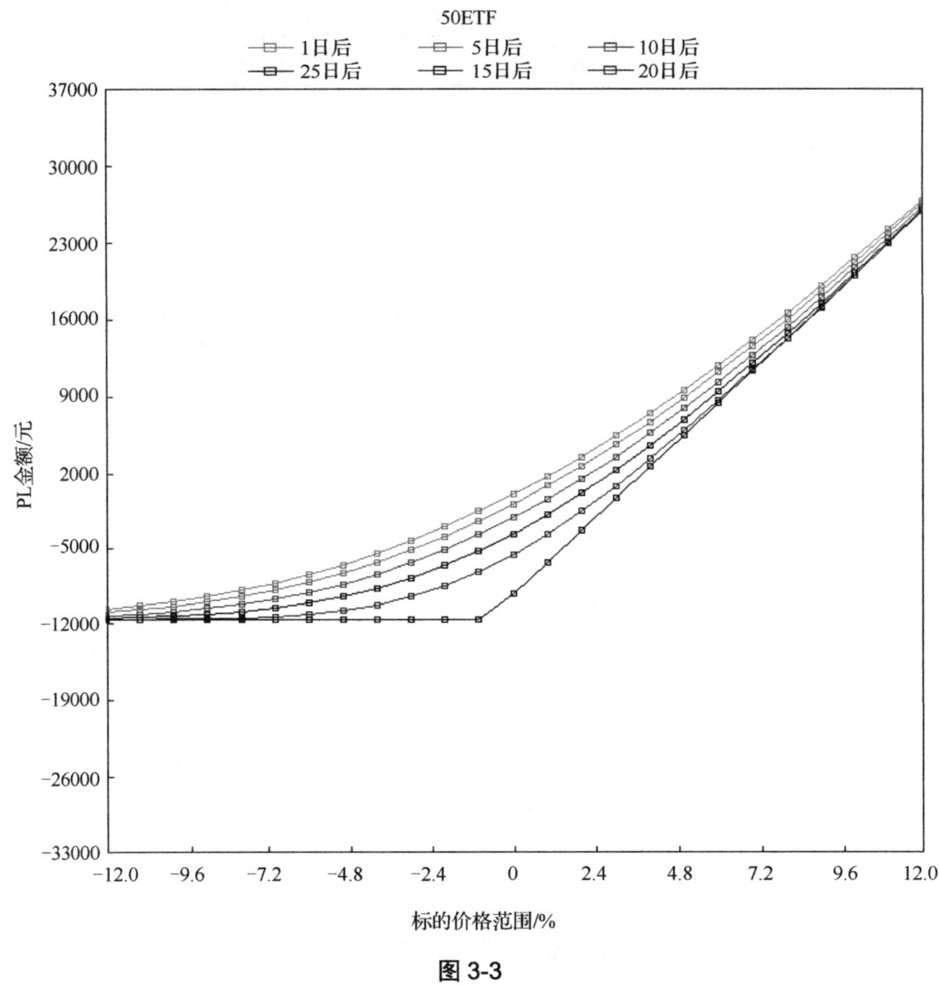

图 3-3

再举一个例子，如果预期近期期权的报价太低了，即隐含波动率太低，那么其极有可能会上涨 1%。如果想赚波动率上涨的钱，就可以买入跨式仓位，因为近几天的实际波动率可能会变得比较大，就可以赚到钱。

以图 3-4 为例（上方曲线为 B，下方曲线为 A），以当时的隐含波动率来看，只要隐含波动率上升 1%，其损益图就会从 A 变成 B，就算行情没有任何的变动也能获利。另外，若隐含波动率没有改变，只要行情变动超过 1%，也可以获利，其获得的利润与隐含波动率上升所赚到的金额是类似的。所以当隐含波动率上升了 1%，这时到底要不要出场？答案其实很明显，要赚的钱已经赚到了，就不要再去期待行情涨跌 3%或 5%而赚额外的钱了，因为根本不知道何时会发生。

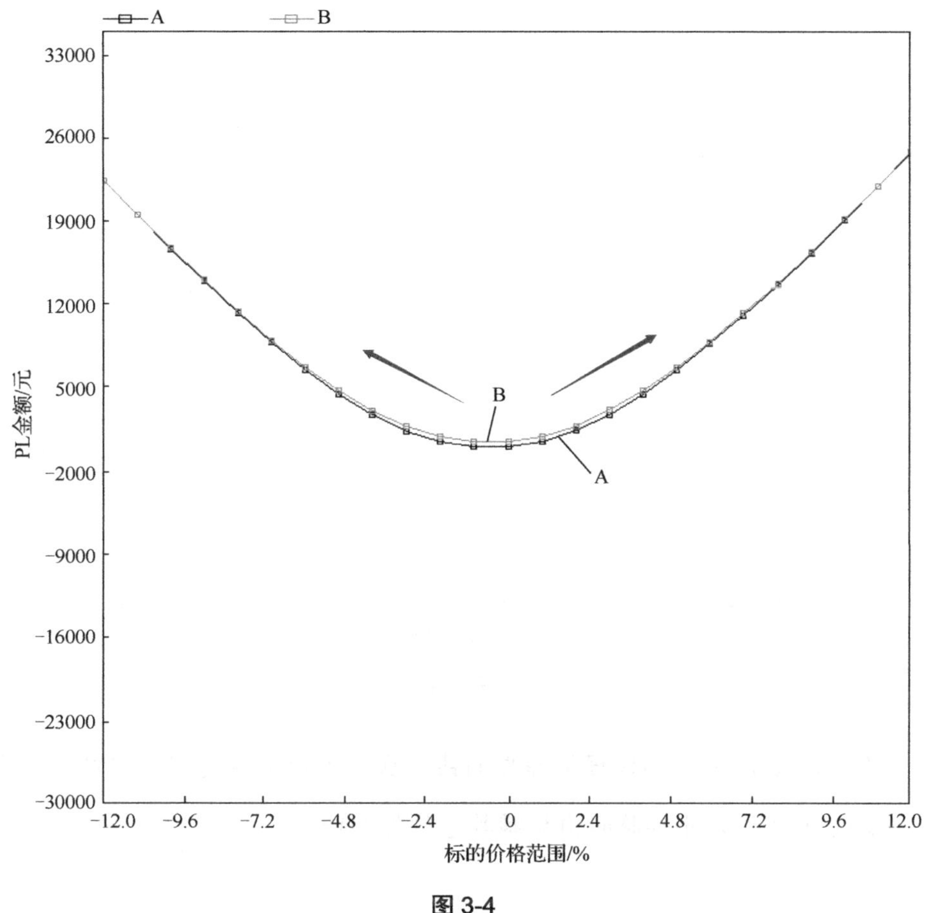

图 3-4

同样的道理，若是因为觉得最近的期权的报价太高了，即隐含波动率太高了，我们就会选择卖出跨式或宽跨式策略，赚取期权价格掉到合理价位的钱。如图 3-5 所示（上方曲线为 A，下方曲线为 B），A 曲线至 B 曲线中间的价差是我们想赚的。但大多数人在进场前完全没有想清楚，所以在赚到钱之后又会想，如果在此价位附近再待 10 天就可以赚到全部的权利金，但这时他所下的赌注已经完全不同了。

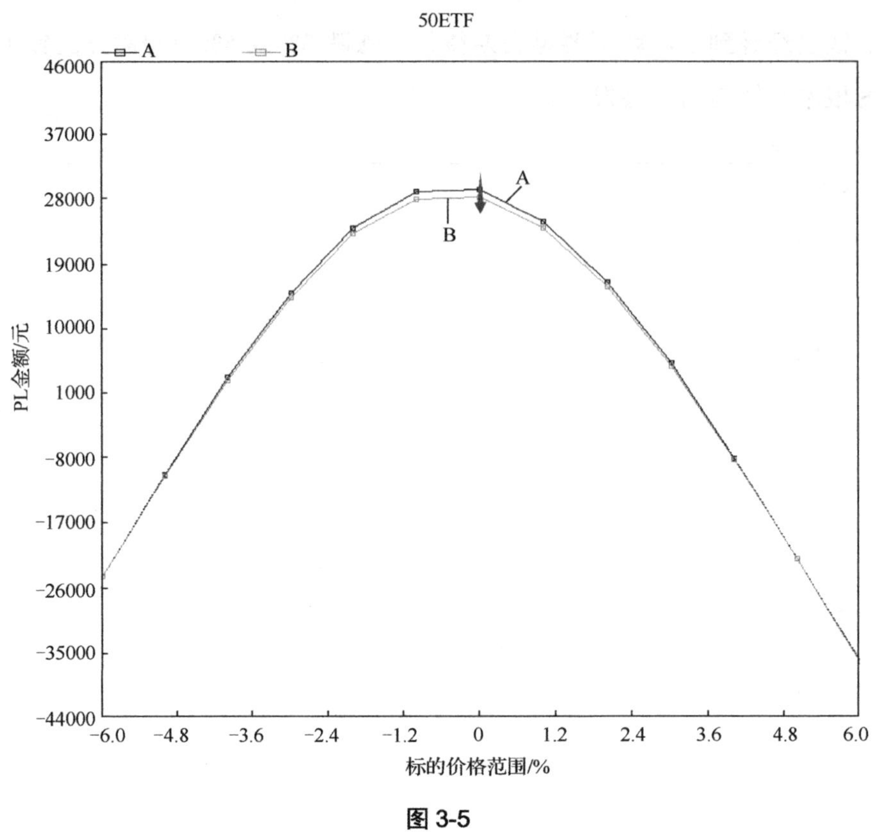

图 3-5

如果想赚的钱是期权报价虚高的钱，那么当价格恢复到合理时，就应该出场获利了结，不要临时再想赚其他额外的钱。

二、期权到期前的情况

有一些期权策略比较复杂，需要注意的因素比较多，例如，我们最常用的垂直价差策略。如果我们看多，买入一个平值的期权同时卖出相同到期日另一个虚值的认购期权。如图 3-6 所示（图中交叉点 A 点的左边从上往下依次为 1 日后、3 日后、5 日后、到期曲线；交叉点右边从上往下依次为到期、5 日后、3 日后、1 日后曲线）。

在持有仓位时，如果行情上涨超过损益平衡点，则是一个可以收取时间价值的仓位，行情越涨收取的时间价值越多，同时持有时间越长，也会赚得越多。反之，若是在亏损时，虽然你的损失是有限的，但持有的时间越长，损失也会越来越大。这种策略非常符合我们一般的交易理念，当仓位获利时可以持有，让利润奔跑；当仓位亏损时要立即止损。而这种仓位可以更强化此种关系，让损失更小、获利更大。在实际交易中，许多人却是反其道而行之。

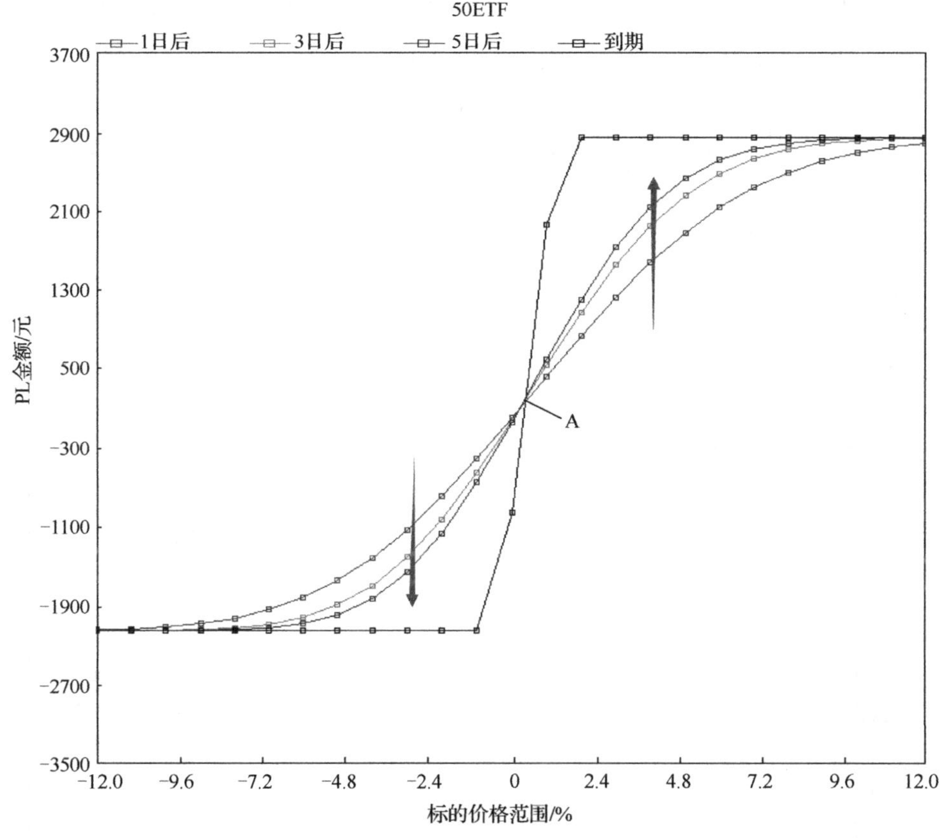

图 3-6

另一个典型的例子是我们在前文“多空挪移”基本款中提到的认购的比例式价差。由于快到期时，正 Delta 的方向会变得很快，这时候我们有机会用这个方法取得一个很便宜甚至免费的认购合约。虽然看起来上涨 2%已经到获利的顶端了，涨更多我们可能反而会亏，但是在上涨的过程中可以先出场获利了结。这可是一个高性价比的仓位，通常在末日轮时可以使用，做一些本小利大的交易，但是如果只看最后的到期损益，则可能会把这个交易仓位当成一个类似卖出跨式但下跌时风险有限的交易模式。

比例式价差交易的到期前 3 日的图形，如 3-7 图所示（图中曲线依据最高点位，从上往下依次为到期日、前 1 日、前 2 日、前 3 日曲线）。

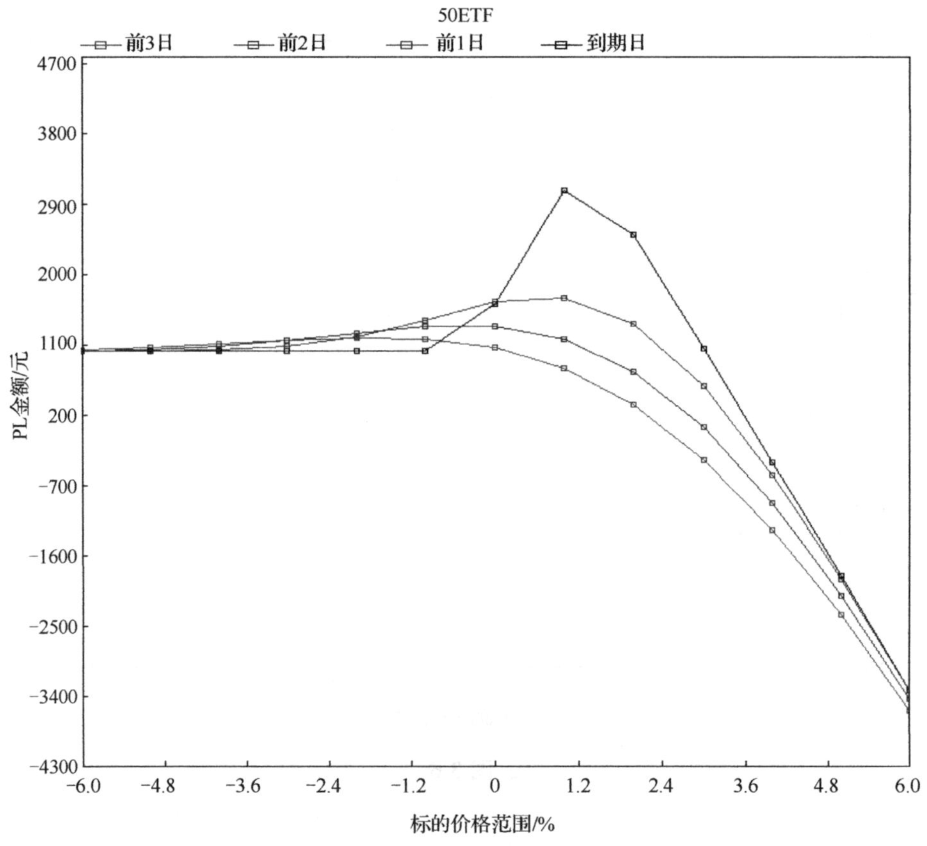

图 3-7

三、案例

许多人在快到期前都犯了错，因为他们只看到了到期损益图，而没有了解期权到期前每天可能发生的变化。做卖跨式的人认为只要合约到期，价格能落到所期望的区间，就可以收到全部的权利金，但这是一个赌注。其没有在卖出期权时对现在的价格是否太低或者未来价格是否会更低做一个评判，而仅仅只是单纯地卖出期权而已。

很多投资者在买入期权之后都有“曾经”大赚的经历，然后就坚守了“让获利奔跑”的格言，把获利的仓位抱得紧紧的，结果又亏了回去，变成大赚成小赚甚至亏损。许多人一直在想，是不是行权价买错了。如果看涨，那么要买哪个行权价比较好？因为大多数投资者只是单纯地期待会有预期之外的大涨，因此买哪个权价都是很随机的。

还有许多人错过最佳的出场时机，其实并不是因为价位不佳，而是因为在行情上涨后风险报酬比已经改变了，投资者原先想赚到的钱已经赚到了，却还持有仓位参加下半场原本不应参加的赌局。

四、具体做法

由于许多人对期权的诸多特性不够了解，所以可以先从以下几方面入手。

（1）从了解简单的常用策略开始，如买进认购、买进认沽、卖出认购、卖出认沽等，知道它们未来的可能损益情况，然后进阶到一些价差的仓位。

（2）知道自己做这些仓位确切的目的，明确自己到底是要赚什么钱。如果纯粹要赚方向的钱，那么使用期货或用期权合成期货可能更好一点。

（3）勤做交易记录。不管是仿真交易还是真实的交易，一定要做交易记录。大部分交易员都会做交易记录，因为透过记录的每日损益可以发现其中的规律和不同。

（4）可以做一些小仓位，看是否与预期相同。若差距太大，则找出其中的原因。

（5）不断学习与期权相关的知识。我们可以通过阅读书籍，也可以通过参加培训等方式获取知识。

从现在开始，多多了解期权到期前每天对你的损益造成的影响吧！

3.2 精通软件，事半功倍

俗话说：磨刀不误砍柴工。在期权交易中，灵活运用客户端提供的现成工具，能让投资的交易如虎添翼。

市场上面向期权交易的软件数量较多，大致可以分为通用版和高阶版。通用版是多数的证券公司、期货公司都会免费提供给客户使用的，常见的有汇点、钱龙、咏春等通用版本；高阶版一般是收费的，有些费用还比较高，如钱龙的 Qwin、咏春的 Master/Maker、汇点的金汇点等客户端。对于多数投资者来说，通用版的功能基本能满足需求。下面我们以汇点为例来介绍通用版的软件功能，后面也会以 Qwin 为例补充一些较为实用的高阶版功能。

一、通用版功能

（一）行情报价

1. T型报价

如图 3-8 所示，登录汇点软件客户端后首先进入的期权界面是 T 型报价的行情界面，整个期权合约报价界面分成左右两部分，左边是认购期权，右边是认沽期权。

行情　指标　风险　信息　合约选择: 50ETF ▼　2019年01月（7天）▼　标的名称: 50ETF　最新价: 2.374　涨跌: 0.004　幅度: 0.17%　成交量: 4770962　持仓量: —　金额: 11.30亿

总量	交易状态	卖价	买价	涨幅%	涨跌	最新	购<行权价>沽↑	最新	涨跌	涨幅%	买价	卖价	交易状态	总量
1725	闭市	0.3211	0.3203	0.03	0.0001	0.3201	2.0500	0.0001	-0.0001	-50.00	0.0001	0.0002	闭市	548
3420	闭市	0.2721	0.2704	0.15	0.0004	0.2704	2.1000	0.0002	0.0000	0.00	0.0001	0.0002	闭市	1379
2916	闭市	0.2200	0.2170	0.00	0.0000	0.2200	2.1500	0.0002	-0.0001	-33.33	0.0002	0.0003	闭市	2694
5336	闭市	0.1710	0.1703	0.53	0.0009	0.1709	2.2000	0.0005	-0.0004	-44.44	0.0005	0.0006	闭市	11747
1503	闭市	0.1673	0.1660	0.42	0.0007	0.1657	2.2050A	0.0003	-0.0006	-66.67	0.0002	0.0004	闭市	2708
20285	闭市	0.1216	0.1213	1.25	0.0015	0.1216	2.2500	0.0010	-0.0013	-56.52	0.0010	0.0011	闭市	32971
2720	闭市	0.1190	0.1180	0.77	0.0009	0.1177	2.2540A	0.0011	-0.0016	-59.26	0.0010	0.0011	闭市	9510
85724	闭市	0.0747	0.0746	-1.19	-0.0009	0.0746	2.3000	0.0046	-0.0029	-38.67	0.0045	0.0046	闭市	83821
6837	闭市	0.0729	0.0728	0.69	0.0005	0.0729	2.3030A	0.0047	-0.0032	-40.51	0.0046	0.0047	闭市	9720
143352	闭市	0.0368	0.0367	-1.87	-0.0007	0.0367	2.3500	0.0164	-0.0041	-20.00	0.0163	0.0164	闭市	141863
15497	闭市	0.0361	0.0356	-3.78	-0.0014	0.0356	2.3520A	0.0179	-0.0030	-14.35	0.0176	0.0179	闭市	15091
121725	闭市	0.0133	0.0132	-11.41	-0.0017	0.0132	2.4000	0.0430	-0.0037	-7.92	0.0429	0.0430	闭市	88101
10597	闭市	0.0131	0.0128	-11.49	-0.0017	0.0131	2.4010A	0.0443	-0.0031	-6.54	0.0434	0.0436	闭市	5555
0244	闭市	0.0040	0.0039	-17.02	-0.0008	0.0039	2.4500A	0.0827	-0.0045	-5.16	0.0822	0.0831	闭市	2010
31335	闭市	0.0039	0.0038	-17.02	-0.0008	0.0039	2.4500	0.0833	-0.0039	-4.47	0.0830	0.0833	闭市	20438
5154	闭市	0.0011	0.0009	-35.29	-0.0006	0.0011	2.5000A	0.1300	-0.0032	-2.40	0.1300	0.1302	闭市	1586
15423	闭市	0.0012	0.0011	-35.29	-0.0006	0.0011	2.5000	0.1305	-0.0027	-2.03	0.1305	0.1308	闭市	7887
1010	闭市	0.0005	0.0003	-42.86	-0.0003	0.0004	2.5490A	0.1779	-0.0029	-1.60	0.1771	0.1785	闭市	693
3786	闭市	0.0003	0.0002	-50.00	-0.0003	0.0003	2.5500	0.1792	-0.0034	-1.86	0.1781	0.1795	闭市	2396
285	闭市	0.0003	0.0001	-25.00	-0.0001	0.0003	2.5980A	0.2261	-0.0041	-1.78	0.2257	0.2273	闭市	810
1101	闭市	0.0003	0.0002	-33.33	-0.0001	0.0002	2.6000	0.2288	-0.0024	-1.04	0.2277	0.2293	闭市	1060
1621	闭市	0.0002	0.0001	-33.33	-0.0001	0.0002	2.6500	0.2787	-0.0025	-0.89	0.2775	0.2792	闭市	967
1824	闭市	0.0002	0.0001	0.00	0.0000	0.0002	2.7000	0.3282	-0.0038	-1.14	0.3273	0.3292	闭市	846

图 3-8

需要注意，该界面默认显示的是当前月份的合约，如果想看下月、下季、隔季的合约，则需要选择 T 型上方的到期日下拉框，选中后才能切换到其他期限的合约报价界面中。如果想查看其他标的的期权行情，在标的下拉框同样可以切换，右侧就是该标的的最新价格、涨跌幅、交易量等信息。

在行情界面中，能看到各合约的最新价格、涨跌情况、委托价格、交易状态、成交量等信息。拖动最下面的滑块，可以看到更多的指标，如持仓量、仓差、预估保证金、隐含波动率、期权理论价、杠杆比率、真实杠杆率、Delta、Gamma、Rho、Theta、Vega 等信息，如图 3-9 和图 3-10 所示。

行情 指标 风险 信息 合约选择: 50ETF 2019年01月（7天） 标的名称: 50ETF 最新价: 2.374 涨跌: 0.004 幅度: 0.17% 成交量: 4770962 持仓量: — 金额: 11.30亿

杠杆比率	期权理论价	隐含波动率	预估保证金	仓差	持仓量	购<行权价>沽↑	持仓量	仓差	预估保证金	隐含波动率	期权理论价	杠杆比率
7.42	0.3260	–	6044.00	-4217	1073	2.0500	9415	3170	1437.00	0.3071	0.0000	23740.00
8.78	0.2760	–	5544.00	-2726	4539	2.1000	45782	7552	1472.00	0.3071	0.0000	11870.00
10.79	0.2261	–	5044.00	1657	6047	2.1500	62324	21310	1508.00	0.2559	0.0000	11870.00
13.89	0.1762	–	4544.00	413	10483	2.2000	71210	28819	1549.00	0.2431	0.0001	4748.00
14.33	0.1713	–	4584.78	-5061	1449	2.2050A	15409	3989	1583.86	0.2303	0.0002	7913.33
19.52	0.1272	–	4045.00	2367	21140	2.2500	89595	17320	1667.00	0.2079	0.0010	2374.00
20.17	0.1233	–	4093.04	-6551	2711	2.2540A	20107	-2168	1745.56	0.2015	0.0012	2158.18
31.82	0.0813	–	3599.00	-8118	65209	2.3000	152631	53053	2219.00	0.1983	0.0051	516.09
32.57	0.0788	–	3640.07	-13647	5938	2.3030A	14579	-11127	2298.51	0.1951	0.0055	505.11
64.69	0.0436	0.1504	3218.00	10001	109698	2.3500	131160	72650	2849.00	0.1983	0.0173	144.76
66.69	0.0423	0.1520	3278.92	-9704	9234	2.3520A	10756	679	2931.03	0.2031	0.0180	132.63
179.85	0.0185	0.1648	2693.00	8853	143297	2.4000	55634	37807	3311.00	0.2111	0.0422	55.21
181.22	0.0182	0.1664	2736.18	676	13472	2.4010A	4091	1063	3385.02	0.2159	0.0429	53.59
608.72	0.0060	0.1791	2133.24	5730	23878	2.4500A	2684	641	3791.06	0.2383	0.0796	28.71
608.72	0.0060	0.1791	2091.00	22598	114053	2.4500	17305	8859	3716.00	0.2431	0.0796	28.50
2158.18	0.0014	0.1919	1709.86	2340	10686	2.5000A	1077	-1259	4260.36	0.2943	0.1250	18.26
2158.18	0.0014	0.1919	1676.00	42007	81696	2.5000	8275	3781	4176.00	0.3007	0.1250	18.19
5935.00	0.0003	0.2175	1699.65	-6039	8412	2.5490A	767	-59	4745.97	0.3519	0.1728	13.34
7913.33	0.0003	0.2175	1665.00	20965	40441	2.5500	1726	-264	4670.00	0.3583	0.1738	13.25
7913.33	0.0000	0.2559	1696.59	-3521	9201	2.5980A	549	-721	5249.95	0.4064	0.2215	10.50
11870.00	0.0000	0.2559	1662.00	4169	39213	2.6000	989	-8201	5156.00	0.4256	0.2235	10.38
11870.00	0.0000	0.2815	1662.00	27728	39444	2.6500	1224	-84	5656.00	0.4880	0.2734	8.52
11870.00	0.0000	0.3327	1661.00	26271	49581	2.7000	1377	-727	6164.00	0.5408	0.3234	7.23

图 3-9

行情 指标 风险 信息 合约选择: 50ETF 2019年01月（7天） 标的名称: 50ETF 最新价: 2.374 涨跌: 0.004 幅度: 0.17% 成交量: 4770962 持仓量: — 金额: 11.30亿

Vega	Theta	Rho	Gamma	Delta	溢价率	真实杠杆率	购<行权价>沽↑	真实杠杆率	溢价率	Delta	Gamma	Rho	Theta	Vega
0.0000	-0.0901	0.0449	0.0000	1.0000	-0.1643	7.4164	2.0500	-0.0121	13.6521	-0.0000	0.0000	-0.0000	-0.0000	0.0000
0.0000	-0.0925	0.0460	0.0013	1.0000	-0.1516	8.7794	2.1000	-0.2526	11.5501	-0.0000	0.0013	-0.0000	-0.0001	0.0000
0.0006	-0.0971	0.0471	0.0226	0.9995	-0.1685	10.7860	2.1500	-5.4030	9.4440	-0.0005	0.0226	-0.0000	-0.0026	0.0006
0.0053	-0.1210	0.0479	0.2102	0.9947	-0.1306	13.8181	2.2000	-24.9646	7.3505	-0.0053	0.2102	-0.0003	-0.0243	0.0053
0.0064	-0.1262	0.0479	0.2538	0.9935	-0.1390	14.2339	2.2050A	-51.4770	7.1314	-0.0065	0.2538	-0.0003	-0.0293	0.0064
0.0269	-0.2209	0.0474	1.0641	0.9654	-0.1011	18.8473	2.2500	-82.1722	5.2654	-0.0346	1.0641	-0.0018	-0.1220	0.0269
0.0299	-0.2345	0.0473	1.1817	0.9607	-0.0969	19.3763	2.2540A	-84.9145	5.1011	-0.0393	1.1817	-0.0021	-0.1354	0.0299
0.0773	-0.4473	0.0431	3.0551	0.8625	0.0253	27.4485	2.3000	-70.9440	3.3109	-0.1375	3.0551	-0.0073	-0.3462	0.0773
0.0809	-0.4634	0.0427	3.1990	0.8529	0.0800	27.7735	2.3030A	-74.3222	3.1887	-0.1471	3.1990	-0.0078	-0.3622	0.0809
0.1303	-0.6746	0.0328	5.1539	0.6488	0.5350	41.9719	2.3500	-50.8311	1.7018	-0.3512	5.1539	-0.0187	-0.5713	0.1303
0.1317	-0.6799	0.0323	5.2074	0.6384	0.5729	42.5711	2.3520A	-47.9592	1.6807	-0.3616	5.2074	-0.0192	-0.5765	0.1317
0.1335	-0.6623	0.0192	5.2803	0.3774	1.6512	67.0688	2.4000	-34.3752	0.7161	-0.6226	5.2803	-0.0333	-0.5568	0.1335
0.1330	-0.6590	0.0190	5.2572	0.3722	1.6891	67.4426	2.4010A	-33.6457	0.7287	-0.6278	5.2572	-0.0336	-0.5535	0.1330
0.0857	-0.4166	0.0082	3.3874	0.1604	3.3656	97.6548	2.4500A	-24.1009	0.2822	-0.8396	3.3874	-0.0454	-0.3089	0.0857
0.0857	-0.4166	0.0082	3.3874	0.1604	3.3656	97.6548	2.4500	-23.9273	0.3075	-0.8396	3.3874	-0.0454	-0.3089	0.0857
0.0354	-0.1703	0.0025	1.3996	0.0485	5.3538	104.7405	2.5000A	-17.3753	0.1685	-0.9515	1.3996	-0.0522	-0.0604	0.0354
0.0354	-0.1703	0.0025	1.3996	0.0485	5.3538	104.7405	2.5000	-17.3087	0.1896	-0.9515	1.3996	-0.0522	-0.0604	0.0354
0.0100	-0.0476	0.0006	0.3940	0.0107	7.3884	63.7025	2.5490A	-13.2013	0.1222	-0.9893	0.3940	-0.0553	0.0644	0.0100
0.0097	-0.0462	0.0005	0.3824	0.0104	7.4263	82.0765	2.5500	-13.1104	0.1348	-0.9896	0.3824	-0.0553	0.0659	0.0097
0.0019	-0.0092	0.0001	0.0763	0.0017	9.4482	13.5034	2.5980A	-10.4819	0.0885	-0.9983	0.0763	-0.0568	0.1050	0.0019
0.0018	-0.0085	0.0001	0.0708	0.0016	9.5282	18.6614	2.6000	-10.3596	0.1179	-0.9984	0.0708	-0.0569	0.1058	0.0018
0.0002	-0.0011	0.0000	0.0091	0.0002	11.6344	2.0261	2.6500	-8.5167	0.1137	-0.9998	0.0091	-0.0580	0.1154	0.0002
0.0000	-0.0001	0.0000	0.0008	0.0000	13.7405	0.1596	2.7000	-7.2333	0.0927	-1.0000	0.0008	-0.0591	0.1186	0.0000

图 3-10

此外，还可以通过 T 型上方左侧的几个标签，切换行情、指标、风险、信息等，如图 3-11 所示。

在指标标签界面可以看到内在价值、时间价值、历史波动率、隐含波动率、溢价率、杠杆比率、真实杠杆率、交易状态等信息，如图 3-12 所示。

行情 指标 风险 信息 合约选择: 50ETF 2019年01月（7天） 标的名称: 50ETF 最新价: 2.374 涨跌: 0.004 幅度: 0.17% 成交量: 4770962 持仓量: -- 金额: 11.30亿

隐含波动率	历史波动率	时间价值	内在价值	最新	代码	购<行权价>沽↑	代码	最新	内在价值	时间价值	历史波动率	隐含波动率
–	0.2047	–	0.3240	0.3201	10001665	2.0500	10001666	0.0001	–	0.0001	0.2047	0.3071
–	0.2047	–	0.2740	0.2704	10001641	2.1000	10001642	0.0002	–	0.0002	0.2047	0.3071
–	0.2047	–	0.2240	0.2200	10001633	2.1500	10001634	0.0002	–	0.0002	0.2047	0.2559
–	0.2047	–	0.1740	0.1709	10001625	2.2000	10001626	0.0005	–	0.0005	0.2047	0.2431
–	0.2047	–	0.1690	0.1657	10001525	2.2050A	10001534	0.0003	–	0.0003	0.2047	0.2303
–	0.2047	–	0.1240	0.1216	10001561	2.2500	10001570	0.0010	–	0.0010	0.2047	0.2079
–	0.2047	–	0.1200	0.1177	10001526	2.2540A	10001535	0.0011	–	0.0011	0.2047	0.2015
–	0.2047	0.0006	0.0740	0.0746	10001562	2.3000	10001571	0.0046	–	0.0046	0.2047	0.1983
–	0.2047	0.0019	0.0710	0.0729	10001527	2.3030A	10001536	0.0047	–	0.0047	0.2047	0.1951
0.1504	0.2047	0.0127	0.0240	0.0367	10001563	2.3500	10001572	0.0164	–	0.0164	0.2047	0.1983
0.1520	0.2047	0.0136	0.0220	0.0356	10001528	2.3520A	10001537	0.0179	–	0.0179	0.2047	0.2031
0.1648	0.2047	0.0132	–	0.0132	10001564	2.4000	10001573	0.0430	0.0260	0.0170	0.2047	0.2111
0.1664	0.2047	0.0131	–	0.0131	10001529	2.4010A	10001538	0.0443	0.0270	0.0173	0.2047	0.2159
0.1791	0.2047	0.0039	–	0.0039	10001530	2.4500A	10001539	0.0827	0.0760	0.0067	0.2047	0.2383
0.1791	0.2047	0.0039	–	0.0039	10001565	2.4500	10001574	0.0833	0.0760	0.0073	0.2047	0.2431
0.1919	0.2047	0.0011	–	0.0011	10001531	2.5000A	10001540	0.1300	0.1260	0.0040	0.2047	0.2943
0.1919	0.2047	0.0011	–	0.0011	10001566	2.5000	10001575	0.1305	0.1260	0.0045	0.2047	0.3007
0.2175	0.2047	0.0004	–	0.0004	10001532	2.5490A	10001541	0.1779	0.1750	0.0029	0.2047	0.3519
0.2175	0.2047	0.0003	–	0.0003	10001567	2.5500	10001576	0.1792	0.1760	0.0032	0.2047	0.3583
0.2559	0.2047	0.0003	–	0.0003	10001533	2.5980A	10001542	0.2261	0.2240	0.0021	0.2047	0.4064
0.2559	0.2047	0.0002	–	0.0002	10001568	2.6000	10001577	0.2288	0.2260	0.0028	0.2047	0.4256
0.2815	0.2047	0.0002	–	0.0002	10001569	2.6500	10001578	0.2787	0.2760	0.0027	0.2047	0.4880
0.3327	0.2047	0.0002	–	0.0002	10001617	2.7000	10001618	0.3282	0.3260	0.0022	0.2047	0.5408

图 3-11

行情 指标 风险 信息 合约选择: 50ETF 2019年01月（7天） 标的名称: 50ETF 最新价: 2.374 涨跌: 0.004 幅度: 0.17% 成交量: 4770962 持仓量: -- 金额: 11.30亿

交易状态	真实杠杆率	杠杆比率	溢价率	隐含波动率	历史波动率	购<行权价>沽↑	历史波动率	隐含波动率	溢价率	杠杆比率	真实杠杆率	交易状态
闭市	7.4164	7.42	-0.1643	–	0.2047	2.0500	0.2047	0.3071	13.6521	23740.00	-0.0121	闭市
闭市	8.7794	8.78	-0.1516	–	0.2047	2.1000	0.2047	0.3071	11.5501	11870.00	-0.2526	闭市
闭市	10.7860	10.79	-0.1685	–	0.2047	2.1500	0.2047	0.2559	9.4440	11870.00	-5.4030	闭市
闭市	13.8181	13.89	-0.1306	–	0.2047	2.2000	0.2047	0.2431	7.3505	4748.00	-24.9646	闭市
闭市	14.2339	14.33	-0.1390	–	0.2047	2.2050A	0.2047	0.2303	7.1314	7913.33	-51.4770	闭市
闭市	18.8473	19.52	-0.1011	–	0.2047	2.2500	0.2047	0.2079	5.2654	2374.00	-82.1722	闭市
闭市	19.3763	20.17	-0.0969	–	0.2047	2.2540A	0.2047	0.2015	5.1011	2158.18	-84.9145	闭市
闭市	27.4485	31.82	0.0253	–	0.2047	2.3000	0.2047	0.1983	3.3109	516.09	-70.9440	闭市
闭市	27.7735	32.57	0.0800	–	0.2047	2.3030A	0.2047	0.1951	3.1887	505.11	-74.3222	闭市
闭市	41.9719	64.69	0.5350	0.1504	0.2047	2.3500	0.2047	0.1983	1.7018	144.76	-50.8311	闭市
闭市	42.5711	66.69	0.5729	0.1520	0.2047	2.3520A	0.2047	0.2031	1.6807	132.63	-47.9592	闭市
闭市	67.8688	179.85	1.6512	0.1648	0.2047	2.4000	0.2047	0.2111	0.7161	55.21	-34.3752	闭市
闭市	67.4426	181.22	1.6891	0.1664	0.2047	2.4010A	0.2047	0.2159	0.7287	53.59	-33.6457	闭市
闭市	97.6548	608.72	3.3656	0.1791	0.2047	2.4500A	0.2047	0.2383	0.2822	28.71	-24.1009	闭市
闭市	97.6548	608.72	3.3656	0.1791	0.2047	2.4500	0.2047	0.2431	0.3075	28.50	-23.9273	闭市
闭市	104.7405	2158.18	5.3538	0.1919	0.2047	2.5000A	0.2047	0.2943	0.1685	18.26	-17.3753	闭市
闭市	104.7405	2158.18	5.3538	0.1919	0.2047	2.5000	0.2047	0.3007	0.1896	18.19	-17.3087	闭市
闭市	63.7025	5935.00	7.3884	0.2175	0.2047	2.5490A	0.2047	0.3519	0.1222	13.34	-13.2013	闭市
闭市	82.0765	7913.33	7.4263	0.2175	0.2047	2.5500	0.2047	0.3583	0.1348	13.25	-13.1104	闭市
闭市	13.5034	7913.33	9.4482	0.2559	0.2047	2.5980A	0.2047	0.4064	0.0885	10.50	-10.4819	闭市
闭市	18.6614	11870.00	9.5282	0.2559	0.2047	2.6000	0.2047	0.4256	0.1179	10.38	-10.3596	闭市
闭市	2.0261	11870.00	11.6344	0.2815	0.2047	2.6500	0.2047	0.4880	0.1137	8.52	-8.5167	闭市
闭市	0.1596	11870.00	13.7405	0.3327	0.2047	2.7000	0.2047	0.5408	0.0927	7.23	-7.2333	闭市

图 3-12

在风险标签界面可以看到 Delta，Gamma，Theta，Vega，Rho 等信息，如图 3-13 所示。

行情 指标 风险 信息 合约选择 50ETF 2019年01月（7天） 标的名称: 50ETF 最新价: 2.374 涨跌: 0.004 幅度: 0.17% 成交量: 4770962 持仓量: -- 金额: 11.30亿

Rho	Vega	Theta	Gamma	Delta	最新	代码	购<行权价>沽↑	代码	最新	Delta	Gamma	Theta	Vega	Rho
0.0449	0.0000	-0.0901	0.0000	1.0000	0.3201	10001665	2.0500	10001666	0.0001	-0.0000	0.0000	-0.0000	0.0000	-0.0000
0.0460	0.0000	-0.0925	0.0013	1.0000	0.2704	10001641	2.1000	10001642	0.0002	-0.0000	0.0013	-0.0001	0.0000	-0.0000
0.0471	0.0006	-0.0971	0.0226	0.9995	0.2200	10001633	2.1500	10001634	0.0002	-0.0005	0.0226	-0.0026	0.0006	-0.0000
0.0479	0.0053	-0.1210	0.2102	0.9947	0.1709	10001625	2.2000	10001626	0.0005	-0.0053	0.2102	-0.0243	0.0053	-0.0003
0.0479	0.0064	-0.1262	0.2538	0.9935	0.1657	10001525	2.2050A	10001534	0.0003	-0.0065	0.2538	-0.0293	0.0064	-0.0003
0.0474	0.0269	-0.2209	1.0641	0.9654	0.1216	10001561	2.2500	10001570	0.0010	-0.0346	1.0641	-0.1220	0.0269	-0.0018
0.0473	0.0299	-0.2345	1.1817	0.9607	0.1177	10001526	2.2540A	10001535	0.0011	-0.0393	1.1817	-0.1354	0.0299	-0.0021
0.0431	0.0773	-0.4473	3.0551	0.8625	0.0746	10001562	2.3000	10001571	0.0046	-0.1375	3.0551	-0.3462	0.0773	-0.0073
0.0427	0.0809	-0.4634	3.1990	0.8529	0.0729	10001527	2.3030A	10001536	0.0047	-0.1471	3.1990	-0.3622	0.0809	-0.0078
0.0328	0.1303	-0.6746	5.1539	0.6488	0.0367	10001563	2.3500	10001572	0.0164	-0.3512	5.1539	-0.5713	0.1303	-0.0187
0.0323	0.1317	-0.6799	5.2074	0.6384	0.0356	10001528	2.3520A	10001537	0.0179	-0.3616	5.2074	-0.5765	0.1317	-0.0192
0.0192	0.1335	-0.6623	5.2803	0.3774	0.0132	10001564	2.4000	10001573	0.0430	-0.6226	5.2803	-0.5568	0.1335	-0.0333
0.0190	0.1330	-0.6590	5.2572	0.3722	0.0131	10001529	2.4010A	10001538	0.0443	-0.6278	5.2572	-0.5535	0.1330	-0.0336
0.0082	0.0857	-0.4166	3.3874	0.1604	0.0039	10001530	2.4500A	10001539	0.0827	-0.8396	3.3874	-0.3089	0.0857	-0.0454
0.0082	0.0857	-0.4166	3.3874	0.1604	0.0039	10001565	2.4500	10001574	0.0833	-0.8396	3.3874	-0.3089	0.0857	-0.0454
0.0025	0.0354	-0.1703	1.3996	0.0485	0.0011	10001531	2.5000A	10001540	0.1300	-0.9515	1.3996	-0.0604	0.0354	-0.0522
0.0025	0.0354	-0.1703	1.3996	0.0485	0.0011	10001566	2.5000	10001575	0.1305	-0.9515	1.3996	-0.0604	0.0354	-0.0522
0.0006	0.0100	-0.0476	0.3940	0.0107	0.0004	10001532	2.5490A	10001541	0.1779	-0.9893	0.3940	0.0644	0.0100	-0.0553
0.0005	0.0097	-0.0462	0.3824	0.0104	0.0003	10001567	2.5500	10001576	0.1792	-0.9896	0.3824	0.0659	0.0097	-0.0553
0.0001	0.0019	-0.0092	0.0763	0.0017	0.0003	10001533	2.5980A	10001542	0.2261	-0.9983	0.0763	0.1050	0.0019	-0.0568
0.0001	0.0018	-0.0085	0.0708	0.0016	0.0002	10001568	2.6000	10001577	0.2288	-0.9984	0.0708	0.1058	0.0018	-0.0569
0.0000	0.0002	-0.0011	0.0091	0.0002	0.0002	10001569	2.6500	10001578	0.2787	-0.9998	0.0091	0.1154	0.0002	-0.0580
0.0000	0.0000	-0.0001	0.0008	0.0000	0.0002	10001617	2.7000	10001618	0.3282	-1.0000	0.0008	0.1186	0.0000	-0.0591

图 3-13

在信息标签界面，可以看到期权到期日、行权终止日、行权方式、合约单位、行权价格、预估保证金、交易状态等信息，如图 3-14 所示。

行情 指标 风险 信息 合约选择 50ETF 2019年01月（7天） 标的名称: 50ETF 最新价: 2.374 涨跌: 0.004 幅度: 0.17% 成交量: 4770962 持仓量: -- 金额: 11.30亿

合约单位	行权方式	行权终止日	期权到期日	最新	代码	购<行权价>沽↑	代码	最新	期权到期日	行权终止日	行权方式	合约单位
10000	欧式	20190123	20190123	0.3201	10001665	2.0500	10001666	0.0001	20190123	20190123	欧式	10000
10000	欧式	20190123	20190123	0.2704	10001641	2.1000	10001642	0.0002	20190123	20190123	欧式	10000
10000	欧式	20190123	20190123	0.2200	10001633	2.1500	10001634	0.0002	20190123	20190123	欧式	10000
10000	欧式	20190123	20190123	0.1709	10001625	2.2000	10001626	0.0005	20190123	20190123	欧式	10000
10202	欧式	20190123	20190123	0.1657	10001525	2.2050A	10001534	0.0003	20190123	20190123	欧式	10202
10000	欧式	20190123	20190123	0.1216	10001561	2.2500	10001570	0.0010	20190123	20190123	欧式	10000
10202	欧式	20190123	20190123	0.1177	10001526	2.2540A	10001535	0.0011	20190123	20190123	欧式	10202
10000	欧式	20190123	20190123	0.0746	10001562	2.3000	10001571	0.0046	20190123	20190123	欧式	10000
10202	欧式	20190123	20190123	0.0729	10001527	2.3030A	10001536	0.0047	20190123	20190123	欧式	10202
10000	欧式	20190123	20190123	0.0367	10001563	2.3500	10001572	0.0164	20190123	20190123	欧式	10000
10202	欧式	20190123	20190123	0.0356	10001528	2.3520A	10001537	0.0179	20190123	20190123	欧式	10202
10000	欧式	20190123	20190123	0.0132	10001564	2.4000	10001573	0.0430	20190123	20190123	欧式	10000
10202	欧式	20190123	20190123	0.0131	10001529	2.4010A	10001538	0.0443	20190123	20190123	欧式	10202
10202	欧式	20190123	20190123	0.0039	10001530	2.4500A	10001539	0.0827	20190123	20190123	欧式	10202
10000	欧式	20190123	20190123	0.0039	10001565	2.4500	10001574	0.0833	20190123	20190123	欧式	10000
10202	欧式	20190123	20190123	0.0011	10001531	2.5000A	10001540	0.1300	20190123	20190123	欧式	10202
10000	欧式	20190123	20190123	0.0011	10001566	2.5000	10001575	0.1305	20190123	20190123	欧式	10000
10202	欧式	20190123	20190123	0.0004	10001532	2.5490A	10001541	0.1779	20190123	20190123	欧式	10202
10000	欧式	20190123	20190123	0.0003	10001567	2.5500	10001576	0.1792	20190123	20190123	欧式	10000
10202	欧式	20190123	20190123	0.0003	10001533	2.5980A	10001542	0.2261	20190123	20190123	欧式	10202
10000	欧式	20190123	20190123	0.0002	10001568	2.6000	10001577	0.2288	20190123	20190123	欧式	10000
10000	欧式	20190123	20190123	0.0002	10001569	2.6500	10001578	0.2787	20190123	20190123	欧式	10000
10000	欧式	20190123	20190123	0.0002	10001617	2.7000	10001618	0.3282	20190123	20190123	欧式	10000

图 3-14

下面我们简单介绍一下在实际交易中比较常用的指标。

- 成交量——展示不同合约的参与度情况，一般而言，在平值附近成交量会比较活跃。

- 持仓量——可以显示当前合约持仓情况，在一定程度上反映投资者对未来标的点位的看法。

- 仓差——反映前后合约持仓的变动情况。

- 预估保证金——对卖方投资者比较实用，估算大致卖出开仓该合约所需的保证金金额。

- 隐含波动率——隐含波动率是通过 BS 公式根据当前价格反推出来的，类似于股票的市盈率。隐含波动率越高，则说明该合约买方力量越强，价格容易被高估；隐含波动率越低，则说明该合约卖方强、买方弱，价格容易被低估。一般而言，不同客户端上的隐含波动率的算法不同，在操作时不建议参考其绝对值的高低，但在同一客户端上的同一合约历史水平、不同合约当前水平的隐含波动率可以参考，因为计算方法是一样的。

- 期权理论价——期权理论价与隐含波动率正好相反，它也是根据 BS 公式计算出来的，但从实际交易来看，偏差比较大，故在操作时借鉴意义不大。

- 杠杆比率——用标的价格除以权利金，是指把购买股票的资金用来购买期权，所提高的资金利用率。杠杆比率、真实杠杆率都是比较直观的、方便买方投资者参考的指标。

- 真实杠杆率——真实杠杆率是在杠杆比率的基础上，乘以期权价格对正股价格变动的敏感程度（即 Delta）。为什么要乘以敏感程度？是因为我们发现当标的价格上涨 1 时，期权价格并非也上涨 1，而且不同的期权合约不尽相同。此时为考虑期权合约真实的变动情况，我们引入真实杠杆率的概念，以便能真实地表现出该合约实际带来的资金杠杆。

2. 合约行情报价

在行情报价界面输入某一合约代码、简称，或者在 T 型报价、传统报价等界面双击某一合约，即可进入单一合约的报价界面。界面默认展示分时图画面，下方展示成交量和波动率日内变化，右侧提供委托报价、成交等具体信息，如图 3-15 所示。

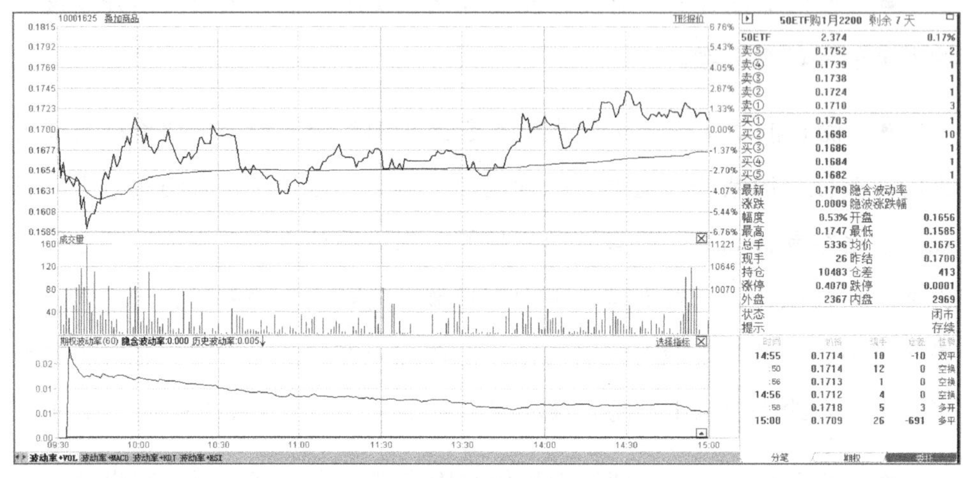

图 3-15

很多熟悉股票交易的投资者可能对多开、双平等概念不太熟悉，下面简单解释一下。

- 多开指持仓量增加，但仓差小于现量，且为主动买盘成交。
- 空开指持仓量增加，但仓差小于现量，且为主动卖盘成交。
- 双开指持仓量增加，且仓差等于现量。
- 双平指持仓量减少，且负仓差绝对值等于现量。
- 多换指持仓量不变，仓差为零，且为主动买盘成交。
- 空换指持仓量不变，仓差为零，且为主动卖盘成交。
- 多平指持仓量减少，负仓差绝对值小于现量，且为主动卖盘成交。
- 空平指持仓量减少，负仓差绝对值小于现量，且为主动买盘成交。

在界面右下方有标签可以切换，期权标签显示了当前合约的一些具体指标信息，比如点击“委托”可以直接在当前页面进行委托交易，如图 3-16 所示。

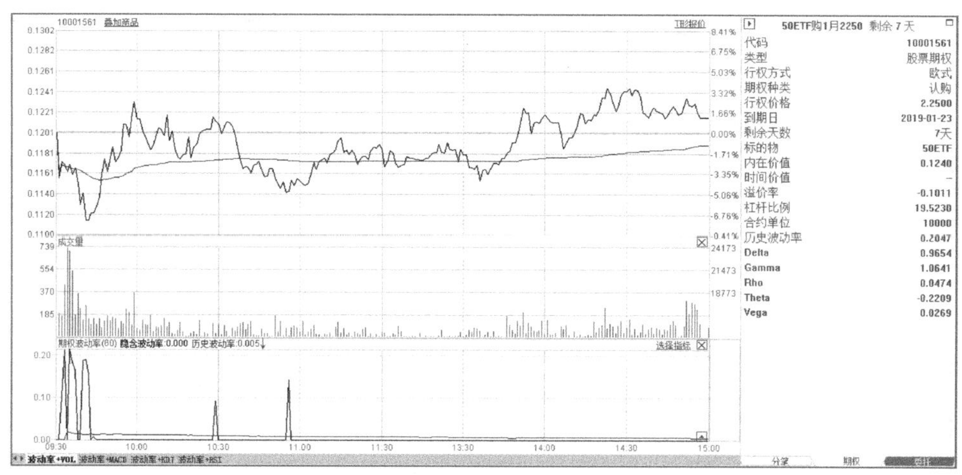

图 3-16

在 T 型报价界面按 F5 键即可进入 K 线图界面，如图 3-17 所示。

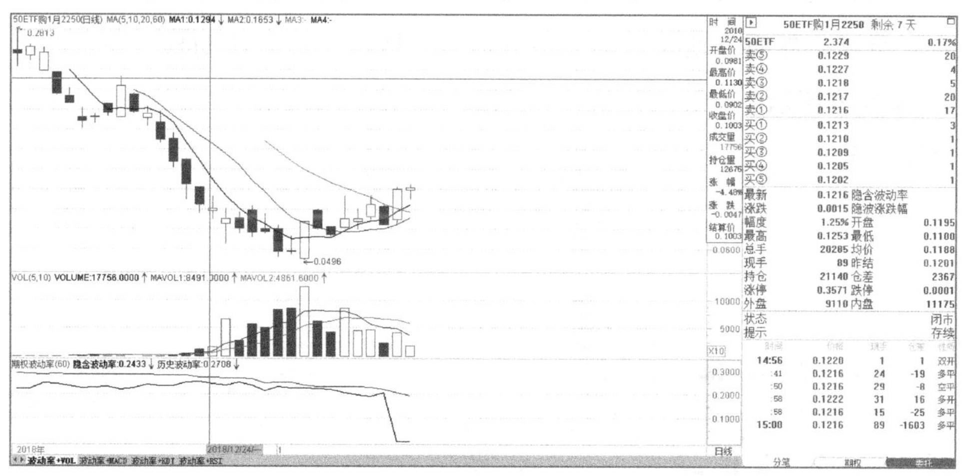

图 3-17

3. 其他报价

传统报价界面——接近传统股票的整体报价界面，方便投资者使用，如图 3-18 所示。

代码	名称	最新	涨跌	涨幅%	溢价率	杠杆比率	买价	买量	卖价	卖量	现量	总量	持仓量	交易状态	时间价值
10001417	50ETF购3月2352A	0.0905	-0.0024	-2.58	2.8054	26.23	0.0897	1	0.0908	5	9	853	3250	闭市	0.0685
10001418	50ETF购3月2401A	0.0651	-0.0025	-3.70	3.8795	36.47	0.0642	1	0.0653	1	1	701	5147	闭市	0.0651
10001419	50ETF购3月2450A	0.0451	-0.0020	-4.25	5.1011	52.64	0.0452	5	0.0453	1	8	3090	8085	闭市	0.0451
10001420	50ETF购3月2500A	0.0300	-0.0024	-7.41	6.5712	79.13	0.0295	1	0.0300	4	1	2580	7794	闭市	0.0300
10001421	50ETF购3月2549A	0.0197	-0.0024	-10.86	8.2013	120.51	0.0194	1	0.0197	54	6	2533	8466	闭市	0.0197
10001422	50ETF购3月2598A	0.0129	-0.0021	-14.00	9.9789	184.03	0.0126	2	0.0129	10	1	1042	7333	闭市	0.0129
10001423	50ETF购3月2647A	0.0086	-0.0016	-15.69	11.8618	276.05	0.0083	1	0.0087	2	1	1812	8199	闭市	0.0086
10001424	50ETF购3月2696A	0.0057	-0.0012	-17.39	13.8037	416.49	0.0057	1	0.0058	4	1	1851	11630	闭市	0.0057
10001425	50ETF购3月2745A	0.0046	-0.0006	-11.54	15.8214	516.09	0.0046	19	0.0047	101	4	2914	24333	闭市	0.0046
10001426	50ETF沽3月2352A	0.0563	-0.0048	-7.86	3.2982	42.17	0.0557	1	0.0567	1	1	1199	4236	闭市	0.0563
10001427	50ETF沽3月2401A	0.0793	-0.0051	-6.04	2.2030	29.94	0.0792	1	0.0799	1	1	410	2271	闭市	0.0523
10001428	50ETF沽3月2450A	0.1085	-0.0046	-4.07	1.3690	21.88	0.1085	10	0.1086	1	1	299	2389	闭市	0.0325
10001429	50ETF沽3月2500A	0.1433	-0.0046	-3.11	0.7287	16.57	0.1420	1	0.1434	1	2	344	2006	闭市	0.0173
10001430	50ETF沽3月2549A	0.1809	-0.0053	-2.85	0.2485	13.12	0.1805	1	0.1821	1	2	249	2727	闭市	0.0059
10001431	50ETF沽3月2598A	0.2244	-0.0058	-2.52	0.0168	10.58	0.2223	1	0.2239	1	2	259	1110	闭市	0.0004
10001432	50ETF沽3月2647A	0.2688	-0.0082	-2.96	-0.1769	8.83	0.2688	2	0.2729	1	1	123	2100	闭市	–
10001433	50ETF沽3月2696A	0.3110	-0.0150	-4.60	-0.4634	7.63	0.3124	1	0.3143	1	8	117	1948	闭市	–
10001434	50ETF沽3月2745A	0.3603	-0.0147	-3.92	-0.4507	6.59	0.3593	1	0.3614	1	1	134	4446	闭市	–
10001435	50ETF购3月2303A	0.1218	-0.0013	-1.06	2.1398	19.49	0.1205	1	0.1219	1	10	367	1318	闭市	0.0508
10001436	50ETF沽3月2303A	0.0385	-0.0041	-9.62	4.6125	61.66	0.0380	2	0.0388	1	4	699	2697	闭市	0.0385
10001437	50ETF购3月2254A	0.1572	0.0003	0.19	1.5670	15.10	0.1561	1	0.1576	1	1	527	1867	闭市	0.0372
10001438	50ETF沽3月2254A	0.0254	-0.0028	-9.93	6.1247	93.46	0.0253	1	0.0255	5	10	1727	3818	闭市	0.0254
10001439	50ETF购3月2205A	0.1971	0.0011	0.56	1.1837	12.04	0.1956	1	0.1972	1	5	331	2236	闭市	0.0281
10001440	50ETF沽3月2205A	0.0164	-0.0020	-10.87	7.8096	144.76	0.0161	1	0.0164	1	1	1716	10562	闭市	0.0164
10001441	50ETF购3月2156A	0.2396	0.0018	0.76	0.9098	9.91	0.2382	1	0.2399	1	2	362	6565	闭市	0.0216
10001442	50ETF沽3月2156A	0.0103	-0.0014	-11.97	9.6167	230.49	0.0100	3	0.0104	1	1	2853	21848	闭市	0.0103

图 3-18

正股关联界面——由于期权交易在很大程度上要看标的的走势和预期，所以此界面方便投资者一边看标的行情，一边关注期权交易机会，如图 3-19 所示。

合约选择：50ETF　2019年01月（7天）　标的名称：50ETF　最新价：2.374　涨跌：0.004　幅度：0.17%

卖价	买价	涨幅%	涨跌	最新	购<行权价>沽	最新	涨跌	涨幅%	买价	卖价
0.0361	0.0356	-3.78	-0.0014	0.0356	2.3520A	0.0179	-0.0030	-14.35	0.0176	0.0179
0.0133	0.0132	-11.41	-0.0017	0.0132	2.4000	0.0430	-0.0037	-7.92	0.0429	0.0430
0.0131	0.0128	-11.49	-0.0017	0.0131	2.4010A	0.0443	-0.0031	-6.54	0.0434	0.0436
0.0040	0.0039	-17.02	-0.0008	0.0039	2.4500A	0.0827	-0.0045	-5.16	0.0822	0.0831
0.0039	0.0038	-17.02	-0.0008	0.0039	2.4500	0.0833	-0.0039	-4.47	0.0830	0.0833
0.0011	0.0009	-35.29	-0.0006	0.0011	2.5000A	0.1300	-0.0032	-2.40	0.1300	0.1302
0.0012	0.0011	-35.29	-0.0006	0.0011	2.5000	0.1305	-0.0027	-2.03	0.1305	0.1308
0.0005	0.0003	-42.86	-0.0003	0.0004	2.5490A	0.1779	-0.0029	-1.60	0.1771	0.1785
0.0003	0.0002	-50.00	-0.0003	0.0003	2.5500	0.1792	-0.0034	-1.86	0.1781	0.1795
0.0003	0.0001	-25.00	-0.0001	0.0003	2.5980A	0.2261	-0.0041	-1.78	0.2257	0.2273
0.0003	0.0002	-33.33	-0.0001	0.0002	2.6000	0.2288	-0.0024	-1.04	0.2277	0.2293
0.0002	0.0001	-33.33	-0.0001	0.0002	2.6500	0.2787	-0.0025	-0.89	0.2775	0.2792
0.0002	0.0001	0.00	0.0000	0.0002	2.7000	0.3282	-0.0038	-1.14	0.3273	0.3292

代码	名称	涨幅%	最新	涨跌	买价	卖价
510050	50ETF	0.17	2.374	0.004	2.373	2.374
600104	上汽集团	1.23	25.45	0.31	25.44	25.45
601318	中国平安	0.26	58.74	0.15	58.73	58.74
510180	180ETF	0.00	2.867	0.000	2.863	2.868
510300	XD300ETF	0.00	3.129	0.000	3.129	3.130
159901	深100ETF	-0.03	3.475	-0.001	3.474	3.475
159902	中小板	-0.33	2.388	-0.008	2.388	2.389
159915	创业板	-0.16	1.214	-0.002	1.214	1.215
159919	300ETF	0.03	3.120	0.001	3.119	3.120

50ETF(日线) MA(5,10,20,60) MA1:2.349↑ MA2:2.325↑ MA3:2.316↓ MA4:2.427↓

VOL(5,10) VOLUME:4770962.240↓ MAVOL1:6446779.328↓ MAVOL2:6949232.7

MACD(12,26,9) DIF:-0.016↑ DEA:-0.031↑ MACD:0.015↑

510050 50ETF

委比	-46.03%	委差	-84638
卖⑤	2.378		22133
卖④	2.377		19874
卖③	2.376		33488
卖②	2.375		54024
卖①	2.374		4731
买①	2.373		15576
买②	2.372		8822
买③	2.371		6099
买④	2.370		11188
买⑤	2.369		7927
现价	2.374	今开	2.368
涨跌	0.004	最高	2.377
涨幅	0.17%	最低	2.357
涨停	2.607	跌停	2.133
总量	4770962	量比	0.630
外盘	1942124	内盘	2828838
IOPV	2.376	昨PV	2.372
PV涨	0.004	PV幅	0.17
溢价	-0.002	溢率	-0.08

14:59	2.373	1548	S
:34	2.373	5200	S
:37	2.374	602	B
:40	2.373	83	S
:43	2.373	1162	S
:46	2.373	300	S
:49	2.374	126	B
:55	2.374	284	B
:58	2.374	23	B

图 3-19

（二）分析工具

1. 期权策略交易

投资者很多时候是以策略组合的形式来交易期权的，可以借助软件中期权策略交易的功能来辅助对策略的选择，如图 3-20 所示。

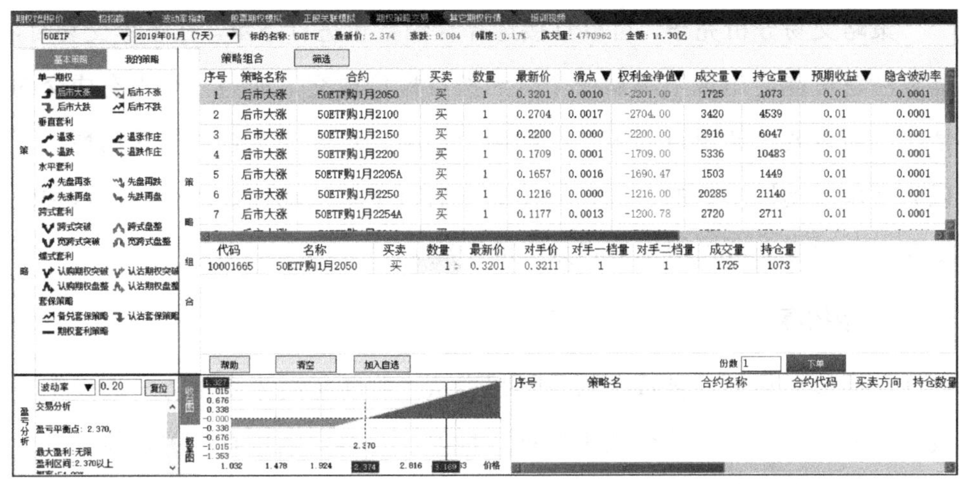

图 3-20

进入期权策略交易界面后，可以在策略选择界面中，找到自己感兴趣的策略。目前，界面提供了买入认购、卖出认购、买入认沽、卖出认沽、认购/沽牛市价差、认购/沽熊市价差、正/反向日历策略、买入/卖出跨式、买入/卖出宽跨式、买入/卖出蝶式、套保套利等策略，每个策略前还简单标注了适合的预期标的走势。我们也可以将自定义策略加入“我的策略”中，方便在后续操作时直接使用。

在选定策略后，我们可以在界面顶部区域选择标的、期限，在策略组合区域会给出符合要求的具体合约，然后可以筛选或者自行比较不同合约，以确定哪种策略更符合自己的想法。

在比较策略时可以参考的内容，除了策略组合区域的预期收益、滑点、预估保证金等信息外，还可以结合界面中的盈亏分析、图形展示功能来辅助决策。盈亏分析会给出理论计算的盈亏平衡点、最大盈利/亏损、盈利/亏损区间、盈利/亏损概率等。图形展示则会给出比较直观的到期损益图、盈亏概率图等。

策略交易分析完毕，可以直接选择合约数量进行下单。在下单交易时，需要注意可能会出现下单后一个合约按目标价成交，而另一个没有成交的情况，所以要注意滑点问题。在实际交易中，还要注意合约的流动性，可以先下单流动性不好的合约，等待成交后再下单流动性好的合约，这种做法在一定程度上可以缓解滑点太大的情况。

2. 招招赢

在期权交易中，多数时候我们都遵从“判断标的未来走势—选择策略及合约—下单交易”的步骤来进行。目前，在客户端也有相关功能且执行方便，比如招招赢功能，如图 3-21 所示。

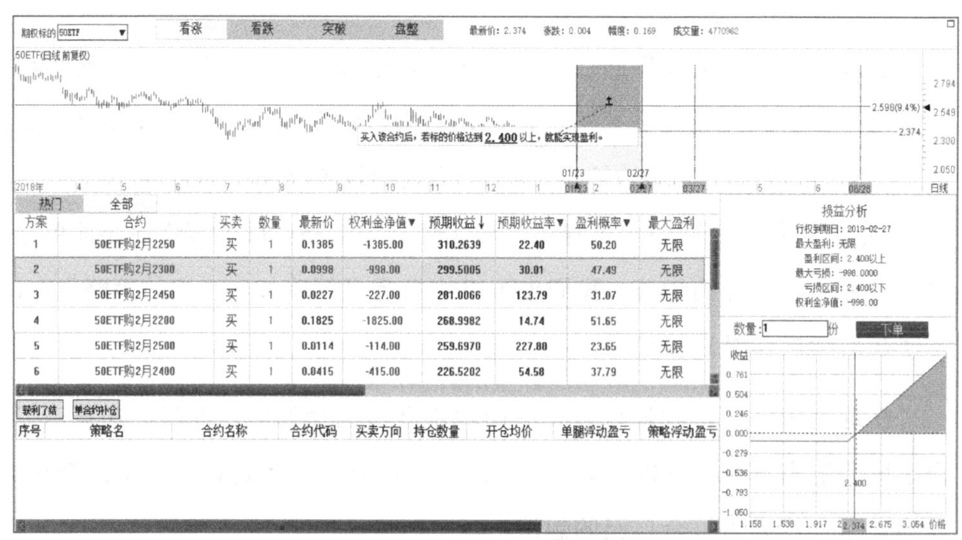

图 3-21

简单的交易操作步骤：首先在界面左上角选择期权标的，然后从“看涨”“看跌”“突破”“盘整”中选择大致看法，之后在 K 线图中调整压力位、支撑位、时间线等，得到比较符合自己对未来标的走势的看法。最后在 K 线图下方提供的符合看法的合约中，结合右边的损益分析、图形展示，选择合约进行交易。

（三）下单交易

1. 下单交易方式

在客户端，一般都会提供多种下单交易的方式，比较常用的方式如下。

（1）T 型报价界面下方显示的委托交易方式，如图 3-22 所示。

图 3-22

（2）单一合约报价界面下方显示的委托交易方式，如图 3-23 所示。

（3）单一合约报价界面显示的快速委托交易方式，如图 3-24 所示。

（4）单击鼠标右键的委托交易方式，如图 3-25 所示。

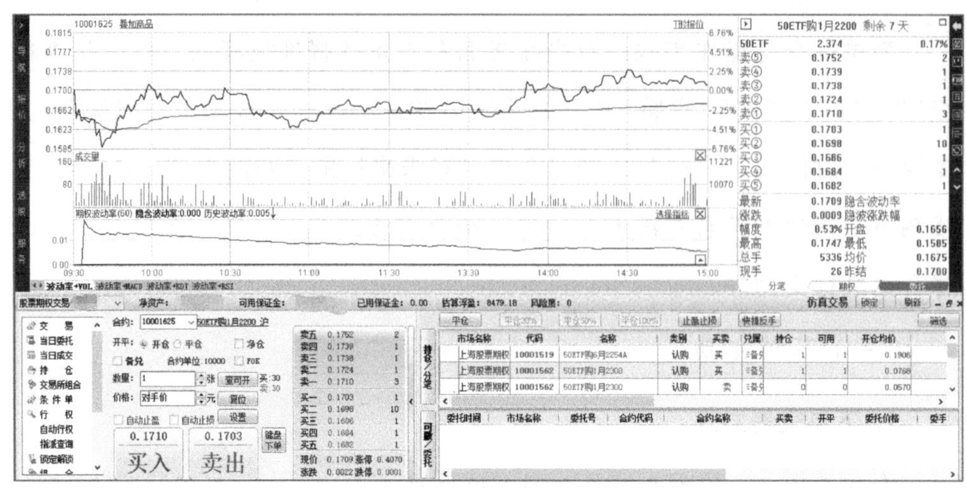

图 3-23

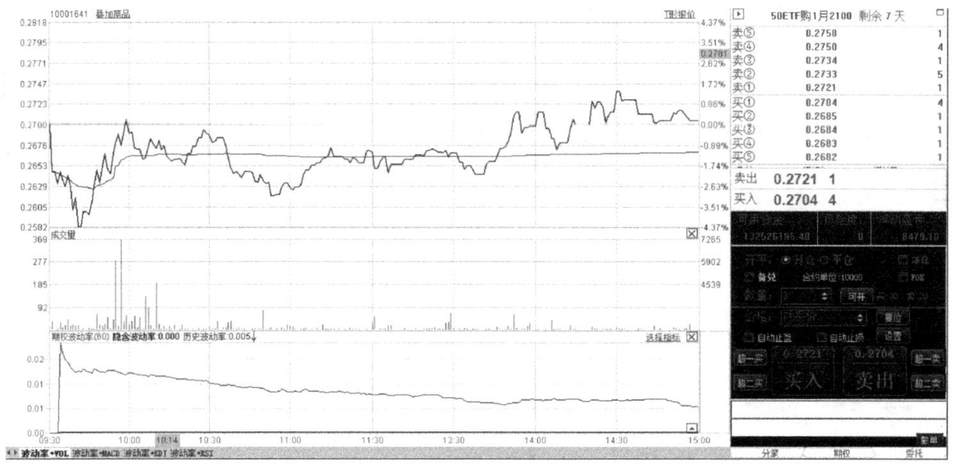

图 3-24

2. 下单交易说明

我们要注意，期权不同于股票，买入是开仓、卖出是平仓。在操作时需要注意选择是开仓还是平仓、是否勾选备兑等。对于权利方/买方而言，开仓时为买入开仓，平仓时为卖出平仓；对于义务方/卖方而言，开仓时为卖出开仓，平仓时为买入平仓；对于备兑客户而言，还需要提前进行证券锁定，开仓时勾选备兑进行备兑开仓，平仓时为备兑平仓，如图 3-26 和

图 3-27 所示。

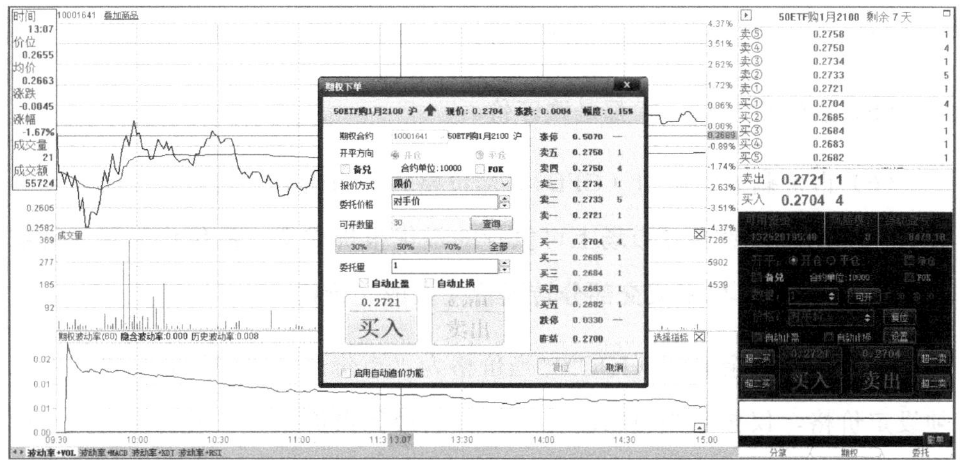

图 3-25

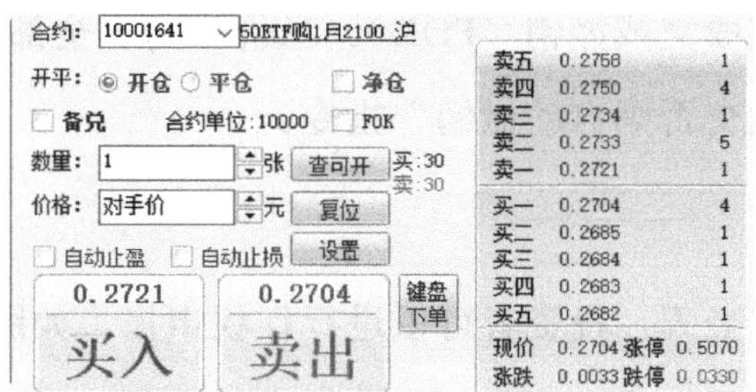

图 3-26

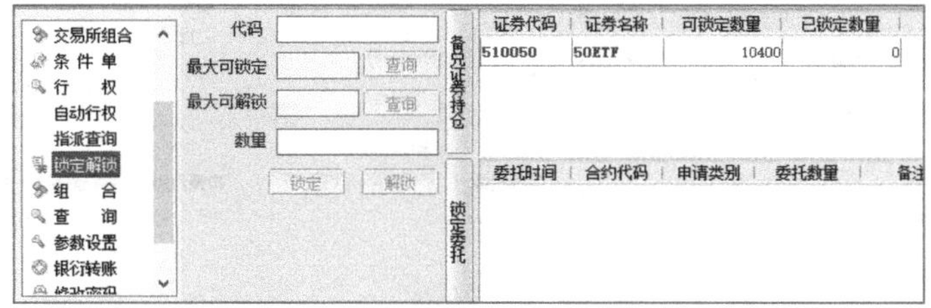

图 3-27

另外，期权提供的委托方式比较特殊，具体如下。

（1）对手价。如为买入，则为卖一价；如为卖出，则为买一价。

（2）最新价。买、卖最新价为最近的成交价格。

（3）挂单价。如为买入，则为买一价；如为卖出，则为卖一价。

（4）涨停价。买、卖都是涨停价。

（5）跌停价。买、卖都是跌停价。

（6）市价剩余转限价（GFD）。当价格为“市价剩余转限价”时，无须设定价格，仅按照当时市场上可执行的最优报价成交（最优价为买一价或卖一价）。市价订单未成交部分转限价（按成交价格申报）。

（7）市价剩余撤销（IOC）。当价格为“市价剩余撤销”时，投资者无须设定价格，仅按照当时市场上可执行的最优报价成交（最优价为买一价或卖一价），市价订单未成交部分自动撤销。

（8）市价全部成交或撤销（FOK）。当价格为“全部成交或撤销”时，执行“立即全部成交否则自动撤销”指令。

3. 行权指派

在行权交收日当天，投资者可以进行行权申报，如图3-28所示，选择要行权的合约及数量，点击“行权”按钮进行申报。

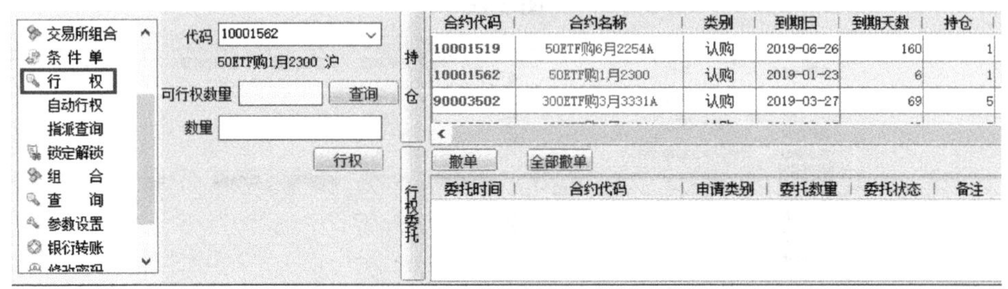

图3-28

除此之外，还可以通过“自动行权”功能设置行权条件，当符合条件时，系统会自动触发行权操作，无须再手工申报。

另外，如果在到期时仍持有到期合约卖方，则需关注被指派情况，可以通过“指派查询”查看。

4. 常见的委托失败原因

很多投资者在期权下单交易中，常会遇到下单失败的问题，究其原因，主要是如下几种。

（1）可用资金不足。

（2）买入额度不足。目前 50ETF 期权对买方持有的权利仓对应的总成交金额有限制，不能超过该个人投资者托管在对应期权经营机构的自有资产余额的一定比例，比例最高是 30%。

（3）限仓额度不足。目前新开立沪市期权合约账户的投资者，权利仓持仓限额为 20 张，总持仓限额为 50 张，单日买入开仓限额为 100 张。后续可以根据风险承受能力、交易量、资产量等指标申请调高，最高可达 10000 张。

（4）单笔委托申报数量超限。目前上证 50ETF 期权交易限价申报的单笔申报最大数量为 30 张，市价申报的单笔申报最大数量为 10 张。如果单笔委托超过这个数量，则会出现委托失败的情况，这种情形可通过设置拆单来解决，如图 3-29 所示。

5. 条件单

很多投资者都遇到过这样的问题：如果预期标的跌破一定支撑位，那么走势向下的概率就会很大，此时开仓要看空仓位或平掉手头的看多仓位；如果标的上涨超过一定的压力位，那么走势继续向上的概率就会很大，此时开仓要看多仓位或者平掉手中的看空仓位。但因为时间问题，无法实时在电脑前盯市，常常导致不能把握住机会或止损无法执行下去。那么，此时该怎么改变这种局面呢？

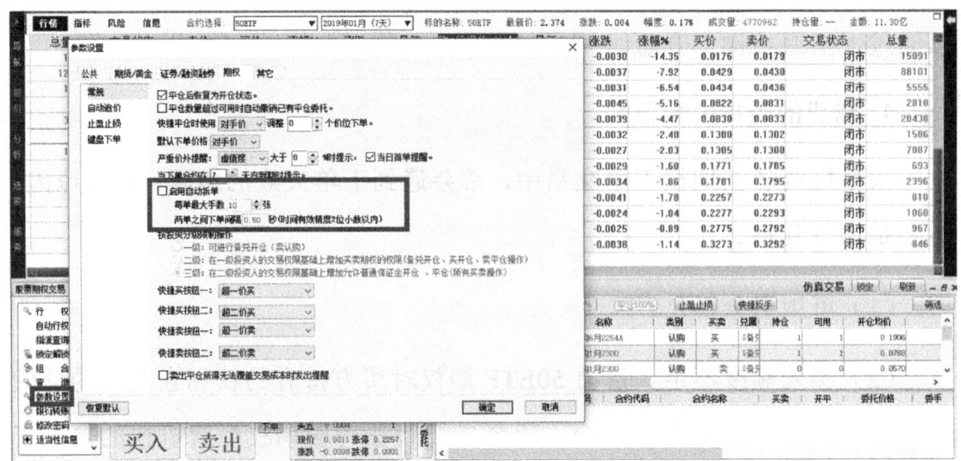

图 3-29

目前，部分客户端提供了条件单功能，即设置好某些条件，然后运行，一旦行情触发条件单，客户端就会自动执行预设好的操作，这对于没时间盯盘的投资者来讲是一个很方便的工具，如图 3-30 所示。

图 3-30

例如，设置期权标的最新价 1 笔达到 2.4 元及以上，就买入开仓行权价为 2.4 元的认购合约 1 张，然后由客户端执行该条件单。如果盘中 50ETF 价格达到 2.4 元就会触发该条件单，顺利实现下单。

在使用条件单功能时，需要注意有效期和保持软件登录状态。

6. 止盈止损

前文中我们提到期权交易对交易纪律的要求很高，严格设置止盈止损并执行是控制风险的基本要求。在客户端，可以通过设置止盈止损的方式帮助我们严格执行交易纪律。

如图 3-31 所示，在下单交易时即可以点击设置“预设止盈止损”，可选的方式有绝对价格止损止盈、相对价位止盈/止损等。除此之外，还可以在持仓合约列表中，单击鼠标右键在弹出的设置框中选择止盈止损，为持仓合约设置条件。

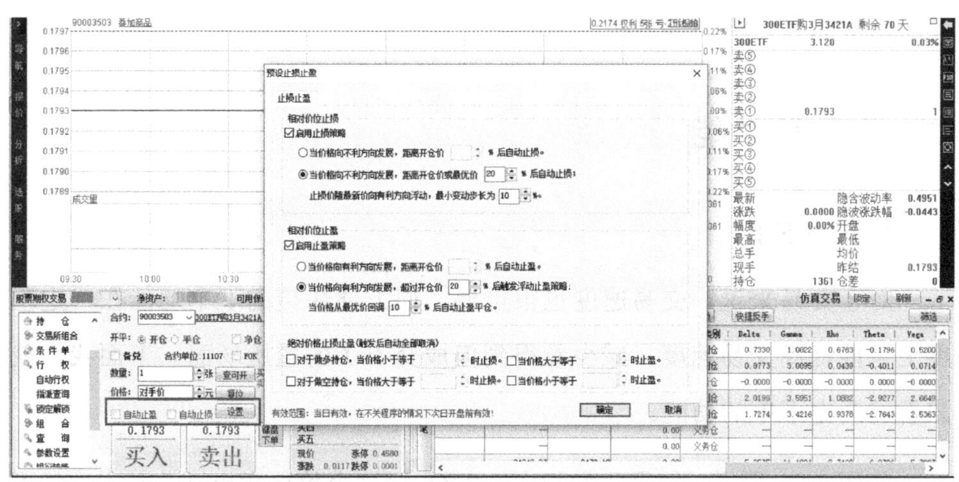

图 3-31

需要注意的是，止盈止损设置也需要软件在登录状态，另外还可以在持仓列表中检查止盈止损是否正常运行，防止出现设置了止盈止损但未运行的情况。如图 3-32 所示，在止盈止损运行时，在合约的市场名称左面会出现一个特定运行标志，点击该标志可以暂停止盈止损。

平仓1张 平仓1张 平仓2张 平仓5张 止盈止损 快捷反手 筛选

市场名称	代码	名称	类别	买卖	兑属	持仓	可用	开仓均价
上海股票期权	10001519	50ETF购6月2254A	认购	买	备兑	1	1	0.1906
上海股票期权	10001562	50ETF购1月2300	认购	买	备兑	1	1	0.0768
暂停止盈止损	10001562	50ETF购1月2300	认购	卖	备兑	0	0	0.0570

平仓1张 平仓1张 平仓1张 平仓1张 止盈止损 快捷反手 筛选

市场名称	代码	名称	类别	买卖	兑属	持仓	可用	开仓均价
上海股票期权	10001519	50ETF购6月2254A	认购	买	备兑	1	1	0.1906
上海股票期权	10001562	50ETF购1月2300	认购	买	备兑	1	1	0.0768
启动止盈止损	10001562	50ETF购1月2300	认购	卖	备兑	0	0	0.0570

图 3-32

以上是在实际交易中通用版常用到的部分功能，另外还有很多功能与股票交易等的功能比较类似，就不做过多介绍。下面我们再来以 Qwin 为例介绍高阶版客户端的部分实用功能。

二、高阶版功能

1. 闪电下单

对于交易来说，交易速度也很重要，而方便快捷的下单功能在一定程度上也能提高交易速度，减少看得到但成交不了的尴尬场面。下面我们就来看看闪电下单的功能。

如图 3-33 所示，如果我们想在 0.0368 元这个价位卖出开仓挂单，就可以直接点击 0.0368 右边紧邻的小方格，即可完成 5 张卖出开仓的下单，无须再点开委托交易界面输入数量确认下单。如果我们想在 0.0365 元这个价位买入开仓挂单，可以直接点击 0.0365 左边紧邻的小方格，即可完成 5 张买入开仓的下单。如果想撤销挂单，则可以在“自买单”“自卖单”等有挂单的地方双击鼠标左键即可删除订单。如果想删除所有买单，则可以在“自买单”栏最下方、“委买数”左边的数字上双击鼠标左键，删除所有买单；如果想删除卖单，则在“自卖单”栏最下方、“委卖数”右边数字上双击鼠标左键，删除所有卖单。如果想同时删除全部买/卖挂单，则可以点击“全删”，删除所有。

图 3-33

2. 总持仓分析

在进行期权交易时，很多投资者往往今天开仓几张认购合约，明天做几组价差组合，后天又加仓几张其他合约，最后发现自己持有众多合约但不知道是市场涨了赚钱还是市场跌了赚钱，此时就需要对总持仓的情况进行梳理。

Qwin 上提供了对总持仓的分析，从$Delta、1%$Gamma、$Vega、$Theta等角度衡量总持仓组合，如图 3-34 所示。

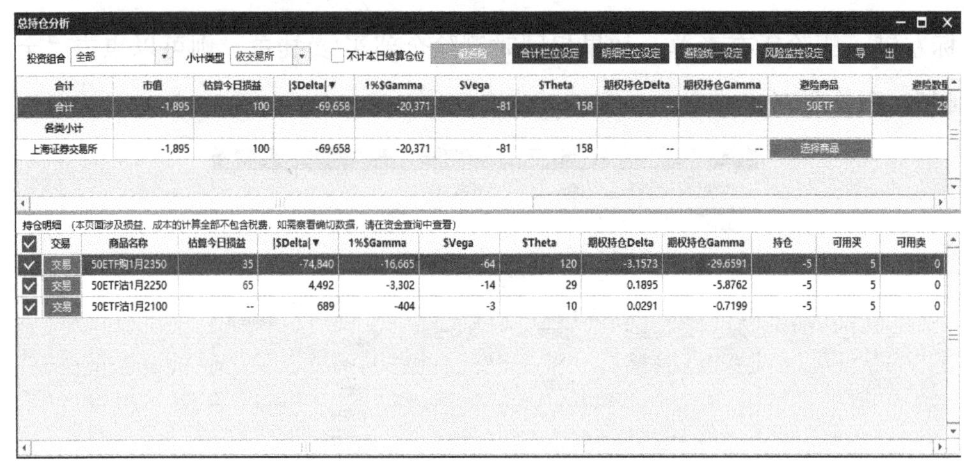
总持仓分析

投资组合 全部 小计类型 依交易所 不计本日结算仓位 合计栏位设定 明细栏位设定 避险统一设定 风险监控设定 导 出

合计	市值	估算今日损益	|$Delta|▼	1%$Gamma	$Vega	$Theta	期权持仓Delta	期权持仓Gamma	避险商品	避险数量
合计	-1,895	100	-69,658	-20,371	-81	158	--	--	50ETF	29
各类小计										
上海证券交易所	-1,895	100	-69,658	-20,371	-81	158	--	--	选择商品	

持仓明细 （本页面涉及损益、成本的计算全部不包含税费，如需察看确切数据，请在资金查询中查看）

交易	商品名称	估算今日损益	|$Delta|▼	1%$Gamma	$Vega	$Theta	期权持仓Delta	期权持仓Gamma	持仓	可用买	可用卖
交易	50ETF购1月2350	35	-74,840	-16,665	-64	120	-3.1573	-29.6591	-5	5	0
交易	50ETF沽1月2250	65	4,492	-3,302	-14	29	0.1895	-5.8762	-5	5	0
交易	50ETF沽1月2100	--	689	-404	-3	10	0.0291	-0.7199	-5	5	0

图 3-34

- $Delta——代表组合整体做多或做空的市值大小。例如，标的变动1%，对应的$Delta 为 1 万元的组合市值大致变动 100 元。

- 1%$Gamma——代表标的变动带来$Delta 的变动大小。例如，标的变动 1%，对应的$Delta 为 1 万元、1%$Gamma 为 2000 元的组合$Delta 会变为 1.2 万元（10000 元+2000 元=12000 元）。

- $Vega——代表标的波动率变动对组合获利的影响。例如，波动率变动 1 个点，则对应的$Vega 为 100 的组合市值大致盈利变动 100 元。

- $Theta——代表时间流逝对组合获利的影响。例如，每过一天，对应的$Theta 为 100 的组合市值大致盈利变动 100 元。

通过对总持仓的定量分析，投资者可以方便地看清方向、时间、波动率变动时对自己持仓盈亏的影响。

3. 图形分析

除了总持仓分析以外，投资者还可以就自己持仓或选定投资组合进行图形分析。

如图 3-35 和图 3-36 所示，投资者可以在自己持仓的基础上，增加虚拟持仓，然后看变动后组合的到期损益、各种指标情况。

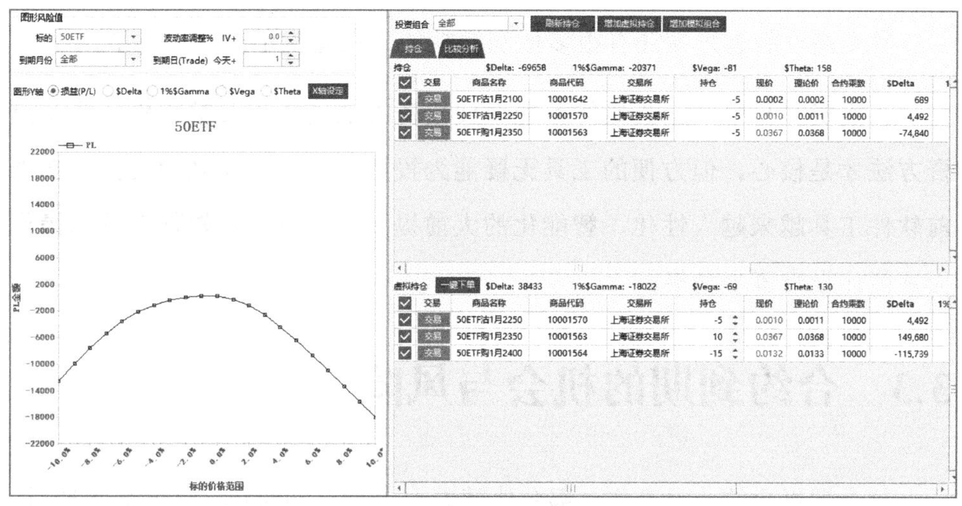

图 3-35

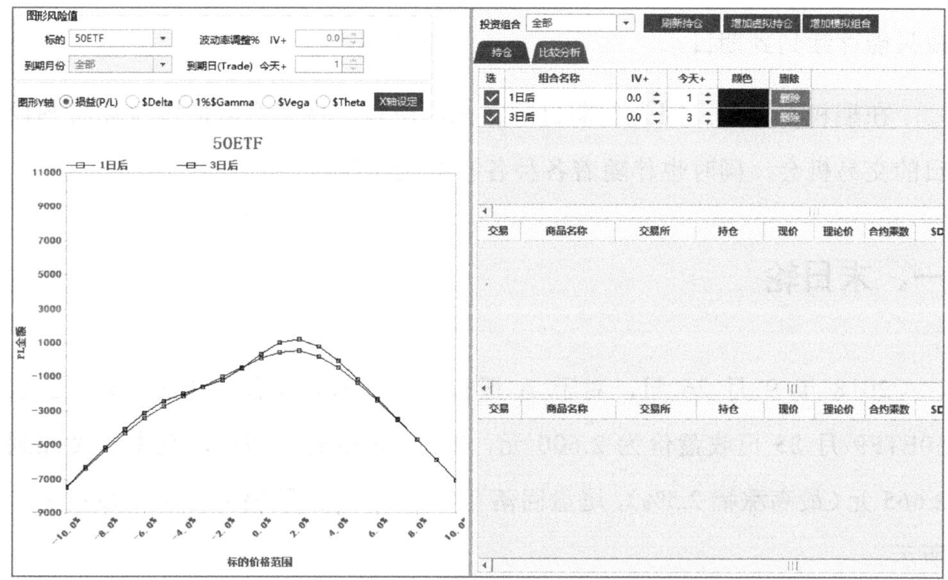

图 3-36

另外，还可以添加模拟组合，然后在图形上直观地进行差异比较，辅助决策。

其实高阶版客户端还有很多便利的功能，在此就不一一列举了。

在投资交易中，工具始终不能替代投资方法而成为关键因素，毕竟投资方法才是核心，但方便的工具无疑能为投资提供更多便利和支持。在当前软件工具越来越人性化、智能化的大前提下，掌握好对软件工具的操作无疑能让投资事半功倍。

3.3 合约到期的机会与风险

每个期权合约一旦产生，都会伴随着一个特定的印记，这就是到期日。到期日是期权与股票的区别之一，股票只要不退市就可以一直持有，但期权只能存续到到期日。

在期权市场上，因为到期日的存在，所以出现了众多的围绕期权到期日的交易机会，同时也伴随着各种各样的投资风险。

一、末日轮

2018 年 9 月 26 日，对于 A 股投资者而言是比较普通的一天。上证 50ETF9 月 25 日收盘价为 2.600 元，9 月 26 日高开高走，盘中一度涨到 2.665 元（最高涨幅 2.5%），尾盘回落至 2.638 元（日涨幅 1.46%），如图 3-37 所示。

但对于期权的投资者来说，9 月 26 日却是很震撼的一天，因为这一天是 9 月期权合约到期日。虽然当天日内 50ETF 价格盘中最高涨幅 2.5%，但在期权市场上却出现了波澜壮阔的场面。9 月行权价为 2.65 元的认购合约 9 月 25 日收于 0.0012 元，而 9 月 26 日盘中最高涨至 0.0153 元，涨幅高达 1175%，具体如图 3-38 和图 3-39 所示。

图 3-37

图 3-38

图 3-39

这种情况是由于个别合约出现乌龙盘吗？我们通过观察到期日当天市场上其他 9 月期权合约的表现，发现同时出现了多个涨幅很大的合约，如行权价为 2.60 元和 2.70 元的合约，也就是说不是一个合约表现如此，如表 3-1 所示。

表 3-1

行权价/元	2018 年 9 月	2018 年 10 月	2018 年 12 月	2019 年 3 月
2.20	14.83%	-	13.40%	12.83%
2.25	17.20%	17.77%	14.93%	13.23%
2.30	20.43%	20.74%	16.86%	14.01%
2.35	23.52%	24.73%	17.45%	14.93%
2.40	30.60%	29.55%	19.79%	15.86%
2.45	40.67%	37.22%	22.40%	17.48%
2.50	65.30%	44.75%	24.07%	19.34%
2.55	121.00%	278.07%	26.29%	19.55%
2.60	475.47%	67.03%	30.78%	21.04%
2.65	1175.00%	85.44%	32.89%	22.64%
2.70	800.00%	114.57%	36.42%	24.39%

续表

行权价/元	2018 年 9 月	2018 年 10 月	2018 年 12 月	2019 年 3 月
2.75	50.00%	140.85%	38.15%	27.03%
2.80	100.00%	174.03%	42.53%	29.10%
2.85	100.00%	222.50%	46.93%	30.39%
2.90	0.00%	-	50.84%	-
2.95	0.00%	-	56.40%	-
3.00	0.00%	-	-	-
3.10	100.00%	-	-	-
3.20	0.00%	-	-	-
3.30	0.00%	-	-	-
3.40	0.00%	-	-	-
3.50	0.00%	-	-	-
3.60	100.00%	-	-	-

那么是在这一天市场对未来预期发生了一致性改变，大家纷纷看涨吗？我们看到 10 月份行权价同样是 2.65 元的认购合约，9 月 25 日收于 0.0419 元，而 9 月 26 日盘中最高涨至 0.0777 元，仅仅 85%的涨幅，具体如图 3-40 和图 3-41 所示。

图 3-40

图 3-41

9 月行权价为 2.65 元的认购合约在盘中一度出现 1000%以上的涨幅，而 10 月同样行权价的认购合约在盘中最高涨幅仅有 85%。而且不仅仅是行权价为 2.65 元的合约如此，行权价为 2.60 元和 2.70 元的合约的表现也都类似。被市场震撼、收益惊艳的同时，很多投资者也会产生一个疑惑，为什么会出现这样的情况呢？

我们回顾一下之前讲过的时间价值的概念，期权的价格包含内在价值和时间价值。对于做期权买方的投资者，主要是通过时间价值的付出来换取内在价值的增长以赚取收益的。临近到期的平值附近合约，时间价值已经所剩无几，这时一旦出现方向上的有利波动，合约就会由虚转实导致内在价值快速增长，而且报酬率常常会非常惊人。相比而言，10 月份合约的时间价值还很多，同样的内在价值变动对合约整体价格的影响反而不够明显。

也就是说，随着时间价值的衰减，临近到期的合约受市场方向变动的影响越来越明显。特别是在到期日当天，平值附近合约常常出现“向前一步是幸福、退后一步是痛苦”的情况，这就是我们常说的末日轮行情。

末日轮做期权，由于合约成本相对较低，在方向判断正确时市场涨跌带来的收益容易兑现，所以往往呈现出高收益的特点，但也需要注意高收益同时也蕴含着高风险。上面例子中的9月份2.65元的认购合约虽然盘中赚足眼球，但到收盘时50ETF价格已经回落到2.638元，此时2.65元的认购合约就是虚值合约。虚值合约到期多数会失效，价值归零，因此我们在行情中也看到，临近尾盘该合约价格已经跌至0.0001元。

二、合约到期失效套利

与末日轮相对应的是合约到期失效套利，其是专门判断合约是否即将到期失效、价值归零，并通过卖出即将失效合约来赚取权利金的方法。

我们先看一下第一种方法，即风险最低的做法。目前，现货交易有10%的涨跌幅限制。假设50ETF昨日收盘价是2元，则今日50ETF价格最高为2+2×10%=2.2元，最低为2-2×10%=1.8元，即价格落在1.8～2.2元的区间内；而再过 1 天价格最高为 2.2+2.2×10%=2.42元，最低为1.8-1.8×10%=1.62元，即价格落在1.62～2.42元的区间内；依此类推。

我们可以根据当前的价格、距离到期日的时间，算出到期时50ETF的最大价格波动区间，比如算出来是2.2～2.8元。如果当前有合约价格超出了这个区间，比如有行权价为2.85元的合约，那么此时我们认为这个价格不可能达到，已经提前失效，就可以卖出行权价为2.85元的临近到期认购合约；同理，如果有行权价为2.15元的合约，此时就可以卖出行权价为2.15元的临近到期认沽合约。卖出后一直持有到期，价值归零，赚取全部权利金收益。此种方法风险最低，但是由于此种做法对50ETF价格的涨跌幅区间采取最大化的计算方式，因此很难找到投资机会，即使能找到，可能合约价格也已经非常低，还不足以抵消保证金成本。

我们再来看一下第二种方法。我们都知道，连续涨停、跌停的情况是很罕见的，特别是对于 50ETF 等指数基金。我们通过统计计算出历史上 50ETF 价格的实际波动区间，即 1 天 50ETF 价格最多涨多少、最多跌多少，2 天 50ETF 价格最多涨多少、最多跌多少，以此类推。我们可以根据当前的价格、距离到期日的时间，以及历史波动极端值，算出到期时 50ETF 价格的最大波动区间。此种方法的风险比第一种高，但实际仍然很低，根据回测发现也很难找到可交易的投资机会。

我们继续看第三种方法，其是在第二种方法的基础上进行改进的，即通过设置一定置信水平的方式继续缩小区间范围。比如用 95%置信水平的涨跌幅度估计 50ETF 价格在期权合约到期日的区间，再根据算出的价格区间筛选提前失效合约，并通过卖出合约来赚取权利金收益。需要注意，置信水平设置越高得出的价格区间就会越大，投资机会相对就会越少；置信水平越低得出的价格区间就会越小，投资机会相对就会越多，但此时在到期日跑出价格区间的概率也会上升，容易出现风险。

第四种方法的原理与上述 3 种方法一致，其做法上是根据对标的价格上涨、下跌的判断来找到自己预期的到期价格区间。此方法可以与上述 3 种方法结合使用，也可以采用习惯的技术指标、形态点位等方法来辅助判断。

综上所述，通过卖出失效合约套利，其实就是判断标的在到期日所处的价格区间，然后对超出价格区间的合约进行卖出开仓，持有到期后合约失效，赚取权利金收益。严格来说，除了第一种方法，其他几种方法都不是无风险套利，所以需要注意在极端情况下的交易风险。如果市场发生超预期的大幅波动，则可能会出现虚值合约变为实值，从而产生亏损，如未及时止损平仓，可能还会引发行权交收违约等风险。

三、合约到期交收套利

在前文中我们已经介绍过，当期权合约到期出现较大的正/负时间价值时，可能存在一定的套利机会。

例如，当期权合约到期时时间价值仍旧为负，特别是在实值/平值期权出现上述情况时，可能会存在较好的机会，以 2018 年 6 月 27 日认沽期权为例来说明具体的做法。如果是认购期权出现上述情况，则可以通过买入认购同时买入认沽并行权或买入认购行权同时卖出不同行权价实值认购等待指派的方式来实现，原理是一样的。

除了时间价值为负的情形外，还提到了一些其他情形套利的情况。比如，临近到期日的合约还存在比较高的时间价值，特别是实值/平值期权，也可以进行套利。下面我们就以认购期权为例来讲。

同样是 2018 年 6 月 27 日（6 月合约到期日）临近收盘的例子（如图 3-42 所示），其中行权价为 2.60 元的当月认沽合约，内在价值为 0.135 元，期权价格为 0.142 元，存在一定的正时间价值。

隐含波动率	历史波动率	时间价值	内在价值	最新	代码	购<行权价>沽↑	代码	最新	内在价值	时间价值	历史波动率	隐含波动率
-	0.1768	-	0.1650	0.1600	10001371	2.3000	10001372	0.0001	-	0.0001	0.1768	0.4422
-	0.1768	-	0.1150	0.1110	10001363	2.3500	10001364	0.0001	-	0.0001	0.1768	0.3095
-	0.1768	-	0.0650	0.0600	10001353	2.4000	10001354	0.0001	-	0.0001	0.1768	0.2211
-	0.1768	-	0.0150	0.0026	10001309	2.4500	10001310	0.0001	-	0.0001	0.1768	0.0443
0.0885	0.1768	0.0001	-	0.0001	10001279	2.5000	10001280	0.0700	0.0350	-	0.1768	-
0.2653	0.1768	0.0001	-	0.0001	10001273	2.5500	10001274	0.0890	0.0850	0.0040	0.1768	0.5500
0.3095	0.1768	0.0001	-	0.0001	10001239	2.6000	10001240	0.1420	0.1350	0.0070	0.1768	0.8832
0.4422	0.1768	0.0001	-	0.0001	10001167	2.6500	10001169	0.1801	0.1850	-	0.1768	-
0.4422	0.1768	0.0001	-	0.0001	10001025	2.6510A	10001030	0.1880	0.1860	0.0020	0.1768	0.8348
0.4422	0.1768	0.0001	-	0.0001	10001026	2.7000A	10001031	0.2407	0.2350	0.0057	0.1768	1.2315
0.4422	0.1768	0.0001	-	0.0001	10001139	2.7000	10001140	0.2386	0.2350	0.0036	0.1768	1.1251
0.7961	0.1768	0.0001	-	0.0001	10001027	2.7490A	10001032	0.2820	0.2840	-	0.1768	-

图 3-42

如果直接卖出认沽合约，那么我们后续被指派行权需要支付资金才能获得 50ETF，并且需要到周五才能卖出，存在着较大的隔日波动风险。此时，我们选择卖出开仓 1 张行权价为 2.60 元的当月认沽合约，同时卖出开仓 1 张行权价为 2.35 元的当月认购合约，然后等待指派行权。尾盘 50ETF 收于 2.465 元，此时 2 张合约都是实值且实值程度比较深，大概率被指派行权。认沽合约方面要求准备 2.60×10000=2.6 万元资金来换取 1 万份 50ETF，同时在认购方面要求准备 1 万份 50ETF 来换取 2.35×10000=2.35 万元资金。根据轧差交收规则，此时无须准备 50ETF 用于交收，在资金方面净付出 2500 元。而双方卖出收取权利金（0.142+0.111）×10000=2530 元，不考虑佣金，获得收益为 2530−2500=30 元。

当然文中的例子只是为了演示操作思路，在实际操作中还需要考虑更多方面的因素，如合约建仓存在价格滑点、佣金成本，卖出开仓存在保证金成本等，应综合考虑决策。

四、到期风险

1. 合约失效、价值归零

在到期日日终，期权合约如果既没有平仓也没有行权，就会到期自动失效，次日不再有该合约交易。

一般而言，对于到期实值合约，买方多数会选择平仓，如果未平仓，则多选择行权，而卖方则大概率被指派；对于到期平值合约，买方平仓、行权的概率较实值合约的行权概率会有所下降，而卖方被指派概率也会降低，比如出现持仓 10 张平值合约最后被指派八九张的情况；对于到期虚值合约，基本以到期失效、价值归零为主，买方放弃平仓、行权，卖方被指派的概率很低。

所以买方要特别注意，不要忘记到期实值合约的平仓/行权，而卖方要特别关注到期非虚值合约的指派情况。

2. 行权交收违约

多数的期权交易都是以平仓、到期失效了结的，所以很多投资者对行权交收没有概念。在一般情况下，买方买入开仓期权合约 1 张，所花费的权利金也就几百元到几千元；卖方卖出开仓期权合约，占用的保证金大概为几千元。但一旦涉及行权指派，资金占用量就会呈现短期大幅上升，目前 1 万份 50ETF 占用资金两万多元。

资金量的上升带来的结果是，买方想行权，但钱/券不够，就会出现行权失败，此时只能硬着头皮去选择平仓，可能会产生前文提到的套利机会。而如果卖方被指派后无法及时准备钱/券，则可能会出现现金结算、转处置的问题，因违约而承担额外损失。

所以，如果参与行权、指派一定要准备好足够应对交收的钱/券，避免交收违约风险。

3. 流动性下降

临近到期，我们通过观察期权合约行情发现，除了平值附近的合约外，其他多数合约的交易频率都会下降，变得不够活跃，特别是深度实值、虚值的合约的交易，会出现流动性风险。

比如，卖方手里持有一些深度虚值到期合约，如果突然市场出现大幅不利波动，保证金风险度上升，此时就需要平仓一部分合约来缓解资金压力，但由于该合约在市场上没有流动性，就不得不挂出超正常水平的价格进行平仓，即使这样也不一定能成功。

所以，当合约临近到期时，需要提前做准备，避免流动性风险带来的负面影响。

行权交收、合约失效等交易制度都需要投资者特别注意，其中既可能带来潜在的获利机会，也蕴含着不少需要警惕的风险。如果对其了解不深，建议不要过多参与到期合约的交易，可以提前平仓或移仓到其他月份；如果对其很有心得，也需要在控制好风险的前提下把握机会，享受其中的投资乐趣。

3.4 真实交易中的备兑表现

在常见期权策略的链条中，备兑策略处于相对较高的位置，是比较适合多数投资者交易的一种策略。在美国还有专门的备兑指数、备兑基金运作，如芝加哥期权交易所（Chicago Board Options Exchange，CBOE）的BXM 指数及相应的 ETF 基金等，而且在很长一段时间的表现都不错。在 A 股市场上，备兑策略是否也依旧神奇？在真实交易中表现如何？下面我们一起来看看。

一、概念解析

备兑策略，是指在持有一定数量合约标的时，同时卖出开仓特定数量的认购期权的投资策略。

目前，在 50ETF 期权市场上，备兑属于一级投资者即可参与的策略。只要开通了期权交易权限，在股票账户持有 1 万份 50ETF 后申请证券锁定，就可以在对应的期权账户上进行备兑开仓。

如图 3-43 所示，我们可以看到备兑策略的到期表现。

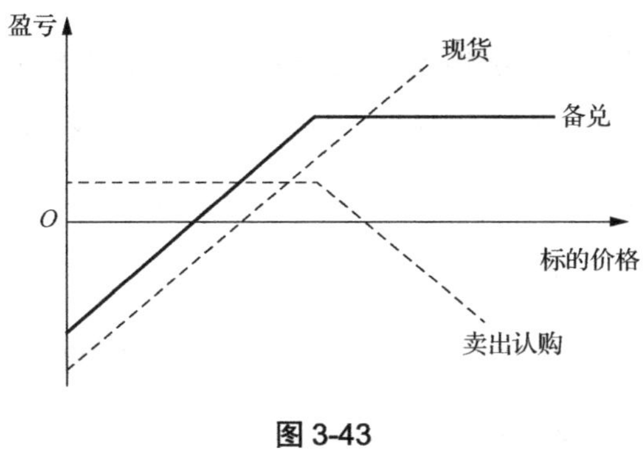

图 3-43

如果标的价格≥行权价+权利金，则只持有现货收益=标的价格-成本价，而备兑收益=行权价-成本价+权利金，经比较发现，只持有现货收益≥备兑收益。

如果行权价≤标的价格<行权价+权利金，则只持有现货收益=标的价格-成本价，而备兑收益=行权价-成本价+权利金，此时备兑收益>只持有现货收益。

如果标的价格<行权价，则只持有现货收益=标的价格-成本价，而备兑收益=标的价格-成本价+权利金，此时备兑收益>只持有现货收益。

我们来看一个例子：投资者老王看好期权市场未来走势，然后选择以市场价 2.4 元建仓 10000 份 50ETF。此时投资者老张虽然也看好期权市场未来走势，但认为短期内大涨的难度较小，所以选择 2.4 元建仓 10000 份 50ETF 并锁定，然后卖出 1 张行权价为 2.6 元的认购期权进行了备兑开仓，合约 1 个月后到期，所获权利金是 0.05×10000=500 元。

合约 1 个月后到期，我们来比较一下两人的收益情况。

（1）假设 50ETF 涨到 2.65 元以上，如 2.7 元，老王的收益是（2.7-2.4）×10000=3000 元，老张的收益是（2.6-2.4）×10000+500=2500 元，此时老王、老张都赚钱，而且老王要比老张赚得多。

（2）假设 50ETF 小涨但没涨到 2.65 元，如 2.5 元，老王的收益是（2.5−2.4）×10000=1000 元，老张收益是（2.5−2.4）×10000+500=1500 元，此时老王、老张都赚钱，但老张比老王的收益高。

（3）假如 50ETF 小跌，跌到 2.375 元，此时老王的收益是（2.375−2.4）×10000=−250 元，老张的收益是（2.375−2.4）×10000+500=250 元，此时老王已经赔钱了，而老张还有一定的收益。

（4）假如 50ETF 大跌，跌到 2 元，此时老王的收益是（2−2.4）×10000=−4000 元，老张的收益是（2−2.4）×10000+500=−3500 元，此时老王、老张都赔钱，但老张比老王赔的少，少的这部分就是卖出认购的权利金。

根据上述分析，我们可以看到备兑策略比较适合现货持仓的投资者，即不愿意空仓错过机会但短期内又不太看好行情走势，在大致看平或小幅看涨后市时进行的操作。该策略在标的大幅上涨时表现一般，因为虽然因为标的价格大涨赚取了不少收益，但合约同时带来较大亏损，所以冲抵后会限制上行收益。而在标的价格涨幅不大或者出现下行时，该策略因为有卖出认购合约的权利金收入，所以其表现要好于单纯持有现货。

二、策略解读

1. 盈利逻辑

备兑策略其实相当于在持有现货的基础上用期权进行改造，即把大幅上涨的收益部分放弃掉了，换回的是不论涨跌都能获得的权利金收入，相当于提升了整体损益。所以备兑是一种增加收益的策略，主要是赚取确定的时间价值收益。

2. 形象比喻

之前听过一个说法：买股票有点像买房子，而备兑策略有点像租房，为什么这么说呢？房价上涨就可以赚钱，房价下跌则会赔钱，这与股票的盈利方式比较类似。如果遇上房地产市场不温不火，那么做房产投资的人的心情则会比较忐忑。此时可以先将持有的房子租出去，每个月收一点租金，日积月累，你会发现租金收益成了这套房产投资的主要来源。备兑策略也像租房一样，在震荡市、慢牛市里，每隔一段时间赚取一点权利金收入来弥补正股没有获得的收入。

3. 与止盈比较

备兑带来的效果是市场上涨达到一定点位后，盈利不会再增长，这种情形跟我们平常做股票交易时的止盈有些相似之处。比如，前文老王、老张的例子。开仓 50ETF 后，老王觉得市场涨到 2.6 元就可以收工了，于是设置以 2.6 元为止盈位；老张也有同样想法，但选择的是以行权价为 2.6 元的备兑策略作为止盈。老王的最大收益是（2.6−2.4）×10000=2000 元，而老张的最大收益是（2.6−2.4）×10000+500=2500 元，此时老张通过备兑止盈比老王多了 500 元的卖出认购的权利金收入。

但需要注意，备兑计算的是到期收益，如果期间触发止盈但到期又落回来，那么备兑收益反而可能低于纯粹止盈的收益。

4. 与卖认沽比较

我们在前文中也向大家介绍过，根据期权平价公式，备兑与卖认沽这两个策略存在高度的等价转化性，无论是从对市场小幅上涨或不涨的预期，还是从到期损益图来看都十分接近，如图 3-44 所示。两者最大的不同在于保证金占用和心态上，在投资交易中这两方面的影响可能比具体使用策略产生的影响还要大，所以很多时候备兑投资者的表现要稳于卖认沽的投资者。

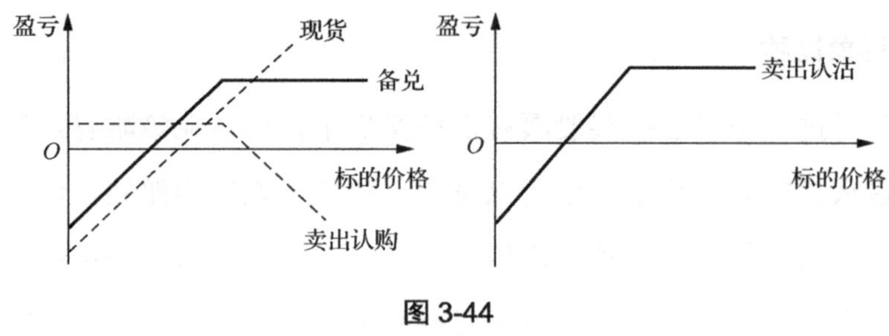

图 3-44

5. 从对冲角度看

很多人把备兑策略看作是一种 Delta 中性策略，即用期权合约对冲掉现货持仓风险，认为持有备兑就没有太大的方向变动风险了。这种观点是十分危险的，因为备兑策略实际上仍旧是有方向看法的，即存在正的 Delta 值，是偏看涨的策略。当市场出现大幅下跌时，我们从到期损益图中也能观察到，备兑也会赔钱，跌幅越大赔得就越多。所以备兑不是中性对冲，需要警惕现货大幅下跌的风险。

三、真实交易

1. 备兑策略的真实市场表现

我们选取了 2015 年 11 月 25 日至 2018 年 12 月 28 日的市场数据，分别比较了只持有 50ETF、使用平值合约建仓备兑策略、使用虚值一档合约建仓备兑策略、使用虚值两档合约建仓备兑策略的收益表现情况。在费用方面备兑开仓不收保证金，备兑平仓按 10 元计算。回测结果如图 3-45 所示。

（1）运行近 3 年时间，其结果是虚值两档备兑跑赢现货，虚值一档备兑与现货差别不大，平值备兑表现差于现货。虚值两档主要是在震荡市、熊市明显好于现货，2017 年年底现货一波连阳后追上，然后虚值两档又开始慢慢拉开差距。虚值一档表现类似，只是在 2017 年年底现货一波连阳后，虚值一档落后现货较多，一直到 2018 年年底才慢慢追上。平值备兑的表现远远落后于现货。

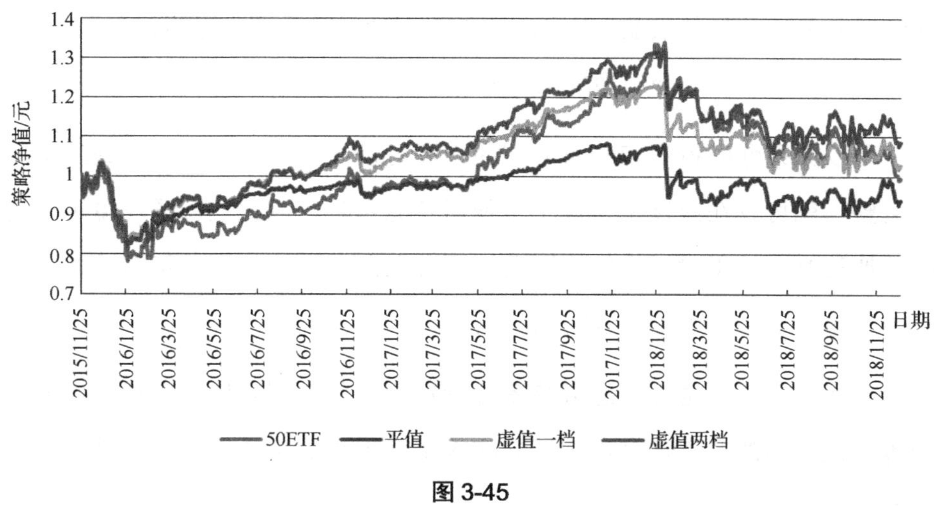

图 3-45

（2）观察上述表现，可以看到 2015 年年底至 2016 年年初和 2018 年，当市场出现大幅下跌时，备兑与现货一起亏损，但备兑表现略好；2016 年年初至 2017 年年中，当市场出现慢牛行情时，虚值备兑与现货慢慢拉开差距，平值备兑则因频频止盈而被现货追上；2017 年年中至 2018 年年初，在市场出现快速上涨时，现货表现亮眼，而使用越虚值的合约进行备兑建仓越不容易被现货拉开差距。

通过回测表现，我们可以看到备兑比较适合的市场行情是慢牛市、震荡市，它在市场快速上涨时的表现不如现货，在市场下跌时也会出现亏损。在美国市场中备兑指数很有吸引力，一方面可能来源于美国股市在较长时间内呈现慢牛的态势，比较适合备兑发挥作用；另一方面指数不考虑具体交易，所以可以不受交易成本、建仓冲击成本等影响。而在 A 股市场中如果想使用备兑策略，则需要针对不同的市场行情来操作，否则可能会出现在牛市没怎么赚到钱，遇到熊市却全赔出去的尴尬场景。

2. 构建投资策略

在构建投资策略时，我们要充分考虑备兑的特点：在市场出现大幅上涨时用备兑就会限制收益；在市场涨跌不大时可以提供一定的权利金收益；在市场跌幅太大时则会出现较大的亏损。

所以如果你的投资策略对后市的判断可以区分出是大涨、大跌还是即时调整，就可以在震荡市、慢牛市使用备兑策略，在其他市场环境可以切换其他策略。如果对后市的判断无法区分大涨、大跌，而且策略的特点是小赔大赚，那么采用备兑策略就要慎重。

实际上也可以进行动态调整备兑策略，如移仓到其他行权价、提前平仓等，但策略的特点还是决定了它在大涨、大跌的市场里的表现难以让人满意。

3. 其他做法

根据卖认沽相当于低价建仓、备兑相当于高价止盈的逻辑，有的投资者受巴菲特的启发，实施了这样的一套投资策略：开始以自己的心理建仓价位作为参考，选择卖认沽期权合约持有到期，要么合约失效、价值归零，赚取权利金；要么以自己的心理价建仓成功。然后根据自己的心理止盈价位为参考，选择备兑开仓持有到期，要么合约失效、价值归零，赚取权利金；要么以自己的心理止盈价平仓成功。

举例来说，比如老李觉得 50ETF 在 2.2 元左右有强力支撑，是一个好的建仓点位，于是就卖出开仓行权价为 2.2 元的认沽期权，合约 1 个月后到期，所获权利金是 0.02×10000=200 元。

（1）情形 1：1 个月后，市场没跌到 2.2 元，老李赚取 200 元权利金，整个策略执行结束，然后重新开始。

（2）情形 2：1 个月后，市场跌到 2.2 元以下，老李赚取 200 元权利金，同时被指派行权，以 2.2 元的价格买入 1 万份 50ETF。买入后老李锁定到手的 50ETF，然后选择备兑开仓行权价为 2.3 元的认购期权，获取权利金是 0.02×10000=200 元，然后持有到期。在持有到期时，市场没涨到 2.3 元，老李赚取 200 元权利金收入，然后继续备兑开仓下月合约，直到市场涨到 2.3 元以上，老李被指派行权，以 2.3 元的价格卖出 1 万份 50ETF。此时整个策略执行结束，然后从卖认沽重新开始。

如果能保持备兑开仓行权价高于卖出认沽行权价，就会发现这个策略基本都能盈利。感兴趣的投资者可以自己体验一下。当然这个策略并非是无风险套利策略，它只是从股票结合期权的角度出发，用期权实现了股票投资的想法，是一个不错的思路，供大家参考。

在真实的交易中，备兑应用十分广泛，而且随着后续推出的期权标的越来越多，可以适用的场景也会不断扩大。特别是对于习惯股票交易的投资者来说，备兑是一个比较好的将期权和股票结合在一起的策略，它既能保持股票原本投资的思路，又可以利用期权卖方赚取权利金，是一个不错的入门策略。在应用时只要注意把握好备兑策略的风险和时机，就可以在期权市场中游刃有余了。

3.5　深入探究期权标的

期权策略千变万化，价格走势也是扑朔迷离，那么怎样才能在纷繁复杂的期权投资里避虚就实、直击要点呢？方法很简单。期权合约要素里面的认购/认沽、期限、行权价都很重要，但最重要的是合约标的。期权入门口诀里说“看大涨买认购，看大跌买认沽”，其中的大涨和大跌指的就是标的，如 50ETF 期权就是看 50ETF 这个标的的走势。只有判断好合约标的未来的走势，才能保证决策的正确性，不至于南辕北辙，与盈利的目标渐行渐远。

那么，期权标的有哪些？针对标的的分析方法和技巧有哪些？下面，我们就这两个问题一起讨论一下。

一、期权常见标的比较

期权标的的范围很广，常见的标的有股票类（包括各种个股、ETF 基金等，目前上交所推出的上证 50ETF 期权即为此类）、股指类、利率类、货币类、商品类等。

从全球衍生品市场发展现状来看，股指类、股票类占比最大，其中股指类 2017 年的成交量占全球期货期权总成交量的 30%，居各品种之首；而股票类占比达到 19%，位居第二，两者合计接近占一半的市场交易量，是最常见的两种标的，具体如表 3-2 所示。

表 3-2

类别	2017 年成交量/手	2016 年成交量/手	变化
股指	7515995962	7118040120	5.6%
股票	4754265481	4557835036	4.3%
利率	3967995478	3514684376	12.9%
外汇	2984103489	3077836865	-3.0%
能源	2171206765	2214163491	-1.9%
非贵金属	1740499534	1877347635	-7.3%
农产品	1306068499	1932074899	-32.4%
贵金属	279133944	312137035	-10.6%
其他	479719598	615894866	-22.1%
总计	25198988750	25220014323	-0.1%

截至目前，已上市的品种如下。

- 股票类：上证 50ETF 期权（2015 年 2 月 9 日上市交易）。
- 商品类：豆粕（2017 年 3 月 31 日上市交易）、白糖（2017 年 4 月

19 日上市交易）、铜（2018 年 9 月 21 日上市交易）、棉花、玉米、天然橡胶（2019 年 1 月 28 日上市交易）。

当前期权市场还处于发展初期，但从市场实际表现来看，股票期权的成交量要明显大于商品类期权，更受投资者的青睐。

如果指数类的沪深 300 股指期权和股票类的沪深 300ETF 期权都上市，那么投资者该如何选择呢？我们来看一下两者的不同。

1. 现金结算VS实物交收

以目前交易所公布的仿真交易规则来看，股指期权采取现金结算，而股票期权则采取实物交收。

现金结算，是指对到期未平仓的期权合约，以现金支付的方式来完成交易，并用交收结算价来计算交收盈亏。

实物交收，是指对到期未平仓的期权合约，期权买卖双方按照认购、认沽的不同，各自准备足额的钱/券实际交付给对方。认购期权行权，买方需要在行权日准备好资金进行行权操作，等待日终卖方被指派，在交收日完成交收后，买方被扣减资金的同时获得标的，卖方标的被划出的同时获得资金。认沽期权行权，买方需要在行权日准备好证券进行行权操作，等待日终卖方被指派，在交收日完成交收后，买方标的被划出的同时获得资金，卖方被扣减资金的同时获得标的。

两者在以下方面存在差异。

（1）现金结算更简便。相比实物交收需要标的和现金的交易，现金结算只进行现金计算交收，更简单快捷。

（2）现金结算动用资金少。现金结算一般是轧差计算现金出入，需要动用的资金较小；而实物交收需要动用大量的证券或现金，资金占用会发生跳跃式的增长，此时会产生额外的成本和风险。

（3）现金结算交收风险小。现金结算一般是直接轧差，不会发生占用大量资金的情况，而实物交收则可能出现行权方因资金、证券不够而不得不平仓或放弃行权，卖方因无法及时备齐所需的资金、证券而产生交收违约的情况。

（4）现金结算市场风险小。在到期日，作为实值的买方和卖方一般会选择平仓或行权，如果此时市场流动性不足，突然出现买方、卖方的大量平仓，合约价格就会向不利方向变动，从而增加平仓成本。除了对期权的影响外，在交收日如果大量卖方需要准备证券应对交收，也会对现货产生类似影响。而现金结算不存在这种问题。

另外，在国外市场上，还出现过股指期权、股指期货、股票期权在同一日期附近集中交收的情形，当时很多投资者都担心市场会被大额资金冲击，而现金结算通过较长时间的价格平滑化等处理方式就可以减小这种影响。

（5）实物交收存在现货隔夜变动风险。认购期权买方在到期日选择行权可能是赚钱的，但实际上拿到现货是在交收日终，实际能平仓获利了结的时间更晚，所以如果在平仓前市场发生不利的方向变动，则很可能让行权收益大大减少，甚至变成亏损。而现金结算不存在这种问题。

（6）套利机会不同。前文中也提到过，实物交收存在较多套利的机会。根据平价公式，现货和期权之间存在合成关系，很多时候在交收日利用行权交收代替交易，可以获得几乎无风险的套利机会，这就为擅长套利的机构提供了机会。而对于现金结算，几乎没有交收套利的机会。

2. 证券冲抵保证金

作为期权卖方，参与期权交易需要缴纳的保证金水平，是决定其收益情况的重要因素。指数期权一般用现金作为保证金；而对于股票期权，目前上交所采取的是现金收取方式，但在交易规则中也提到了证券冲抵保证金的方式。比较而言，参与股票交易的人要多于参与指数期货交易的人。如果股票期权允许证券冲抵保证金，将会大大提高保证金的使用效率。如果股票期权采取证券冲抵保证金的方式，对股票持仓的投资者而言，无疑比指数期权更便利。

3. 面值不同

根据沪深 300 指数期权仿真交易规则，沪深 300 股指期权合约乘数为每点人民币 100 元，而目前沪深 300 指数在 3600 点左右，所以一张期权合约对应的面值为 3600×100=360000 元左右。

对于沪深 300ETF，假设合约单位是 1 万份，目前市价在 3.6 元左右，一张期权合约对应的面值是 3.6×10000=360000 元左右。

两者相比较，对于资金雄厚的投资者来说可能差异不大，但对于一般投资者而言，差异却很大。对于期权参与者来说股票期权面值小，便于投资者灵活参与、调整持仓数量等。此外，对于很多利用期权来对冲风险的投资者来说，如果持仓量不大，在想要利用指数期权对冲时，可能会发现一张太少，两张又太多，从而出现无法完整覆盖风险的问题，而面值较小的股票期权则更容易满足对冲需要。

综上所述，股票期权和指数期权各有优势，具体如何选择还要根据自己的需要和偏好来。目前在市场上指数期权暂未上线，接下来我们就着重来研究一下已上市的股票期权标的——50ETF。

二、深入探究 50ETF 期权标的

作为当前市场交易量最大的期权合约的标的，下面我们一起来探究

50ETF（代码 510050.SH）的点点滴滴。

（一）标的介绍

1. 基本信息

50ETF，全称是上证 50 交易型开放式指数证券投资基金，一般简称为上证 50ETF 或 50ETF，是由华夏基金管理有限公司发行、2005 年 2 月 23 日在上海证券交易所上市交易的被动指数型基金，采用完全复制策略，跟踪上证 50 指数（代码 000016.SH）。

2. 历史表现

50ETF 历史价格最低点为 0.700 元，出现在 2005 年 6 月 3 日和 6 月 6 日；历史最高点为 4.670 元，出现在 2007 年 10 月 6 日；2018 年价格维持在 2.251～3.195 元的区间内。50ETF 日成交金额最低为 1131 万元，出现在 2006 年 7 月 21 日；日成交金额历史最高为 249 亿元，出现在 2015 年 7 月 6 日；2018 年 50ETF 日均成交金额为 17.7 亿元，具体如图 3-46 所示。

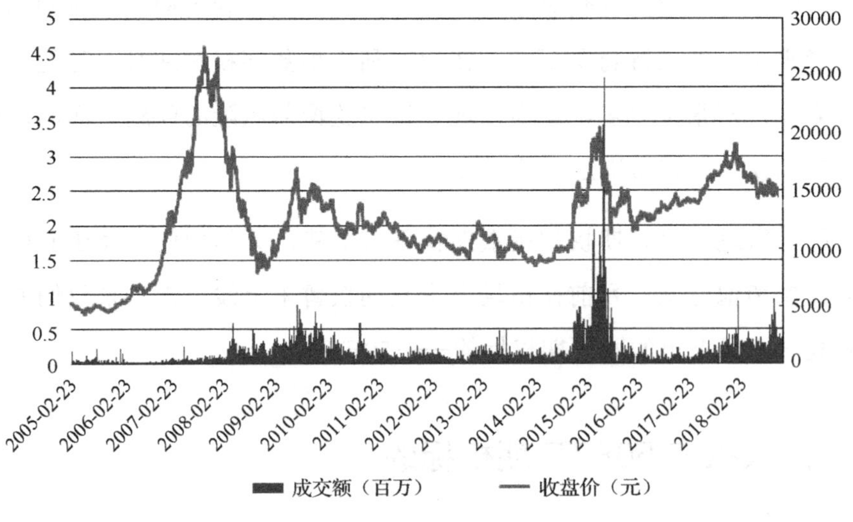

图 3-46

3. 分红派息

从上市交易至 2018 年 12 月，50ETF 共经历过 11 次分红，具体如表 3-3 所示。其中在 2015 年 2 月 9 日 50ETF 期权上市交易之后，共有 3 次分红派息，受此影响 50ETF 期权也经历过 3 次合约调整。

表 3-3

收益分配基准日	单位分红	分红实施公告日	权益登记日	除息日	派息日
2006-04-30	0.0240	2006-05-13	2006-05-18	2006-05-19	2006-05-24
2006-10-31	0.0370	2006-11-11	2006-11-15	2006-11-16	2006-11-21
2008-10-31	0.0600	2008-11-14	2008-11-18	2008-11-19	2008-11-24
2010-10-31	0.0260	2010-11-10	2010-11-15	2010-11-16	2010-11-19
2012-04-30	0.0110	2012-05-10	2012-05-15	2012-05-16	2012-05-21
2012-10-31	0.0370	2012-11-07	2012-11-12	2012-11-13	2012-11-16
2013-10-31	0.0530	2013-11-11	2013-11-14	2013-11-15	2013-11-20
2014-10-31	0.0430	2014-11-11	2014-11-14	2014-11-17	2014-11-20
2016-10-31	0.0530	2016-11-11	2016-11-28	2016-11-29	2016-12-02
2017-10-31	0.0540	2017-11-10	2017-11-27	2017-11-28	2017-12-01
2018-10-31	0.0490	2018-11-12	2018-11-30	2018-12-03	2018-12-06

4. 成分构成

根据截止到 2018 年 9 月 30 日的数据，从成分股行业构成来看，影响 50ETF 表现的主要行业包括金融业、制造业、建筑业、采矿业、房地产业、交通运输仓储和邮政业、信息传输软件和信息技术服务业等，其中金融行业占比 58.71%，对 50ETF 走势影响最大。从具体成分股来看，50ETF 的主要重仓股票为中国平安、贵州茅台、招商银行、兴业银行、民生银行、交通银行、伊利股份、农业银行、恒瑞医药、中信证券等，其中中国平安占比为 15.75%、贵州茅台占比为 7.80%、招商银行占比为 6.48%，这三只股票对 50ETF 走势影响最大，具体如图 3-47 所示。

行业配置 (2018-09-30)

行业名称	占净值比	较上期
金融业	58.71%	3.26%↑
制造业	26.09%	-2.39%↓
建筑业	4.87%	0.15%↑
采矿业	4.30%	0.09%↑
房地产业	2.96%	-0.17%↓
交通运输、仓储和邮政业	1.54%	-0.20%↓
信息传输、软件和信息技术服务业	1.33%	0.05%↑
合计值	**99.80%**	-

重仓股票 (2018-09-30)

证券名称	占净值比	近3月涨跌
中国平安	15.75%↑	14.42%
贵州茅台	7.80%↓	-11.54%
招商银行	6.48%↑	7.16%
兴业银行	4.22%↑	8.17%
民生银行	3.68%↑	6.21%
交通银行	3.41%↓	7.93%
伊利股份	3.32%↓	-7.76%
农业银行	3.16%↑	2.86%
恒瑞医药	2.98%↓	-3.45%
中信证券	2.79%↓	13.06%
合计	**53.59%**	-

图 3-47

（二）可参考的指标

1. 上证50指数

因为 50ETF 是追踪上证 50 指数的，所以 50ETF 的表现与 50 指数基本一致，这也可以从 50 指数与 50ETF 走势对比图中看到，具体如图 3-48 所示。除了可以使用上证 50 指数作为 50ETF 价格走势的参考外，上证 50 的股指期货也常作为参考。

图 3-48

2. 富时中国A50指数

富时中国 A50 指数，是由富时指数有限公司所推出的，以沪深两市按流通比例调整后市值最大的 50 家 A 股公司为样本、以 2003 年 7 月 21 日为基期、以 5000 点为基点编制的用于衡量中国 A 股市场表现的指数。虽然其成分股与 50ETF 不同，但两者也有相当部分的重合，很多时候富时中国 A50 指数也被作为判断 50ETF 走势的参考，具体如图 3-49 所示。

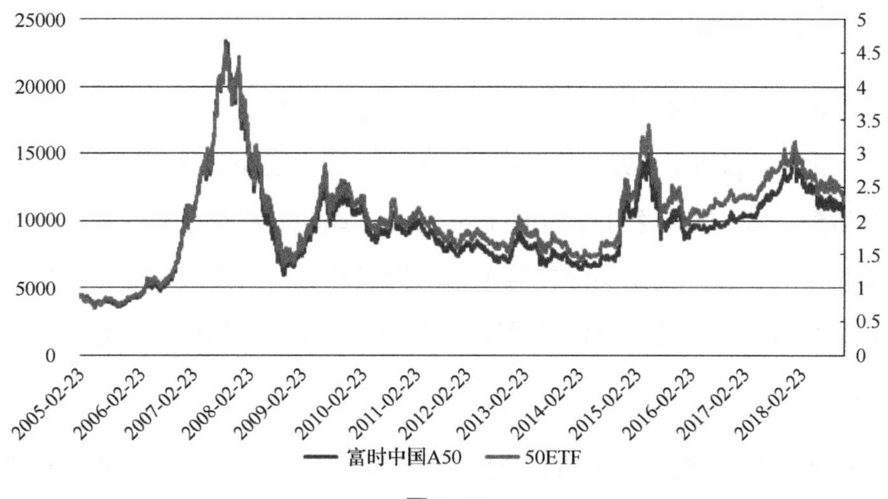

图 3-49

很多投资者可能会奇怪，为什么要关注这样一个投资品种呢？其实我们关注的不是富时中国 A50 指数，而是富时 A50 指数期货。根据其交易规则，该品种支持夜盘交易时间至 T+1 日的 4:45，且开盘时间为 9:00。2018 年以来，国际市场特别是美股市场对 A 股市场的短期影响表现显著，但由于在 A 股收市时，国际市场的影响无法快速体现，因此使得很多投资者对行情的判断具有不确定性。因为国际市场的表现容易在富时 A50 指数期货的实时走势中予以体现，且它次日开盘时间略早于 A 股，所以这在一定程度上可以给 A 股市场投资者提供参考。

3. 金融行业

前文在介绍 50ETF 行业构成时，提到金融行业占比为 58.71%，其多数成分股都是大银行股，这也导致两者走势具有一定的趋同性。在实际行情中，我们看到 50ETF 很多次的拉升或大跌，都是因为金融板块发生利好或利空，进而出现银行类个股同涨、同跌，传递到 50ETF 上予以体现。所以金融行业及其走势在很大程度上影响着 50ETF 的未来方向，可以重点关注。

4. 主要成分股

目前，占据 50ETF 成分股市值前三的是中国平安、贵州茅台、招商银行，占比均超过 5%。从相关性统计来看，中国平安相关性相对较强，相关系数达到了 0.875，说明与 50ETF 走势高度联动。贵州茅台、招商银行相关系数相对较低，但在实际交易中，我们仍然需要高度关注这些股票的正面、负面的新闻，避免个股出现黑天鹅事件带来走势判断的颠覆。

（三）实用技巧

在实际分析和判断 50ETF 走势时，我们采取的方法基本上跟分析股票的方法相类似。在 A 股分析中，如果已经有使用较为有效的分析判断体系或系统，就可以做一下回测校验，无误后再用于 50ETF 投资，本文不再赘述。

前文中我们提到几款模拟产品，从策略逻辑出发，其实对标的走势也是有一些多空判断的。下面我们把常用的一些技巧分享给大家。

1. 短线交易

如果进行 50ETF 期权交易为日级别，即以日内短线交易为主，那么在看大盘时，可以考虑使用 1 分钟、5 分钟、15 分钟级别的价格走势及相应的技术指标，如移动平均线、MACD 等。

例如，可以将 1 分钟 K 线与 60MA 结合，每分钟观察一次，如 1 分钟 K 线站上 60MA 则看多，1 分钟 K 线跌破 60MA 则看空，然后对应选择期权的策略去执行。由于短线交易的次数相对较多，交易成本较高，盈利相对有限，所以使用时要注意。如果是做买方，则可以考虑选择时间价值损耗少的合约，否则时间价值损耗太多，可能方向赚到的钱还不够时间损耗。特别是在操作上，如果持有时间太长，可能在时间维度上的损耗会上升，所以快进快出是关键。但需要注意，操作次数不要太过于频繁，从经验上来讲尽量不要超过 4 次，否则容易陷入过度交易。如果为卖方，则可以选取时间价值损耗较快的来赚取收益，但实践中卖方涉及交纳保证金，收益相对有限，所以在短线日内交易中采取较少。

2. 中线交易

如果进行的期权交易周期为周、月级别，即操作后拟持有周期为 1 周至 1 个月左右，在看盘时就可以使用 30 分钟、60 分钟、日级别的 K 线图。

例如，我们常用 30 分钟 K 线结合 60MA 来判断多空，每 30 分钟观察一次，如 30 分钟线站上 60MA 则看多，1 分钟线跌破 60MA 则看空，对应选择期权的策略去执行。考虑到期权价格波动幅度较大，以日为单位进行观察容易出现回撤较大的情况，所以日 K 线应用较少，多使用 30 分钟 K 线和 60 分钟 K 线。在制订策略时，需要注意当前市场买卖双方力量并不均衡，加上时间价值对卖方有利，一般卖方策略在中线交易中使用较多，同时需要注意保证金的占用、适时止损。

3. 长线交易

如果进行的期权交易周期为季、年级别，即操作后拟持有周期为几个月到几年不等，此时看盘，多使用周、月级别的 K 线图。

目前，提供的合约只有当月、下月、下季、隔季，故选择长线交易的投资者较少，多是出于保护、对冲等目的。即使能够预测一年后行情的变动，因为没有对应的合约配合实现，还需要通过转仓、移仓换月来实现，所以当前也不太适合过于长时限的判断方式。长线判断更多的是提供未来行情的大格局框架，来辅助中线、短线交易，使其不致出现大的偏差。后续随着更多不同期限合约的推出，或许能改变这一现状。

4. 顺势交易

顺势交易是一种偏右侧的交易方式，可以提早预判市场转向。所以当行情处于上涨趋势时，坚持做多而不提前做空；当行情处于下跌趋势时，坚持做空而不提前做多。

在期权交易中，顺势交易加适时止损是比较理想的交易模式。多数投资者对市场拐点的判断其实并不精准，股票交易者可以长期持有，以时间换空间来抵补，对收益产生的影响相对有限。但对于期权交易者，特别是期权的买方，预判市场是要付出时间价值成本的，如果市场 10 天、1 个月甚至半年都没转向，手里的期权合约的时间价值就在白白流逝，损失也在一点点扩大；对于期权的卖方，如果过早预判市场，则很容易出现逆势操作，风险会一步步放大，造成连续止损。

虽然跟随市场的走势可能会遇上极端行情，但只要在行情切换时适时止损，风险也是相对可控的。很多时候我们常说，有信心时加大仓位，有疑惑时减少仓位，无论何时都要设好止损位。只有这样，我们才不会错过该赚的钱，也不会在极端行情时出现损失惨重、无力东山再起的状况。

（四）延伸思考

1. 期权策略深度解读

在常见的期权策略中，与标的联动的有卖认沽、备兑、保险、领口等。

卖认沽策略，不仅仅是一种期权策略，从标的的视角来看，其实也是一种股票建仓的变形。提到卖认沽，就不得不提巴菲特投资可口可乐的例子。他通过卖出心理价位的认沽期权，要么白白赚取权利金收益，要么以心理价位完成建仓，可谓是两全其美，这在很多场合都比直接挂单买股票更有优势。

备兑策略，与股票操作的止盈非常相似，在本书前文有详细介绍，这里不再单独展开。

保险策略，与股票操作的止损非常相似。手里持有成本价为 2.4 元的 50ETF，心理止损位是 2.3 元，此时买入开仓行权价为 2.3 元的认沽期权进行保护。如果到期跌到 2.3 元以下，则可以选择行权，以 2.3 元价格把 50ETF 卖出去，也可以选择平仓期权合约继续持有 50ETF，此时损益与行权差别不大。与止损相比，保险策略有两大优势：一是保留了上行收益。如果是止损，一旦触发，即使 50ETF 后面大涨也没有收益，而保险策略是一段时间的保护，如果中间达到止损价，后面又上涨回去了，那么依旧可以赚取上涨的收益。二是保护更完整。止损可能会因为股票跳空、成交量不足等导致实际亏损超过预期，而保险策略有行权作为保障，所以只要开仓成功，最大损失基本就可以确定了。

领口策略，在保险策略的基础上，加了一个卖出高行权价认购期权，赚取一部分权利金收入来弥补花费的买认沽的权利金成本。其优点是成本更低，缺点是在标的上涨幅度较大时收益不能持续放大，变得有封顶了。因此，领口策略更适合预期标的上涨幅度不会太大的时候使用，并且构建的卖认购的行权价要高于预期市场上行的价位。

2. 期权与标的转化

为什么期权与标的的联动会这么多呢？因为期权和现货之间是可以互相转化的。很多投资者都听说过期权平价公式“$C+Ke^{-rT}=P+S$”（常简写为

$C+K=P+S$），实际上是说拿着现货同时买入认沽，就相当于拿着认购的同时持有一部分现金，两者可以等价代换。

基于这个平价转化关系，我们可以从另外的角度来看待期权策略。比如合成多头策略，就是 $C-P$，其实就相当于持有现货加一部分现金，所以期权和标的之间是可以打通的。由此诞生了很多套利策略，比如可以利用某一合约绝对价格过高或过低和其他合约相对价格过高或过低进行边界套利、凸性套利、平价套利、箱体套利等。套利机会不容易把握，投资者可以了解一下大致思路，不用过度追求，本文也不再过多阐述。

另外，50ETF 还有期货，所以现货、期货、期权之间可以互相结合，产生的策略和套利机会非常多，感兴趣的朋友可以多了解一下。

3. 对冲

所谓对冲其实就是将看错方向时产生的风险减少甚至规避掉，其在期货交易中很常用，那么在期权交易中又如何呢？

其实很简单，如果持有现货，那么我们可以使用保险策略等进行保护；如果持有期权合约，则可以使用现货来进行风险对冲。例如，我们现在持有 2 张平值认购卖方，此时可以通过买入 1 万份 50ETF 进行对冲，若短期内 50ETF 上涨，则认购卖方方向上亏掉的钱会在现货上得到弥补，当然下跌时方向上赚到的钱也会被现货的损失侵蚀掉。更多的时候对冲在方向上是不赚钱的，赚的是时间、波动率等维度的钱。在应用时，投资者也要注意自己是否想通过判断方向来赚钱。如果是，那么在使用对冲时要慎重，否则容易看对方向却不赚钱。

当然，使用现货对冲成本比较高，而且没办法做空，所以很多时候我们也用期权合成多头策略、合成空头策略代替，或者直接用期权合约去对冲，方式也各不相同。

对于期权交易来说，标的的重要性毋庸置疑。我们可以对标的进行对比，选择出自己最适合、最擅长的品种，然后通过熟悉的分析方法来预测其走势以赚取方向上的收益，也可以将它与期权策略结合，衍生出很多不错的交易做法，甚至可以利用它进行套利、对冲。在实际交易中，只有将标的了解清楚、研究明白，接下来的操作才有可能高枕无忧。

3.6　轻松搞定指数定投期权

做股票不如做指数！

做指数一定要用期权！

截止到 2018 年 8 月底，年内指数跌幅已超过 20%，是极佳的指数定投时机。巴菲特多次提到，通过投资指数基金，一个什么都不懂的投资者通常能打败大部分的专业基金经理。如果利用期权，则可达到资金使用效率高、风险可控的定投效果。

很多人不了解其中的原因，常常问用期权这种杠杆较大的工具来做指数的定投，风险会不会很大。本来想做一个定期定额的简单投资，万一亏损惨重、本金不保，岂不失了安全、省心的投资初衷。

那么，为什么做指数要用期权呢？

期权是一个中性的金融工具，如果能够好好地运用、发挥它的优势，则能事半功倍，尤其是在定期定额的投资上。

一、如何运用期权进行指数投资

传统的定投方式是在某个固定的时间，买进固定的金额，做降低成本的长期投资。使用期权定投，则是采用巴菲特购买可口可乐的方式做投资，这不仅能降低投资成本，还能减少资金使用。例如，2018 年 8 月 1 日卖出行权价为 2.50 元的认沽，获得权利金 0.035 元。8 月 22 日合约到期，50ETF 收盘价为 2.499 元，合约被指派，最终以 2.465（2.5−0.035=2.465）元的成本建立仓位，比 8 月 1 日以开盘价 2.607 元直接买入的成本低了 5.4%。

我们比较 2018 年 1～8 月直接定投和卖出认沽期权两种方式建立仓位的情况：假设每月第一个交易日进场，无论卖出平值、虚值一档还是卖出实值一档认沽，最终建仓成本都会比直接买入 50ETF 的成本低，具体如表 3-4 所示。

表 3-4

月份	定投买入价/元	卖出平值		卖出实值一档		卖出虚值一档	
		被指派买入价/元	未被指派权利金收入/元	被指派买入价/元	未被指派权利金收入/元	被指派买入价/元	未被指派权利金收入/元
1 月	2.907		339		614		154
2 月	3.134	3.067		3.111		2.991	
3 月	2.884	2.852		2.844		2.797	
4 月	2.702	2.630		2.652			498
5 月	2.646		609	2.611			401
6 月	2.643	2.594		2.616		2.566	
7 月	2.402		683		962		450
8 月	2.537	2.487		2.506			450
成本价	2.732						
总盈亏金额/元	−16880	−8369		−10544		−5777	
1～8 月累计报酬率/%	−7.72	−3.83		−3.82		−2.64	

二、存在的问题

采用卖认沽的方式进行 50ETF 建仓的关键在于义务仓是否能顺利地被

行权指派，尤其是当我们保守地卖出虚值认沽，期待以更低成本取得仓位时，在多数情况下当月只能获得权利金。虽然卖出认沽能有效降低成本，但仓位相比于每月现货定投较少，故即使未来行情上涨，最后收益总数可能也并不优于现货定投。

2018 年行情下跌时间较长，虽然多数时候均可被行权指派，但仍有几个月份仅能获得权利金。

三、解决问题

为解决这个问题，我们可以采用择时的方式，即将整段行情分为多头区和定投区。以月为单位观察月 K 线，若当月收盘价大于 5 个月均线，则次月第一个交易日收盘价构建牛市价差；若当月收盘价小于 5 个月均线，则进入定投区，每月第一个交易日卖出认沽。具体操作方法如下。

（1）观察月 K 线。

（2）如果月 K 线收盘价大于 5 个月均线，则每月第一个交易日进场构建 Delta=1 牛市垂直价差仓位。

（3）如果月 K 线收盘价小于 5 个月均线，则每月第一个交易日卖出平值认沽，建立 1/5 仓位。

（4）持有 50ETF 仓位后，每月备兑开仓虚值一档认购，直至行权为止。

例如，2018 年 3 月 1 日，卖出行权价为 2.85 元的认沽，行权指派后立即卖出行权价为 2.9 元的认购，每个月持续备兑开仓，直至合约被行权。

2018 年以来，3 月、6 月、8 月实现 50ETF 建仓，5 月、7 月获得权利金，平均建仓成本为 2.581 元，并已建立 60%仓位，每月现货定投买入成本为 2.635 元，建立仓位的动作仍在执行中，具体如图 3-50 所示，框内为多头区，其他则为定投区。

我们改变了一下方式，把期权当成长期投资的手段，这不仅降低了资金成本，而且收益和资产的增长情况也相对稳定了。

如果将期权这个金融工具利用得当，那么应该能够取得十分不错的投资效果，尤其是在2018年股市行情低迷的情况下，也能达成投资规划上的完美目标。

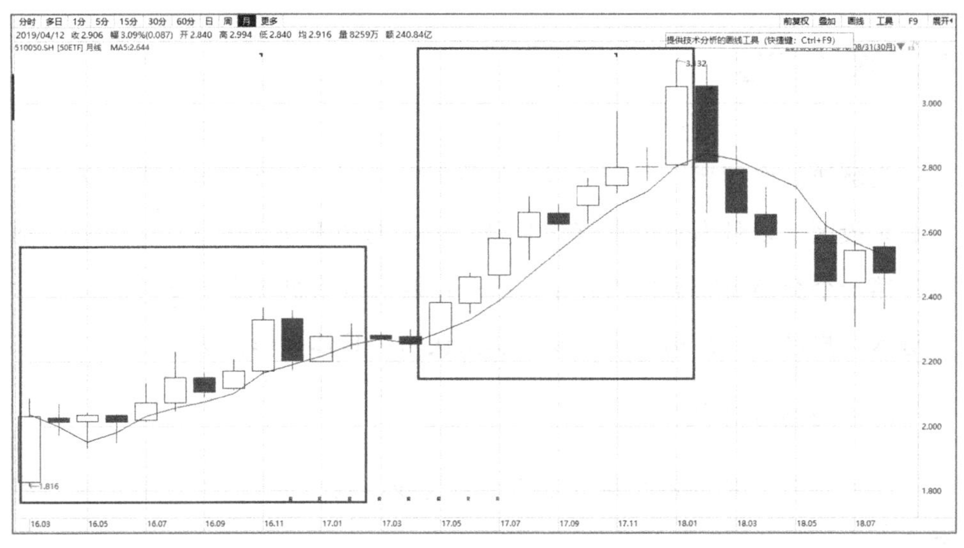

图 3-50

3.7 常被忽略的合成期货

为什么认购和认沽的隐含波动率相差很大（如图3-51所示）？假设认购的隐含波动率比认沽低了很多，那么是不是认购被低估了，或是认沽被高估了？如果是的话，那么我们是不是可以透过买进认购并同时卖出认沽来套利？这是笔者在讲到隐含波动率时，被问到的最多的一类问题。

代码	名称	现价	涨跌	涨跌幅	今开	最高	最低	换手率	成交量	成交额	时间
510050	50ETF	2.409	0.044	1.86%	2.375	2.414	2.373	3.48%	6.25亿	14.98亿	01/18

认购						认沽				
持仓量	成交量	涨跌幅	最新价	隐含波动率	行权价	隐含波动率	最新价	涨跌幅	成交量	持仓量
2019年1月（到期日 2019-01-23；剩余4个自然日、3个交易日；合约乘数 10000）										
795	1285	11.17%	0.3502	0.00%	2.050	46.88%	0.0001	0.00%	118	9409
3247	3409	13.58%	0.3010	0.00%	2.100	40.63%	0.0001	0.00%	1989	44036
4574	3975	16.56%	0.2506	0.00%	2.150	34.38%	0.0002	0.00%	2384	59256
5156	1.15万	21.15%	0.1999	0.00%	2.200	28.13%	0.0004	0.00%	5473	60602
10700	3.86万	30.78%	0.1504	0.00%	2.250	25.20%	0.0004	-66.67%	2.32万	71986
38252	9.49万	52.42%	0.1009	0.00%	2.300	22.32%	0.0014	-70.83%	8.84万	120209
57582	23.06万	93.99%	0.0549	0.00%	2.350	20.00%	0.0052	-68.86%	17.54万	123696
112650	28.07万	132.93%	0.0191	11.07%	2.400	18.43%	0.0180	-62.66%	26.35万	85472
100377	8.85万	128.57%	0.0048	14.75%	2.450	23.56%	0.0536	-40.25%	6.20万	20048
65042	2.94万	100.00%	0.0008	16.60%	2.500	30.62%	0.0992	-28.63%	2.43万	6485
39181	4275	0.00%	0.0002	18.53%	2.550	41.36%	0.1491	-20.82%	3136	1924
38174	1089	-50.00%	0.0001	23.83%	2.600	47.66%	0.1988	-16.51%	2401	1880
38845	910	-50.00%	0.0001	28.91%	2.650	58.52%	0.2486	-13.68%	2583	1892
48664	2207	0.00%	0.0001	33.59%	2.700	65.33%	0.2989	-11.52%	1768	1301

图 3-51

从图 3-52 中可以看到，认购和认沽的差距真的很大，单看这个差距是可以套利的，但是这时真的能套得利润吗？这些差别的存在真的合理吗？

一、标的资产

认购和认沽的隐含波动率差别较大的原因在于，在计算隐含波动率时所使用的标的资产不同。这主要是因为市场上主流的交易者是做市商，其在定价时是把合成期货当成标的资产计算而不是把上证 50ETF 现货当成标的资产计算。

什么是合成期货？为什么要用合成期货计算而不用上证 50ETF 现货来计算呢？

我们可以用认购及认沽期权合成一个上证 50ETF 的期货合约。

根据期权平价理论，可得到公式：

合成期货多头=买入认购+卖出认沽（相同行权价）

合成期货空头=卖出认购+买入认沽（相同行权价）

其实有一个非常好记的方法：买入认购是看多，卖出认沽也是看多，将这两个合在一起就是合成期货多头；而卖出认购是看空，买入认沽也是看空，将这两个合在一起就是合成期货空头。

因为每个月份都有多个行权价，所以在一个月份会有很多个合成期货，我们以表 3-5 为例来解释。

表 3-5

上证 50ETF 收盘价：2.409 元

认购/元	行权价/元	认沽/元
0.2591	2.15	0.0030
0.2188	2.20	0.0057
0.1682	2.25	0.0104
0.1268	2.30	0.0195
0.0888	2.35	0.0331
0.0548	2.40	0.0525
0.0378	2.45	0.0770
0.0198	2.50	0.1130
0.0097	2.55	0.1521

如果当月有 9 个行权价，就可以计算出 9 个合成期货，而且可能是 9 个不同数值的合成期货。举例而言，我们可分别计算出行权价为 2.40 元、2.45 元及 2.50 元的合成期货。

合成期货计算公式如下：

合成期货价位=认购的权利金-认沽的权利金+行权价

行权价为 2.40 元的合成期货价位=0.0548+0.0525+2.40=2.4023（元）

行权价为 2.45 元的合成期货价位=0.0378-0.0770+2.45=2.4108（元）

行权价为 2.50 元的合成期货价位=0.0198-0.1130+2.50=2.4068（元）

我们可以发现不同行权价有不同的合成期货价格，而且和上证 50ETF 现货的不同，那么我们要用哪一个合成期货来计算呢？

这个问题其实不难，因为要使用计算的期权行权价通常用来对冲标的，所以我们大多会用流动性最好的行权价来计算。当然也有人会计算每个行权价的合成期货及它们的隐含波动率。

不用上证 50ETF 现货来对冲风险，而用合成期货来对冲风险是最合理的。使用上证 50ETF 现货来对冲有其局限性，例如，无法在当日进出、资金成本太高、无法做空方的交易，就算可以用融券来进行空方交易，但成本太高，所以合成期货成为最合理的标的。

二、隐含波动率相差较大时可否套利

当我们发现认购期权的隐含波动率较高、认沽的隐含波动率较低时，卖出隐含波动率比较高的认购的同时买入隐含波动率比较低的认沽（相同行权价），其实就是放空合成期货。这时若同时买入并计算它们的标的资产（即买入上证 50ETF 现货 10000 股），就可形成一个无风险套利仓位，具有一定的套利空间。由于这种操作所耗资金成本太高，再加上报酬不是特别高，所以在市场上只有那些资本雄厚的私募或做市商的会实行此策略。

有的投资人卖出某个行权价隐含波动率较高的认购（认沽）的同时买入某个行权价隐含波动率较低的认沽（认购），形成风险逆转的偏态套利仓位，这也是交易的一种形式。

如图 3-52 所示是 2017 年 3 月 23 日至 4 月 26 日使用平值合约合成期货价格减去上证 50ETF 每个跳动点的价格的差值走势图。图中纵轴每个点（point）是 10 元，主要原因是 50ETF 现货最小报价到小数点第三位，而期权的每个跳动点价格则精确到小数点第四位。

从图中可以看到合成期货最高曾经高于上证 50ETF 现货超过 100 元，

而最低合成期货也曾低于上证 50ETF 现货超过 50 元，故其间还是有不错的套利空间的。

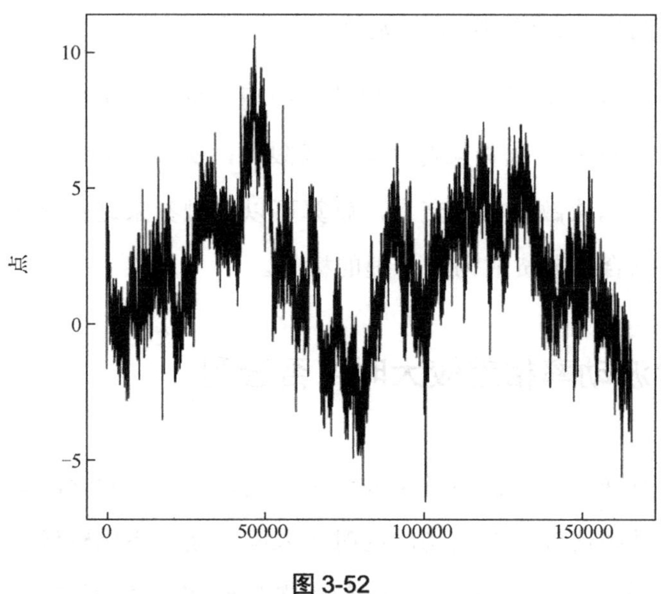

图 3-52

做这种无风险套利，其实还不如在各行权价间的合成期货上做套利。

例如，如表 3-6 所示，行权价为 2.40 元、2.45 元、2.50 元的合成期货的价格不同。理论上到期时都是用同一个标的去行权的，各合成期货的价位应该一致才对。

表 3-6

行权价/元	合成期货/元
2.40	2.4023
2.45	2.4108
2.50	2.4068

由表 3-6 可知，行权价为 2.45 元的合成期货价格最高，行权价为 2.40 元的合成期货价格最低，所以理论上可以卖出行权价为 2.45 元的合成期货，

同时买入行权价为 2.40 元的合成期货，做一个无风险套利。

卖出行权价为 2.45 元的合成期货，在操作时即为卖出行权价为 2.45 元的认购，同时买入行价为 2.45 元的认沽。

买入行权价为 2.40 元的合成期货，在操作时即为买入行权价为 2.40 元的认购，同时卖出行权价为 2.40 元的认沽。

若以使用资金 8000 元来计算，在 2 月份合约到期时报酬率为 1.06%，所以在过去有不少私募将此方式编写成程序，由计算机找出各行权价价格偏离的情况，然后买入被低估的合成期货、卖出被高估的合成期货，以此套取无风险利润。

上证 50ETF 采用实物交割的方式，假设在 2019 年 2 月 27 日到期时，上证 50ETF 价格涨至 2.45 元以上，这时买入行权价为 2.40 元的认购变成实值的期权，到期要申请行权。以 2.40 元的行权价取得上证 50ETF 现货 10000 股，而卖出行权价为 2.45 元的认购也变成实值的期权，故大概率也会被行权指派，必须交付 10000 股的上证 50ETF 现货，故必须要有另外 24000 元资金行权取得上证 50ETF 现货再去交付。在认沽方面，由于都是虚值期权，故可以省略不计。

若 2019 年 2 月 27 日上证 50ETF 价格为 2.40 元以下，由于认购都是虚值，所以可以先不管，但买入的行权价为 2.45 元的认沽为实值认沽，故必须申请行权。首先要有现货去交付行权，然后隔日再由行权价为 2.40 元的认沽被行权来取得上证 50ETF 的现货。若手中没有现货交付，则必须先到市场上买入，然后交易给自己，再到市场上卖出，中间会有两天的价格波动风险，这时可能又必须去使用期权先行避险，所以也要用掉许多额外资金。

如果 2019 年 2 月 27 日上证 50ETF 的价格落在 2.40 元至 2.45 元之间，则买入的行权价为 2.40 元的认购是实值，必须申请行权买入，取得上证 50ETF。另外，买入的行权价为 2.45 元的认沽也是实值，必须申请行权交付上证 50ETF，也必须有现货去交付，所需资金更多，所以这种套利到最后会有很多人放弃行权，导致在最后一个交易日，各行权价的合成期货不一定会收敛反而会更加发散，从而造成更多的风险及意外状况。

这种各行权价的合成期货套利通常不用等到完全收敛，只要行情变动，各行权价由原先的虚值变成实值，或由实值变成虚值等，其报酬率在统计上恢复正常就可出场获利了结，等待下一个机会再进场。这种以多次进/出场来获取小额利润的操作反而成为各行权价的合成期货套利的主流。

三、是否可以用期货对冲

在大多数情况下，我们都是用期权来对冲持有仓位风险的，所以在计算隐含波动率的时候，使用合成期货来计算。但是如果我们用上证 50 期货来对冲风险，那么在计算隐波动率的时候，是不是也可以把上证 50 期货当成标的资产计算呢？

当然可以，只是要注意如下几点。

（1）上证 50 期货的标的是上证 50 指数并非是上证 50ETF，而上证 50ETF 是追踪上证 50 指数的指数型基金，与上证 50 指数会有追踪误差。

（2）上证 50 期货与上证 50ETF 期权到期日不一样。

（3）上证 50 期货与上证 50ETF 期权合约规格大小也不一样，但 30 组合成期货市值等于一手上证 50 股指期货。

（4）在个股分红时，IH 指数期货与上证 50ETF 的差距会拉大，直至上证 50ETF 也分红才恢复正常，所以在个别成分股分红时要注意分红所带来的影响。

上证 50ETF 期权合成期货与上证 50 期货虽然很类似，但在操作时也要注意两者的区别。

四、看标的资产眼光应更宽广

上证 50ETF 现货、合成期货及期货三者互相有一定的替代性，虽然做市商在计算隐含波动率时，都使用合成期货进行计算，并使用合成期货对冲其方向性，但实际在进行短线的交易时，我们可以选择更有利的标的，以便使效用更大。

当然，在投资人了解了期权的合成期货后，也可以把期权的非线性形态透过合成期货转换成线性的杠杆形态，这样就可以提高期权投资所获得的收益。

3.8 合约调整的影响

自 2015 年 2 月 9 日 50ETF 期权上市到 2018 年 12 月 3 日，已经出现过 3 次 50ETF 分红带来的合约调整，分别是在 2016 年 11 月 29 日、2017 年 11 月 28 日、2018 年 12 月 3 日，每次分红都有不少投资者被分红带来的合约调整的事项困扰，并产生各种问题。例如，怎么突然出现备兑不足了？行权价怎么变了？平仓收到的钱怎么对不上了？今天我们就以 2018 年 12 月 3 日的合约调整为例，来聊一下合约调整的问题。

一、合约调整的全过程

（一）公告时点

2018 年 11 月 12 日，华夏基金管理有限公司发布《上证 50 交易型开放式指数证券投资基金利润分配公告》，上证 50 交易型开放式指数证券投资基金将进行分红，每 10 份分 0.49 元，除息日为 2018 年 12 月 3 日。

同一日，上海证券交易所也发布了《关于提醒上证 50ETF 期权合约即将调整的公告》，提醒将于 2018 年 12 月 3 日对 50ETF 期权合约的行权价格、合约单位、合约交易代码和合约简称进行调整，并对除息后的 50ETF 新挂 2018 年 12 月、2019 年 1 月、2019 年 3 月和 2019 年 6 月这 4 个月份的标准化合约。

2018 年 11 月 30 日，也就是 12 月 3 日的前一个交易日，上海证券交易所发布《关于上证 50ETF 期权合约调整的公告》，向市场公布具体调整事项。

（二）具体调整事项

1. 调整规则

《上海证券交易所股票期权试点交易规则》部分规定如下。

第十二条：合约标的发生除权、除息的，本所在除权、除息当日，对该合约标的所有未到期合约的合约单位、行权价格进行调整，并对除权、除息后的合约标的重新挂牌新的期权合约。

第十三条：合约标的除权、除息的，期权合约的合约单位、行权价格按照下列公式进行调整：

新合约单位=[原合约单位×（1+流通股份实际变动比例）×除权（息）前一日合约标的的收盘价]/[（除权（息）前一日合约标的的收盘价格-现金红利）

+配股价格×流通股份实际变动比例]

新行权价格=原行权价格×原合约单位/新合约单位

调整后的合约单位，按照四舍五入的原则取整数；调整后的行权价格，按照四舍五入的原则取小数，合约标的为股票的，保留两位小数，合约标的为交易所交易基金的，保留 3 位小数。

第十四条：期权合约的合约单位、行权价格发生调整的，交易代码及合约简称同时调整，交易与结算按照调整后的合约条款进行。

期权合约发生上述调整后，如出现该合约的持仓数量日终为零的情形，本所于下一交易日对该合约予以摘牌。

第十五条：股票、交易所交易基金被本所调出合约标的范围的，本所不再对其加挂新合约。

因合约标的除权、除息而发生调整的合约，不再对其加挂新到期月份与行权价格的合约。

2. 具体例子

看完规则后，相信很多投资者还是一头雾水，下面我们就带大家看一下具体例子。

2018 年 12 月 3 日为合约调整日，故选取前一交易日 11 月 30 日日终的 50ETF 价格 2.474 元为基准，现金红利为每 1 份 0.049 元。

合约调整后：

新合约单位=[原合约单位×（1+流通股份实际变动比例）×除权（息）前一日合约标的收盘价]/[（除权（息）前一日合约标的收盘价格−现金红利）+配股价格×流通股份实际变动比例]

=[10000×（1+0）×2.474]/[（2.474−0.049）+0×0]

≈10202

如果 11 月 30 日日终持仓 1 张 50ETF 购 12 月 2.2 元的合约，那么调整后为

新合约行权价=原行权价格×原合约单位/新合约单位

=2.2×10000/10202≈2.156（元）

新合约结算价=原结算价×原合约单位/新合约单位

=0.2879×10000/10202≈0.2822（元）

12 月 3 日，合约已经变成了 50ETF 购 12 月 2.156A，且合约单位已经变成 10202，前结算价已经变为 0.2822 元。

二、调整影响

1. 合约信息变化

（1）合约交易代码的第 12 位由“M”调整为“A”，其他位保持不变。

（2）合约简称中的行权价格调整为新行权价格，同时增加标志位“A”（原来无标志位）。例如，上文中“50ETF 购 12 月 2.2”就变成了“50ETF 购 12 月 2.156A”。

（3）合约单位由 10000 变为 10202。

（4）行权价格相应调整，如由 2.2 元变为 2.156 元。

（5）合约前结算价相应调整，如由 0.2879 元变为 0.2822 元。

2. 合约数量增加

除原有合约进行对应调整外，上海证券交易所还会在 12 月 3 日对除息后的上证 50ETF 重新挂牌 2018 年 12 月、2019 年 1 月、2019 年 3 月和 2019 年 6 月到期月份，1 个平值、4 个实值、4 个虚值、9 个行权价格，认购和认沽两种类型，共 72 个上证 50ETF 期权合约。

3. 调整前后合约市值不变

很多投资者看到调整后的合约结算价格降低，认为调整让自己亏钱了，实际上调整前后的合约市价是不变的，如 0.2879×10000≈0.2822×10202。根据规则，如果合约市价不一致，剩余不足部分可用现金补偿。

4. 不再加挂调整合约

在期权合约调整后，如果因行情波动需要新加挂合约，那么对于合约单位为 10000 的标准合约可以正常加挂，但是对于调整过的合约将不再加挂新行权价格的调整合约。

三、注意风险

1. 备兑不足

对于在合约调整日之前已经持有备兑仓位的投资者，原来 1 万份 50ETF 对应 1 张卖出认购合约，因为合约调整，合约单位变成了 10202，所以需要增加 50ETF 持仓来补足缺口，此时容易出现备兑不足的风险。

一般备兑不足会受到相关期权经营机构的提醒，只需在 12 月 3 日按时补足缺口即可，无须再做锁定。在 12 月 3 日日终，中国结算根据调整后的合约单位和投资者备兑开仓的持仓情况，对投资者证券账户中相应数量的合约标的进行备兑交割锁定。

但因为50ETF实际分红资金的发放是在12月6日，而12月3日即发生合约调整需要补足现货持仓，所以很多投资者忽视了补足仓位的时点，因而在出现备兑不足时未及时补足的情况。12月3日日终，经中国结算备兑交割锁定后仍出现备兑不足的，在此交易日规定时间内还未补足，则可能触发强行平仓。

2. 单位变化

在合约调整后，交易单位发生了变化，很多投资者如果还是按照10000份的单位去结算，就会出现错误。

例如，卖出开仓调整合约，按照1万份计算保证金刚好不会触发追保/强平线，但在卖出开仓后却发现实际风险度超过了追保/强平线，原因就在于计算时把单位弄错了，结果产生额外风险。

再例如，备兑开仓调整合约，按照1万份锁定50ETF，然后进行备兑开仓，发现一直无法开仓成功。实际上是因为锁定的数量不够，没有达到10202份以上，所以出现锁定现货不足以支持备兑开仓的情况，导致开仓失败。

还有一些投资者持有调整合约权利仓，在平仓时会发现收到的金额与自己计算的对不上，原因也在于单位的非标准。

3. 合约流动性下降

一般，在合约调整后流动性会有所下降，常见原因如下。

1）可选期权合约数量增加

合约调整导致同一月份的期权合约数量出现大幅增长，甚至同一行权价有两个认购/认沽合约供选择，此时增长的合约会分流一部分交易量，投资者从而调整合约使得成交量下降。

2）单位变化

上文中也提到了单位变化引发了买方、卖方、备兑方等在操作时的种种不便利性。作为市场参与者，在同样条件下更容易被单位为 10000 的标准合约吸引，而不是进行有零有整的计算、准备现货锁定等。

3）合约摘牌风险

根据交易规则，如果在合约调整后，出现该合约的持仓数量日终为零的情形，就会对该合约予以摘牌。标准合约都是在合约到期日那天才会被摘牌，而调整合约却可能因为持仓量为零而提前被摘牌，这也是调整合约比较特殊的地方。

当然，很多投资者可能会觉得调整合约太复杂，进而不愿意参与调整合约的交易，从而找到一些隐含波动率比较低（类似股票市盈率较低）的调整合约进行交易，或者找到一些标准合约和调整合约之间的机会进行套利。只是目前市场上这些交易机会比较少，本文中就不做过多阐述了。

在看完本文后，相信您对合约调整有了大致了解。在后续操作中，如果再面对调整合约，也许就不会再以异样的眼光去看待它们了。我们只需要看清楚合约调整的风险，在投资中正常操作即可。

第 4 章 人人可用的专业手法

4.1 基本款之多空挪移

“基本款”一词来自时尚界，指的是一些可穿越时代的服装款式，如牛仔裤、白衬衫、连衣裙等，这些款式具有共同的特性，简单耐看，几乎人人都接受，稍微修饰就可以造就更多的经典款或潮流款。

今天所说的期权基本款，是以期权为主要工具的简单交易套路，其大有与上述服装款式相通的旨趣和魅力：首先，每种基本款在各种行情中都可应用，能穿越牛熊之市。其次，每种基本款都只有一种核心的交易逻辑，通俗易懂。再次，交易手段简单易行，几乎人人都能学会操作。最后，运用熟练基本款后，可以进行变通或组合使用，威力更大。

那么，这些交易套路的内容是什么呢？包含四个部分：触发器、触发信号、触发交易及合约选择，如图 4-1 所示。

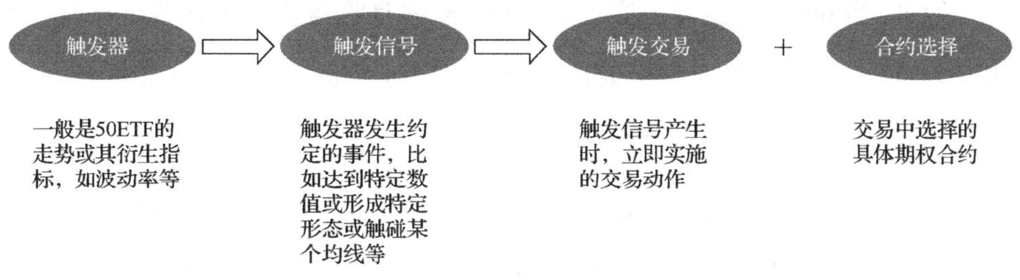

图 4-1

下面介绍第一个基本款，即经过实战考验的多空挪移。

一、操作说明

1. 触发器

50ETF 的 30 分钟 K 线与 60 日均线的关系，每 30 分钟观察一次。其中 30 分钟 K 线和 60 日均线可以替换成捕捉价格趋势的其他指标，但由于期权价格波动幅度远超股票，日线级别的 K 线对于买卖点的判断比较迟钝，所以最好不要选择周期超过日的 K 线。

2. 触发信号和触发交易

多空挪移基本款的触发信号及对应交易仅用到三种类型，即做空、做多、转换。

做空：当 60 日均线下穿 30 分钟 K 线且收盘价小于均线价格时（含跳空），卖出开仓一张当月平值认购合约，同时平仓认沽合约（如果持有认沽义务仓）。

做多：当60日均线向上穿过30分钟K线且收盘价大于均线价格时（含跳空），卖出开仓一张当月平值认沽合约，同时平仓认购合约（如果持有认购义务仓）。

转换：如果持有合约权利金小于20元，则换成下月相同行权价的合约。例如，投资者卖开一张3月行权价为2.7元的认购合约，权利金为100元。假如50ETF在将来很长一段时间内没有大幅上涨，认购合约价格不断下跌；当跌到20元以下时，持仓的获利空间已经很小，投资者可以换仓到4月行权价为2.7元的认购合约。

3. 合约选择

为了赚取最大的时间价值同时保证合约较好的流动性，建议投资者卖出当月的平值合约。众所周知，行权价格等于标的资产价格的期权被称为平值期权。根据上海证券交易所公布的关于50ETF期权合约的基本条款来看，市场上常见的合约的行权价格间距一般是0.05元或0.1元。而每次观测的30分钟K线收盘价往往会在两个行权价格之间，如果收盘价距离两个行权价格的间距差不多，那么这两个行权价格所代表的合约都可以作为平值合约交易的候选。在这种情况下，笔者的习惯是选取偏虚值的合约，因为偏实值的合约较偏虚值的合约流动性会好一些。

二、模拟回测

以下回测假设初始资金是1万元，佣金是5元，如图4-2和表4-1所示。

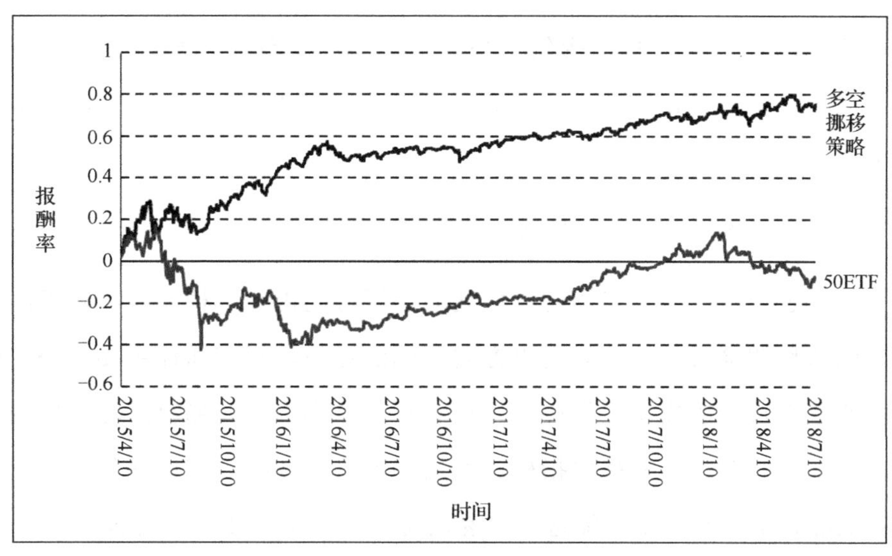

图 4-2

表 4-1

	期权均线策略	50ETF
开始时间	2015/4/10	2015/4/10
结束时间	2018/7/2	2018/7/2
最大净值（元）	17990	11748
最小净值（元）	10397	5775
累计获利（%）	73.86	−13.97
年化收益（%）	22.73	−4.3
日收益（%）	0.0936	−0.0177
日收益标准差（%）	1.27	1.62
最大回撤（%）	18.17	59.73

三、核心逻辑

多空挪移交易方法诞生于 2006 年，市场从 2004 年开始进入了一个两年左右的盘整阶段，由于指数并未表现出明显趋势，使用趋势指标做股指期货的绩效一直无法获利。在压力之下，笔者萌生了用股指期权代替期货交易的想法。于是，我们构建了移动平均线和期权卖方相结合的交易策略，这个策略一直沿用到今天，并且在上证 50ETF 期权交易中证明了其实用性。

这个方法的原理并不难理解，其赚钱的逻辑如下。

逻辑之一是：虽然市场的价格波动在短时间内是一种无序、随机的状态，但从长期来看，往往呈现出方向明确的走势。只有抓住主要趋势，投资才能取得长期的成功。而移动平均线正是这样一种在趋势追踪中应用最广、准确性相对较高的技术指标。利用移动平均线捕捉市场信号，加上期权在上涨、下跌趋势中都能进行交易的特点，跟随市场走势赚钱。

逻辑之二是：期权与其他金融工具很重要的一点区别在于期权具有时间价值属性，即随着时间的推移，期权的时间价值不断衰减。因此，即使在一段时间内合约标的并未表现出趋势性的价格波动，期权卖方也能够稳定地赚取时间价值的收益。换句话说，在移动平均线并未捕捉到市场上涨或下跌信号的情况下，虽然投资者无法在 Delta 上获得收益，但只要不出现大幅反向走势，就仍可以在 Theta 上赚钱。

这一基本款的优势主要有四点：①移动平均线作为主要参考指标，能够抓住标的价格的主要趋势，也能够按照多空信号进行顺势交易，不受偶然波动的影响；②每 30 分钟进行一次操作判断，有严格的止盈、止损和换仓策略来保证收益稳定；③如果是做期权卖方，则当标的处于波动相对较小的盘整阶段时，可以赚取时间价值；④它是单腿策略，操作简便易行。

四、不足之处

（1）如果市场连续交替出现多头、空头信号，那么投资者需要不断地进行平仓和反向开仓，会造成一定的亏损。

图 4-3 所示是 2018 年 6 月 13 日至 6 月 19 日 50ETF 的 30 分钟 K 线，50ETF 处在一个反复震荡的过程中——60 日均线来回穿过 30 分钟 K 线，这意味着市场总是在短时间内朝着投资者开仓的反方向移动，投资者不得不反复平仓。这不仅在方向上有一定的亏损，而且还要承担较高的交易成本。

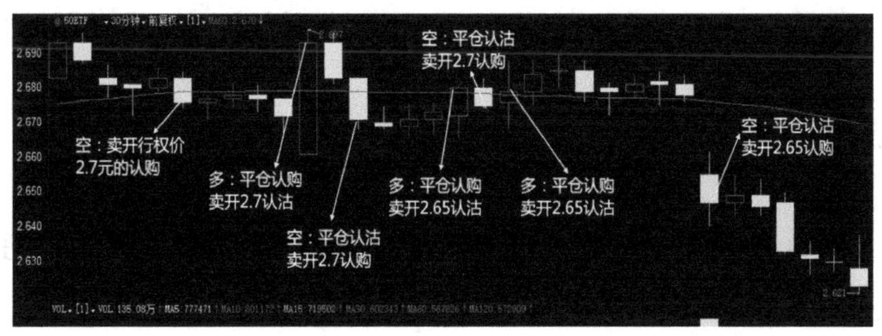

图 4-3

（2）在开仓之后，如果标的市场价格在短时间内大幅反向移动，则会有较大损失。

如图 4-4 所示，2018 年 6 月 14 日 10 点的 30 分钟 K 线与 60 日均线相交，且收盘价大于均线价格，出现多头信号。投资者平掉之前的认购义务仓，然后卖出开仓一张 6 月份行权价为 2.7 元的认沽期权。然而 50ETF 紧接着掉头向下，10 点半收出了一根跌幅为 0.37%的阴线。虽然该线此时还并未与 60 日均线相交，但投资者在方向上已经有一定亏损了（图中圆圈所示）。

在上面两种特定走势下，投资者要特别坚定信心，坚持遵守操作纪律，一丝不苟地按照触发信号进行交易，只有这样方可拨云见日，逐渐走出泥潭。相反，如果自作聪明，抛弃触发信号自行主张，那么最终可能会形成一团乱麻。

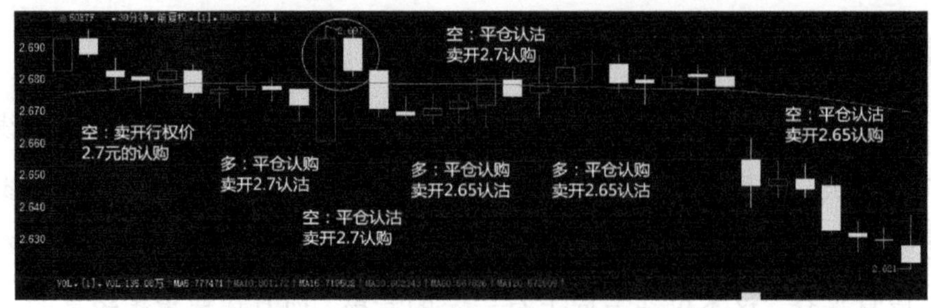

图 4-4

（3）做卖方交易，赚取时间价值，相比于以权利仓为主的交易盈利有限。

五、变通与衍生

（1）虽然在前文中明确说明要每半小时比较 30 分钟 K 线与 60 日均线的关系，但在实际交易过程中，如果投资者对下一阶段的标的价格走势有比较确定的判断的话，那么也可以提前一两分钟开始操作，这可能会在价格方面有较小的优势。

（2）这个交易方法可以搭配、衍生出多种策略。只要是以趋势追踪作为基本原理的，投资者都可以将 60 日均线替换成其他代表趋势的指标，如 30 日均线、MACD 等。同时，也可以调整交易信号观测的频率，用 10 分钟 K 线或 60 分钟 K 线替代 30 分钟 K 线，相应的净值走势也会变得更加平缓或波动更剧烈。

（3）本文介绍的交易方法并未涉及代表期权特性的指标，如波动率、希腊字母等，而是采用在股票交易中常用的技术指标。换言之，如果投资者利用某些技术指标交易某个标的并且不亏钱的话，将交易对象换成标的相应的期权合约义务仓，按照原先的技术策略进行长期交易也能够盈利。

（4）在交易中可以适当加入资金管理的方法。例如，每当累计报酬率达到 50%时或者每当盈利 5000 元时，开仓数量就增加 1 张，这样可以在不断交易的过程中，逐渐增加投资收益。

4.2　基本款之复仇者

下面推出第二个基本款：仅依靠 50ETF 的 30 分钟 K 线走势便可进行期权交易，而且它还有一个霸气的名字——复仇者。下面来看复仇者是如何盈利的。

一、操作说明

本款策略具体内容如图 4-5 所示。

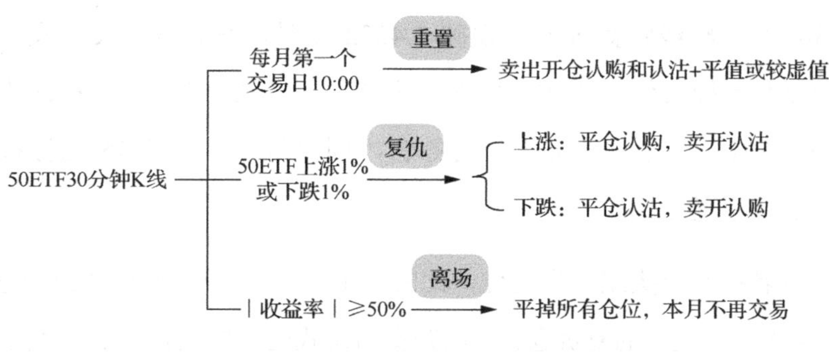

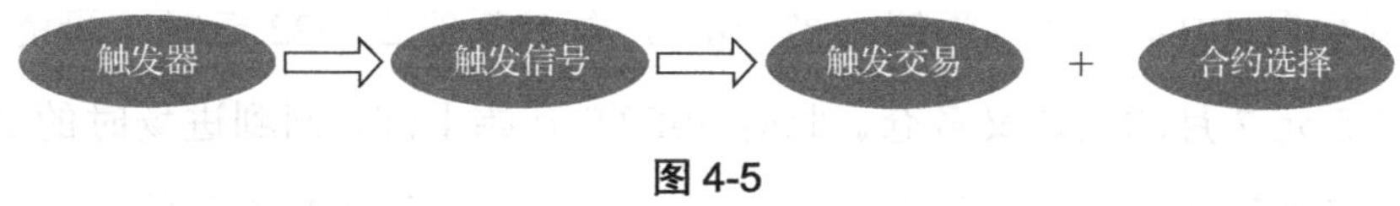

图 4-5

1. 触发器

50ETF 的 30 分钟 K 线变化情况，每 30 分钟观察一次。

2. 触发信号和触发交易

复仇者的触发信号及对应交易有三种类型：重置、复仇、离场。

重置：这款策略同样以 50ETF30 分钟 K 线价格变化作为交易依据。为了明确交易纪律，设定每个月第一个交易日 10:00 进场交易，也就是在第一个交易日第一根 30 分钟 K 线出现的时候，卖出开仓当月认购和认沽的平值期权各一张。

复仇：当 50ETF 上涨 1%或下跌 1%时开始调整。当标的上涨 1%时，平仓认购义务仓（如有持仓），同时再卖出开仓一张认沽义务仓；当标的下跌 1%时，平仓认沽义务仓（如有持仓），同时再卖开一张认购义务仓。如果 50ETF 持续单方向变动，则投资者不再追加仓位，始终保持 2 张的义务仓。

例如，2018 年 7 月 2 日为 7 月第一个交易日，在 10:00 时 50ETF 报价为 2.477 元，卖出 7 月同样数量的行权价为 2.5 元的认购和 2.45 元的认沽合约。50ETF 上涨或下跌 1%的调整参考价位分别为 2.5017 元和 2.4522 元。当某一 30 分钟 K 线收盘价向下跌破 2.4522 元时，平仓认沽义务仓，同时继续卖出 2.5 元行权价的认购，复仇空头仓位。当某一 30 分钟 K 线收盘价向上突破 2.5017 元时，平仓认购义务仓，同时继续卖出 2.45 元行权价的认沽，复仇多头仓位。

当投资者持有空头或多头仓位，此时 50ETF 价格反向波动并回到进场价格时，投资者平掉追加的复仇仓位，回归卖出跨式的原始状态，此为复仇失败。

同样以 2018 年 7 月为例，当 50ETF 向下跌破 2.4522 元时，投资者仅持有 2.5 元 7 月的认购义务仓。此时 50ETF 开始上涨，回到进场时的 2.477 元，投资者需要平掉一张认购，同时卖出开仓行权价为 2.45 元的认沽期权，仓位回到进场时的持仓状态，复仇失败。

离场：当盈利或亏损金额达到初始卖跨仓位获得的权利金的 50%时，投资者平掉所有仓位，本月不再交易，如图 4-6 所示。

3. 合约选择

同多空挪移策略类似，为了赚取最大的时间价值，同时保证合约较好的流动性，笔者建议投资者卖出当月的平值合约。如果收盘价在两个行权

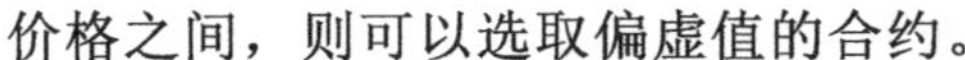

价格之间，则可以选取偏虚值的合约。

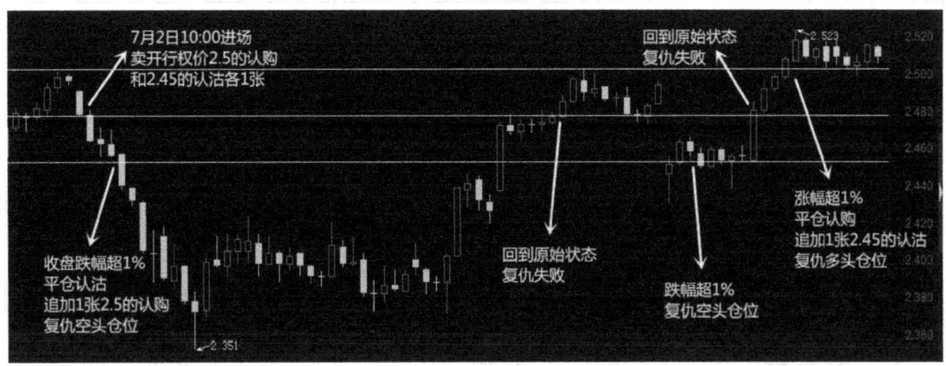

图 4-6

二、模拟回测

假设以下回测初始资金是 2 万元，佣金是 5 元，如图 4-7 和表 4-2 所示。

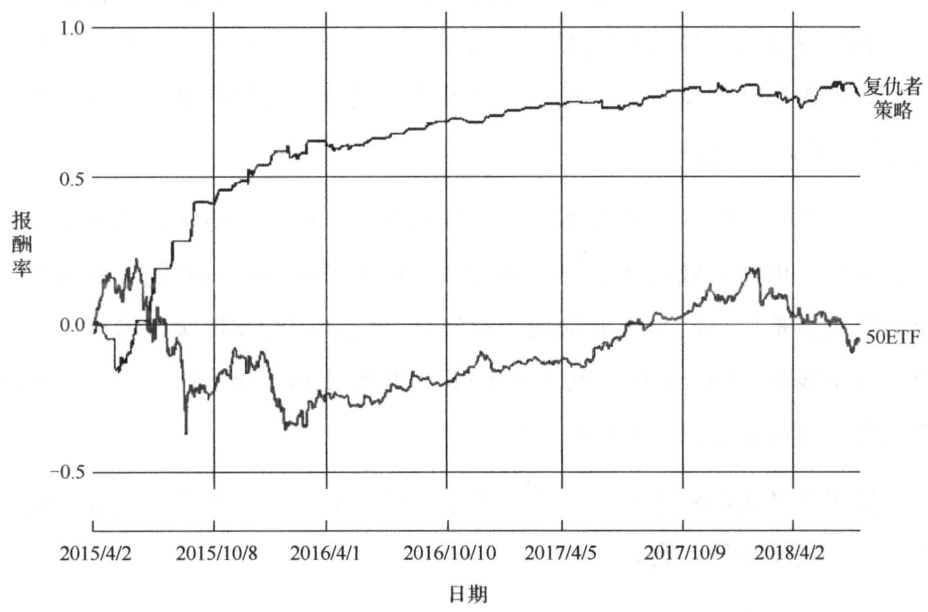

图 4-7

表 4-2

	复仇者	50ETF
开始时间	2015/4/2	2015/4/2
结束时间	2018/7/13	2018/7/13
最大净值/元	37174	24376
最小净值/元	16796	12430
累计获利/%	82.89	−5.12
年化收益/%	25.18	−1.56
日收益/%	0.103	−0.006
日收益标准差/%	0.93	1.61
最大回撤/%	15.33	47.67

三、核心逻辑

早在 2004 年，就有不少投资者使用过这个交易方法，并且在推广过程中衍生出许多变形策略。这个策略最初的名字叫“草船借箭”，有借趋势获得有利地位之意。当行情发生单方向变化时，策略会向方向相反的仓位平仓，同时追加获利仓位，就像投资者希望新的持仓能够获利、复仇原有错误仓位一样，故又改名为“复仇者”。

许多卖方投资人常常高估时间价值的保护作用，即便标的走势不利于现有仓位，仍然采取观望、等待的方式，错过了最佳止损时间。复仇者的交易模式就是希望能尽可能快地平掉错误仓位，同时发挥卖方的优势，不至于赚小钱赔大钱。同时，利用 50ETF 的 K 线走势确定仓位调整点，可以使投资者尽量处在正确方向的一边。

按照笔者的经验来看，只要在每个月建仓后，改变仓位的次数在两次以下，一般就都能盈利。

复仇者策略具有以下四大优势：

（1）仅依靠标的价格走势就能做出判断，不需要复杂的交易指标，可以轻松上手。

（2）每个月仅交易一次，有严格的止盈、止损、换仓策略，能保证收益稳定、损失有限，且风险可控。

（3）做期权卖方，在标的处于波动相对较小的盘整阶段时可以赚取时间价值。

（4）每 30 分钟进行一次操作判断，及时调整方向，在赚取时间价值的同时获得方向上的收益。

四、不足之处

（1）开仓之后，如果标的市场价格在 30 分钟内大幅波动超过 1%，则会有较大损失，具体如图 4-8 所示。

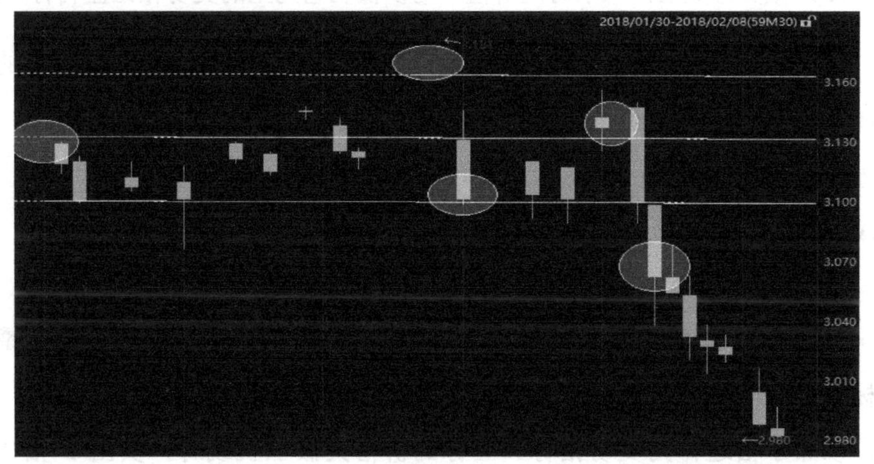

图 4-8

（2）做卖方交易，看空波动率。如果月初波动率一直上涨，随后一路下跌，导致投资者不得不在波动率上升时早早止损，损失了之后波动率又开始下降的获利机会，具体如图 4-9 所示。

图 4-9

（3）做卖方交易，赚取时间价值，与以权利仓为主的交易相比盈利有限。

很多期权策略都是一项长期的投资规划，不是短期获利一夜暴富的工具，切不可因为一时损失违背交易纪律。

五、变通与衍生

复仇者交易策略将标的 30 分钟 K 线收盘价作为仓位调整、方向调整的指标，在此基础上，投资者可以根据需要叠加或换成更为复杂的指标。例如，以布尔信道作为交易指标。当标的价格突破上轨线时，卖出 2 张认沽合约；跌破下轨线时，卖出 2 张认购合约；回到中轨线时，卖出跨式合约，具体如图 4-10 所示。

图 4-10

也有投资者采用压力线与支撑线作为仓位调整信号，根据标的历史走势定位压力线与支撑线，在区间外做空头或多头仓位，在区间内做卖出跨式，具体如图 4-11 所示。

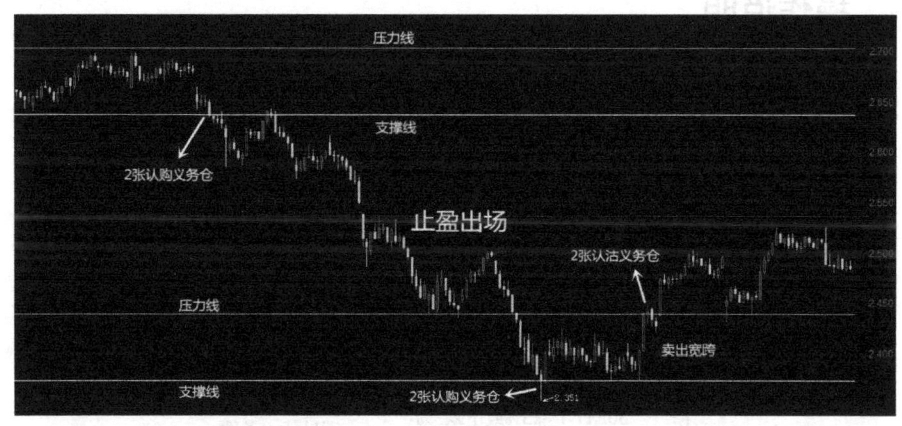

图 4-11

投资者采用这两种变形策略有可能会以卖出开仓两张认购或认沽作为开始仓位，而不是卖出宽跨式。长期来看，这两种变形策略都有不错的绩效，但净值走势波动较大，风险相应也更大一些。

4.3 基本款之均线择时

多空挪移和复仇者两个基本款策略都是以卖方为基础的，两者的历史绩效回测表现都不错，都能以较低的风险、简单的逻辑实现获利的投资目标。那么，买方是否也有类似的基本款策略呢？在回答这个问题之前，我们先思考一下，期权的买方赚什么钱。

买方赚的钱的来源有两个：一是隐含波动率上升，赚波动率的钱；二是看对方向，赚 Gamma 的钱。

如果要用对冲的手段赚波动率的钱，那么策略很可能会变得十分复杂，有违基本款的“基本”原则。因此，策略构建将重心放在趋势和方向持续所产生的 Gamma 价值覆盖时间价值耗损上，捕捉标的方向的变化和判断变化持续的时间成为交易的关键。

一、操作说明

均线择时策略具体内容如图 4-12 所示。

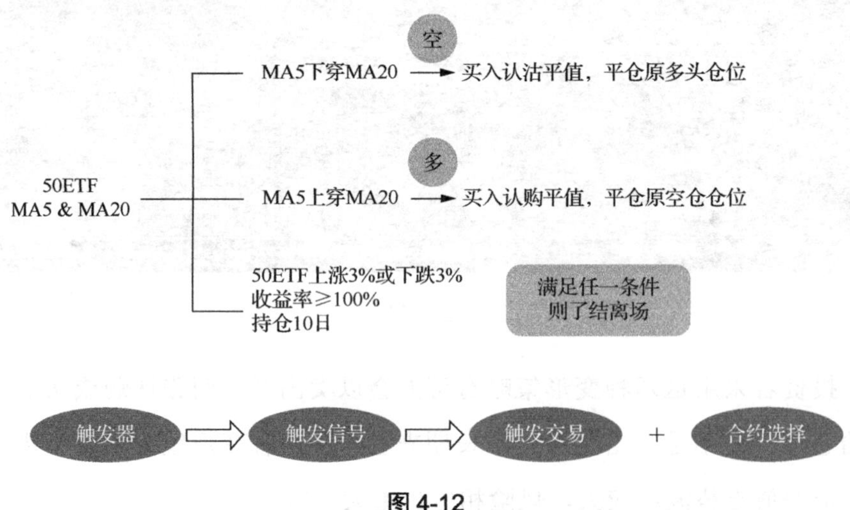

图 4-12

1. 触发器

50ETF 的 5 日均线和 20 日均线的关系。

2. 触发信号和触发交易

均线择时的触发信号及对应交易有三种类型：做空、做多、离场：

做空：当 5 日均线下穿 20 日均线时，买入一张认沽平值期权，同时平仓认购合约（如果有认购权利仓）。

做多：当 5 日均线上穿 20 日均线时，买入一张认购平值期权，同时平仓认沽合约（如果有认沽权利仓）。

离场：满足以下任一条件，即可了结仓位。

（1）交易入场日的收盘价累计上涨 3%或下跌 3%。

（2）收益率≥100%。

（3）持仓天数满 10 个交易日。

如图 4-13 所示，2017 年 12 月 25 日 MA5 上穿 MA20，50ETF 收于 2.876 元。次日开盘，买入 1 月行权价为 2.9 元的认购。12 月 29 日，MA5 下穿越 MA20，50ETF 收于 2.858 元。在 1 月 2 日开盘时平认购权利仓，同时买入 1 月行权价为 2.85 元的认沽。就在 1 月 2 日收盘时，MA5 又上穿 MA20，50ETF 收于 2.907 元。1 月 3 日平认沽权利仓，重新买入 2.9 元的认购。之后的行情没有反复，持续了一个较大的上涨波段。1 月 18 日，即在持仓 10 个交易日后，平仓离场。

3. 合约选择

均线择时的重点在于赚取 Gamma 的价值，而当月平值合约 Gamma 的值和变动幅度都是最大的，因此策略交易选择当月平值合约。考虑到买方将承受时间价值的耗损，笔者的习惯是选择剩余期限至少在 10 个交易日以上的合约。如果当月平值合约还有不到 10 个交易日就到期了，则交易下月合约。

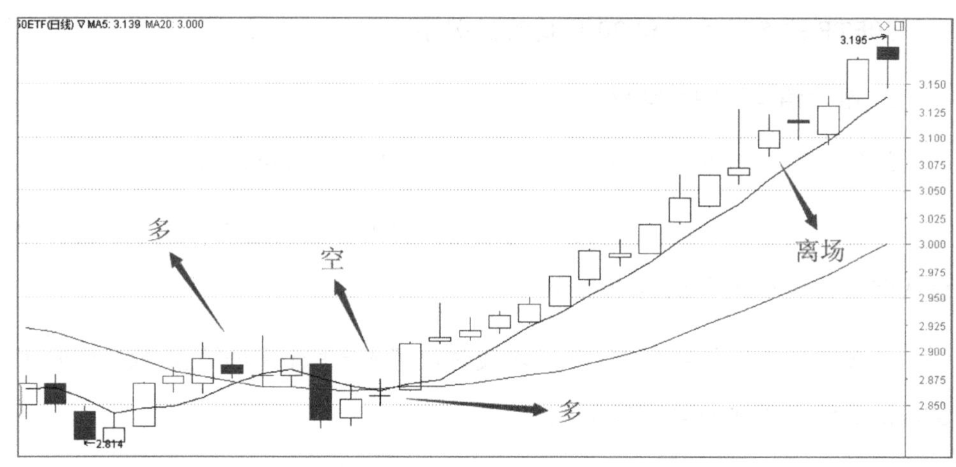

图 4-13

二、模拟回测

假设以下回测初始资金是 1 万元，佣金是 5 元，如图 4-14 和表 4-3 所示。

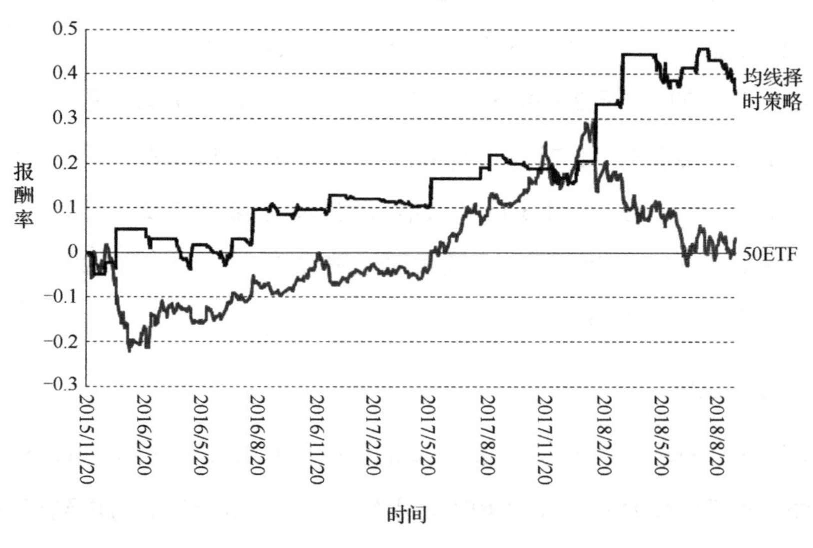

图 4-14

表 4-3

	均线择时	50ETF
开始时间	2015-11-20	2015-11-20
结束时间	2018-9-20	2018-9-20
最大净值/元	14058	12932
最小净值/元	9519	7788
累计获利/%	29.51	3.33
年化收益/%	10.6	1.25
日收益/%	0.042	0.005
日收益标准差/%	0.8	0.01
最大回撤/%	8.57	24.84

三、核心逻辑

相比以卖方为主的多空挪移策略和复仇者策略，以买方为主的均线择时策略的盈利概率并不高。

均线择时采用均线关系作为交易信号，虽然交易次数不多，但只要能捕捉到几次关键的方向波动，就可获利。例如 2018 年 2 月 8 日至 9 日、3 月 22 日至 23 日的大跌，这两次交易在整个回测中贡献了 22%的盈利。在准确率仅有 36.5%的情况下，只要每次平均获利金额大于每次平均损失金额的 1.73 倍（(1/0.365）−1=1.73)，就可长期获利。换句话说，如果 50ETF 在一年内出现数次 3%以上的日涨跌幅，并且投资者有 30%的概率能抓住机会持有正确仓位，那么均线择时策略在大多数情况下不会亏钱。

同时，严格控制仓位，采用每万元买一张认购或认沽的方式。即使某次交易损失了全部的权利金，整体的资金损失也有限，可确保后续仍有进场本金进行下一次的交易。

四、不足之处

以买方为主的策略最大的问题在于时间价值耗损导致胜率较低，均线择时策略也是如此。

仍以 2015 年 11 月至 2018 年 9 月的模拟回测为例，假设将交易对象换成 50ETF，获利次数有 20 次，损失有 21 次，交易胜率为 48.78%。在出现相同触发信号的情况下，买入期权合约的交易胜率却会降低至 36.5%，对于任何投资者来说，低胜率的交易方式都是一种心理上的绝对考验。

另外，在仓位了结之后，如果行情在方向上继续保持一个较大幅度的走势，那么投资者可能会错失不少潜在的获利机会，具体如图 4-15 所示。

图 4-15

由于均线择时依赖日线和均线数据判断交易信号，时效性不强，尤其是在行情遇到 V 形反转或快速反转时，进场价位较差。如图 4-16 所示，2017 年 11 月 22 日至 11 月 28 日有 6.6%的回撤，2018 年 2 月 5 日至 2 月 9 日有 14.7%的回撤，均线择时缺席了这两次方向性交易。

图 4-16

五、变通与衍生

同多空挪移和复仇者策略一样，投资者也可以在此基础上叠加或更换其他指标。例如，将 20 日均线换成 30 日均线，持仓满 10 个交易日离场换成满 8 个交易日离场等。

除此之外，如果投资者判断现在的隐含波动率太低、未来隐含波动率将升高、行情不会停留在此、短期或中期将有趋势性走势，就可运用买方策略来以小博大。

笔者有个朋友，曾用压力支撑线来判断行情走势，即如果行情接近压力位或支撑位就会做买方，预计近期行情短时间内将有突破，具体如图 4-17 所示。

只要掌握了买方的交易特性、赚钱原则，并不必拘泥于前文介绍的操作。

提醒喜欢做买方的投资者，千万不能忽略时间价值的重要性。一定要在预计行情短期内会有方向性走势时建立买方仓位，而不是认为行情未来会涨或会跌就开始布局。卖方的优势是时间价值，而买方的优势在于能够利用杠杆在有限时间内获取较大利润，在交易中要时刻牢记买/卖方的优势。

图 4-17

总结一下均线择时的几个要点：

（1）以 MA5 和 MA20 关系作为进出场信号。

（2）最多持仓 10 个交易日。

（3）进场后，若标的累计变动 3%以上则了结出场。

（4）若收益率≥100%，则离场。

（5）若当月合约还有不到 10 个交易日到期，则交易下月合约。

4.4 基本款之形影相随

下面我们再来介绍一个以卖出宽跨式为主的策略，即形影相随策略。那么，为什么要卖出宽跨式？

在学习期权交易的过程中，相信许多人一直想找到一个稳定的赚钱方式，在经过许多次尝试及失败后，也许会突然发现，原来卖出宽跨式是一个不错的方式。在经过实际的测试或大量回测后，发现只要在持仓时间不遇到崩盘的极端走势，它就的确是一个非常神奇且稳定的获利模式。

许多人认为这是一个很“稳定”的交易方式，甚至有些人用“套利”的名义去招揽期权的交易者或资金。每当有人问，如果行情向下突破你卖出的行权价时怎么办呢？一般的回答是，如果行情移动，则我们会将风险对冲掉，使卖出的宽跨式仓位永远在标的资产的价位之外，然后赚到时间价值，报酬率一年绝对可以达到 20%以上。然后立即将回测数据拿出来。这看起来的确是一个既高大上又容易理解的交易模式，但实际做起来却不是这么回事。在行情平稳时，报酬率确实非常不错，问题是行情不可能永远那么平稳。在许多时候市场总是给你难看，时常让你怀疑这种交易方式是否真的可以长期赚到钱。

笔者被客户问得最多的是:“卖出宽跨式后，要怎么对冲？要何时对冲才能获利？”笔者解释这种策略主要是赚取现在隐含波动率所代表的市场价格高于预期波动率之间的差额，所以我们开始对冲掉其中的方向性（即 Delta），能否获利则取决于未来的波动率是否小于你卖出时的隐含波动率……，每当这时客户就开始犯困了，而笔者也意识到在客户没有计算实时希腊字母及用手机交易的前提下，要做一个中性的交易策略确实不是一件容易的事。笔者曾经做过的一个简单的卖出宽跨式交易策略，在过去几年确实赚到了一些钱。

一、操作说明

卖出宽跨式策略具体内容如图 4-18 所示。

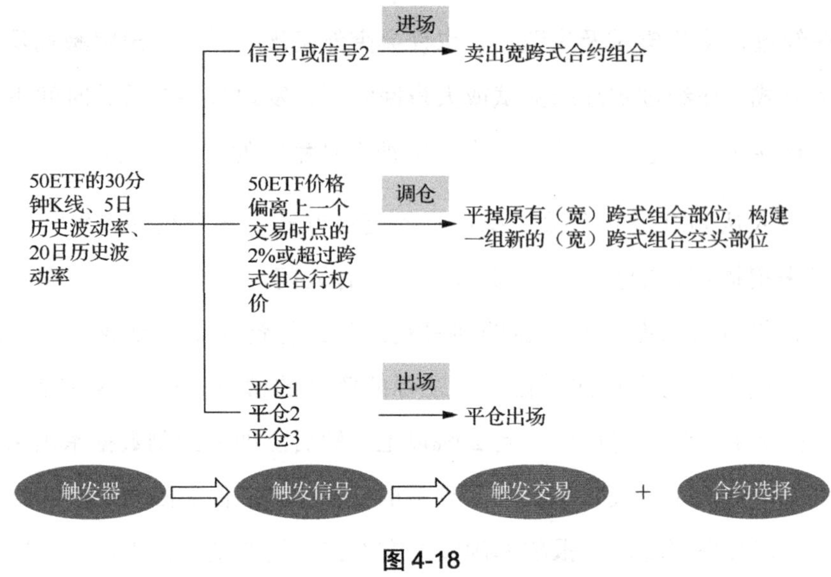

图 4-18

信号 1：5 日历史波动率向下穿过 20 日历史波动率。

信号 2：5 日历史波动率连续 3 个交易日依次下跌。

信号 1 和信号 2 中任何一个被触发即卖出宽跨式合约组合，交易当月虚值一档宽跨式，若当月期权合约剩余交易日大于 5 天，则交易当月合约，否则交易次月合约。

（1）调仓逻辑

若标的 50ETF 价格偏离上一个交易时点的 2%（对宽跨式还需满足标的价格跑出持有的宽跨式组合的行权价），则触发调仓，即平掉原有宽跨式组合部位，构建一组新的宽跨式组合空头部位。

（2）平仓逻辑

平仓 1：合约到期（结束该笔交易）。

平仓 2：该笔交易利润达到卖出宽跨式组合权利金的 50%。

平仓 3：该笔交易损失达到卖出宽跨式组合权利金的 30%。

（3）资金部位

初始资金为 2 万元，每次交易单位为认沽、认购期权合约各一张。

交易费用：卖开不收费用，买平按 5 元每张计算。

1. 触发器

50ETF 的 30 分钟 K 线与 5 日历史波动率及与 20 日历史波动率之间的关系。进场时是以每日收盘后历史波动率的变化来决定是否进场，进场后每 30 分钟观察一次 50ETF 的 30 分钟 K 线。当然若投资人想透过希腊字母的数值来决定对冲或移仓时机，那么也可以替换成其他方式。而历史波动率的择时进场时机，在有更好的可以判断波动率会下降的信号时，也可以将信号替换掉。本方法主要提供简明的判断进场、对冲及移仓方式，使读者了解做卖出宽跨式的基本方式。

2. 触发信号与触发交易

这一基本款的触发信号及对应的交易用到三种类型，即进场、移仓、离场。

进场：当投资人空手时，盘后发现 5 日历史波动率已连续 3 日下跌，或是 5 日历史波动率前一日仍高于 20 日历史波动率，但今日已低于 20 日历史波动率（如图 4-19 所示），可于次日开盘 30 分钟后进场卖出当月虚值一档认购及当月虚值一档认沽。

移仓：当标的 50ETF 价格偏离上一个交易时点的 2%，或标的价格跑出持有的跨式组合的行权价，则触发调仓，即平掉原有宽式组合部位，构建一组新的宽跨式组合空头部位。

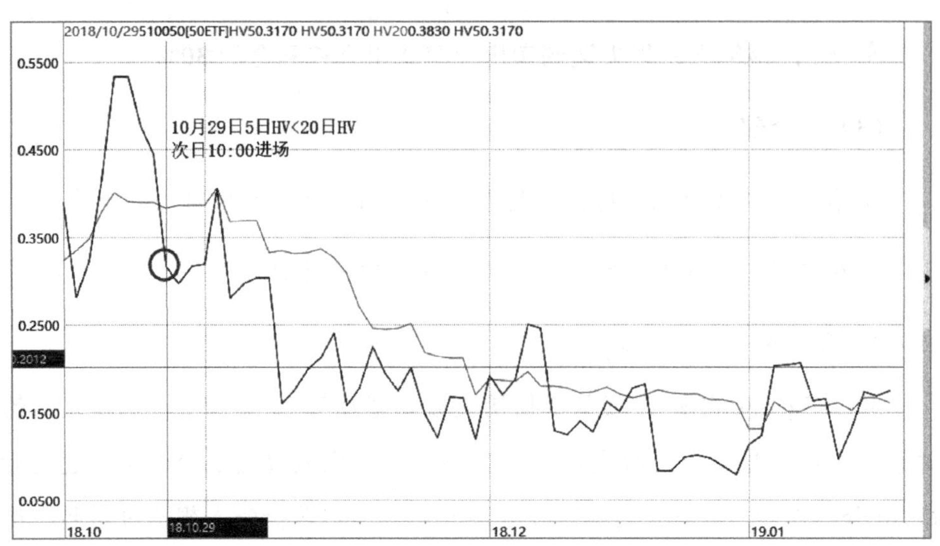

图 4-19

例如，2018 年 10 月 30 日上午 10:00 时，由于当时上证 50ETF 价位为 2.439 元，卖出各虚值一档的期权，故卖出行权价为 2.50 元的认购（0.0741 元）及行权价为 2.40 元的认沽（0.0682 元）。而移仓的标准为进场价位上下各 2%，故上档移仓价位为 2.487 元，下档移仓价位为 2.390 元，但由于 2.390 元低于卖出的认沽价位，故移仓价位改为 2.40 元。

下午 13:30 时，上证 50ETF 行情上涨至 2.492 元，已高于移仓价位 2.487 元，故将先前卖出的行权价为 2.50 元认购（0.0929 元）及行权价为 2.40 元认沽（0.0473 元）买回，这时获利暂时为 21 元。同一时间再卖出行权价为 2.55 元的认购（0.0714 元）及行权价为 2.45 元的认沽（0.0666 元），而移仓的上档价位则变为 2.541 元，下档价位为 2.442 元。

2018 年 11 月 2 日 10:00 时，上证 50ETF 价位涨至 2.545 元，已高于移仓价位 2.541 元，故将先前卖出的行权价为 2.55 元认购（0.0837 元）及行权价为 2.45 元的认沽（0.0433 元）买回，此次获利 110 元，累计获利 131 元。同一时间再卖出行权价为 2.60 元的认购（0.0614 元）及行权价为 2.50

元的认沽（0.0608 元）。这时移仓价位上下各为 2.5959 元及 2.50 元，如图 4-20 所示。

图 4-20

离场：当满足以下任一条件时，则离场不再交易，等待下次信号。

（1）合约到期（结束该笔交易）。

（2）该笔交易利润达到卖出宽跨式组合权利金的 50%。

（3）该笔交易损失达到卖出宽跨式组合权利金的 30%。

合约到期当然是结束此次交易，等待下一次的进场信号出现，但是否到达止盈或止损条件，则以首次进场所收的权利金为标准计算。以上文 2018 年 11 月合约为例，由于首次进场是在 2018 年 10 月 30 日的上午 10:00，当时第一次卖出的权利金总额为 1423 元（0.0741×10000+0.0682×10000=1423 元，每一张期权对应上证 50ETF 为 10000 份），故交易获利达 711.5 元即出场不再交易，等待下次信号再进场，或者损失达到 426.5 元，亦离场等待下次交易机会。

3. 合约选择

我们主要希望通过该交易能赚取到时间价值的钱。若行情走得太快、太远，如果使用标的资产去对冲，则仓位在原先行权价的时间价值已经很低了，所以我们要重新建立一个时间价值较高的新仓位，也要趁损失较小或小幅获利时止损或止盈出场，换到另一个时间价值较大及较为中性的仓位。而在即将到期前 5 天，由于虚值的期权时间价值已经很低，若行情开始波动，那么即将到期的期权风险较大，故新建仓以次月的合约为主。

二、绩效回测

初始资金为 2 万元，每次交易单位为认沽、认购期权合约各一张。

交易费用：卖开不收费用，买平按 5 元每张计算，如图 4-21 和表 4-4 所示。

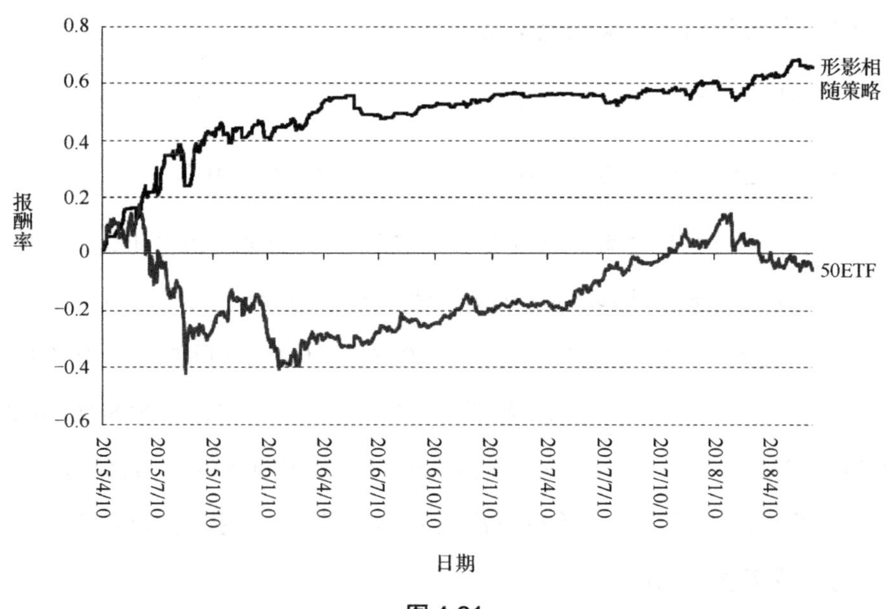

图 4-21

表 4-4

	卖出宽跨式策略	50ETF
开始时间	2015/4/10	2015/4/10
结束时间	2018/6/19	2018/6/19
最大净值/元	1.6968	1.1748
最小净值/元	1.022	0.5775
累计获利/%	67.05	−3.19
年化收益/%	20.81	−0.968
日收益/%	0.086	−0.005
日收益标准差/%	0.95	1.62
最大回撤/%	13.91	47.67

三、核心逻辑

2005 年，大多数客户都以买方为主，证券公司也打着买方具有“风险有限，利润无穷”的旗号吸引到了大批客户做买方，但是经过一段时间的交易，大多数客户都无法赚到钱，所以市场上也出现“既然买方赚不到钱，卖方一定可以赚到钱”的说法。

其实做卖方也不是那么容易的，许多客户根本没有办法去计算持有仓位的 Delta 值和 Gamma 值分别是多少。如果客户没有这些数字，那么怎么做对冲，如何控制风险呢？当然有些公司提供给客户一些软件或 Excel 的宏帮助其计算 Delta 值和 Gamma 值，并指导他们如何控制风险和对冲。但是并非每一位客户都能接受这种复杂的方式，也并非每一位客户都会使用这些希腊字母。

卖出宽跨式的交易就像一个无法跨越的鸿沟，最后的结果总是不如人意。

对卖出宽跨式策略有以下几个重要的建议。

（1）在隐含波动率高（即时间价值高）时卖出。因为权利金在相对比较高时，不仅获利的空间较大，而且在相对到期时间之内，由于负 Gamma 值较小，故风险也较低，移仓时获利的机会也比较大。

（2）在持有仓位的这段时间，在刚开始持有时波动大要比快到期时波动大更有利。

（3）希望在刚进场时隐含波动率相对较高，进场之后隐含波动率相对较低。这说明我们在卖出宽跨式后希望行情能尽量平稳，减少突然性的波动造成的损失。

根据这些建议，我们遵守了在短期历史波动率向下时才开始进场的规则。虽然我们也想在隐含波动率相对高的时候进场卖出宽跨，但这时要通过隐含波动率的走势或波动率锥来判定进出场原则，大幅减少了进场的机会，投资人也很难去运用，所以我们使用历史波动率来预测，即在波动率开始降低时进场。

由于卖出的是宽跨式而非跨式，在快到期时宽跨式的权利金不高，为了避免赚小钱而赔大钱的情况，不要在快到期时再进场，同时要在赚到权利金的 50%时立即出场。

四、不足之处

当然所有简单交易的方法一定会有不足之处，卖出宽跨式策略也不例外。

在接近换仓点附近，市场突然出现大幅涨/跌，每隔半小时观察调整比实时调整的方式回撤大。

例如，在 2018 年 10 月 19 日，卖出行权价为 2.50 元的认购及 2.40 元的认沽宽跨式。由于行情波动较大，在进场后当天上涨接近 2%，以 2.491 元收盘，离换仓点（A 点）仅仅差了 0.009 元。但是在次日 10:00，行情急拉至 2.558 元，原本应该在 A 点附近换仓却来到了 B 点换仓，因此只好将行权价为 2.50 元的认购及行权价为 2.40 元的认沽买回，再卖出行权价为 2.60 元的认购及行权价为 2.50 元的认沽，这种离换仓点较远的换仓动作都会造成单笔较大的损失。与盘中进行实时对冲的方式比较，这种情况损益的波动幅度较大，如图 4-22 所示。

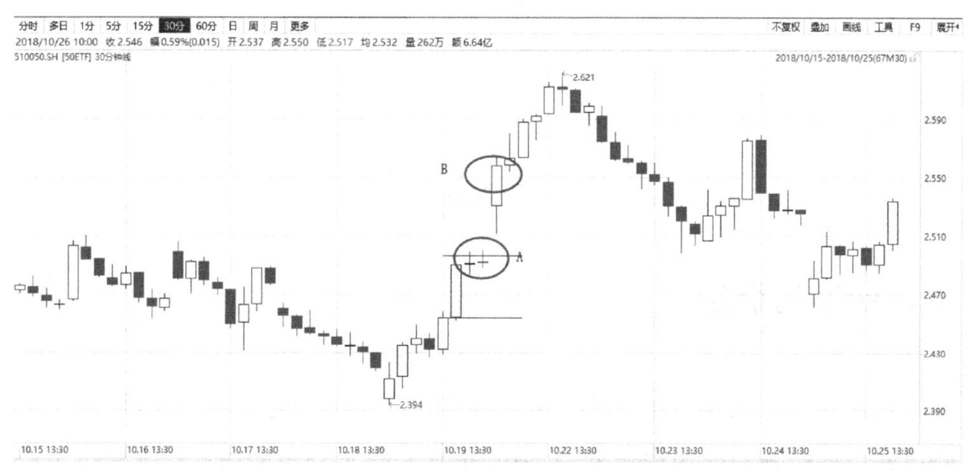

图 4-22

（1）进场之后，行情快速涨跌 2%，形成多次调仓。

如图 4-23 所示，当进场卖出宽跨式策略后，行情形成一个区间震荡走势，在震荡每次刚好上涨 2%后即回撤 2%。在 A 点进场后，行情涨至 B 点，即将原先的宽跨买回，再卖出新的宽跨式策略，第二天，行情又回撤至 C 点，这时再将 B 点所建立的宽跨式策略买回，再卖出新的宽跨式策略，如此进行“A-B-C-D-E”的过程，很快此次策略就止损出场。

（2）希望能在波动率相对较高时卖出宽跨，却常常无法如愿。

因为我们使用历史波动率来决定出场时机，所以缺少观察隐含波动率的逻辑。虽然长期是可以赚钱的，但有时进场会在隐含波动率相对比较低的时候，然后没多久就黯然止损离场。

图 4-23

五、变通与衍生

卖出宽跨式策略比较简单，虽然有许多不足之处，但是至少解决了何时进场、何时换仓（取代对冲）、何时止损及何时冲盈的问题。当然以上内容只是一个抛砖引玉的作用，投资人可以在此基本款上演化或创造新的方式，例如：

（1）使用隐含波动率的判断方式找到更好的方式进场，用类似的方式来对冲其风险。

（2）当隐含波动率开始由大变小时再进场，并遵守增加仓位的控制原则，如隐含波动率持续变小，可陆续在接下来的交易中降低其卖出仓位，当隐含波动率变大时再缓缓增加卖出仓位，以达到控制风险的目的。

（3）可增加资金管理模式，以加速基本款的获利效率。

4.5　基本款之平波缓进

最后一个基本款策略是平波缓进，我们将以比例式价差为主，那么什么是比例式价差呢？

比例式价差就是，在相同的到期月份建立空边合约大于多边的 Delta 中性策略。根据这个定义，我们加以延伸可以发现，前面提到的卖出（宽）跨式也可以算是一个比例式价差，只是其多边与空边的张数是一样的，是一个特殊形态的比例式价差，所以图形也非常类似（如图 4-24 所示），只是到期前面临下跌的风险不一样（此处为认购比例式价差）。

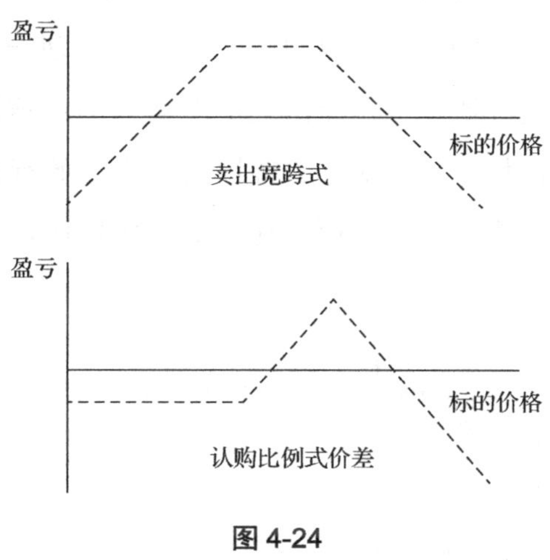

图 4-24

由于认购比例式价差对下档的风险有一定的局限性，而许多投资人希望能赚到时间价值，又担心崩盘造成不可弥补的灾难性损失，故有时不使用卖出跨式或卖出宽跨式的方式，反而使用认购比例式价差来赚取时间价值。

但很多人在使用认购比例式价差后，感觉并不十分顺手，因为就算每天行情都不变，其 Delta 仍会有一定程度的变化，而且中性的位置并不是未来到期获利最大的位置。其实，比例式价差最常使用在对波动率偏态（Skew）的交易，即当虚值的认购行权价隐含波动率明显高于平值或实值行权价的隐含波动率时，卖出虚值的认购期权同时买入平值或实值的期权，等到虚值的隐含波动率恢复“正常”时则平仓出场，以此来取代风险逆转（Risk Reversal）的对冲方式，这不仅可以节省交易成本，而且操作也比较简便。

由于认购的比例式价差具有每日方向性偏多的特性，所以也会常常利用这种特性来设计交易策略，由于下档的风险是有限的，所以我们常常运用到多头的回撤交易中。

举例来说，假设目前行情还有 8 个交易日到期，那么接下来 8 天的认购比例式价差的损益图如图 4-25 所示。在刚开始的时候，损益图与单纯卖出认购的类似。但是每隔一个交易日，损益图就出现一些变化，就算是行情小涨也可以赚到钱，到第八天行情上涨至卖出的虚值行权价价位时（约上涨 2%）获利是最大的。所以它的特性是，刚开始行情下跌会小赚，但若时间足够，行情反弹，获利反而会比较大，所以比例式价差很适合在先跌后涨的行情中持有。

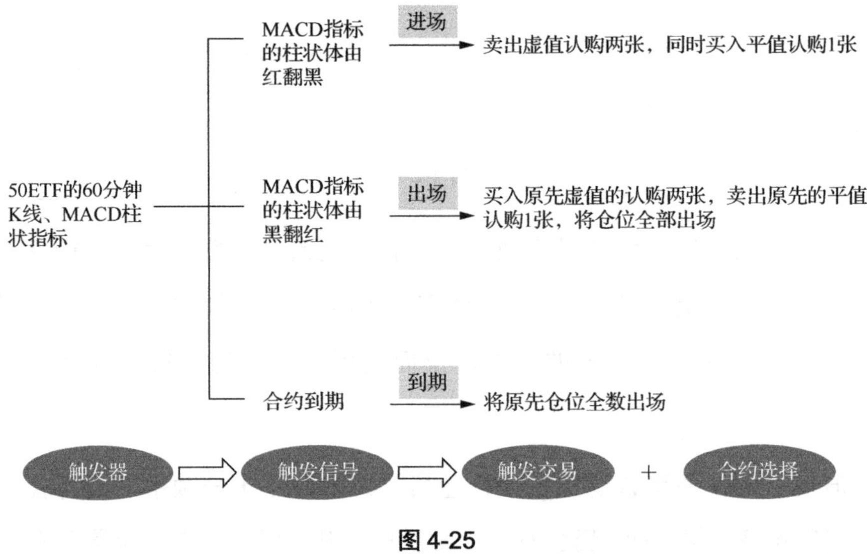

图 4-25

一、操作说明

比例式价差策略具体内容如图 4-26 所示。

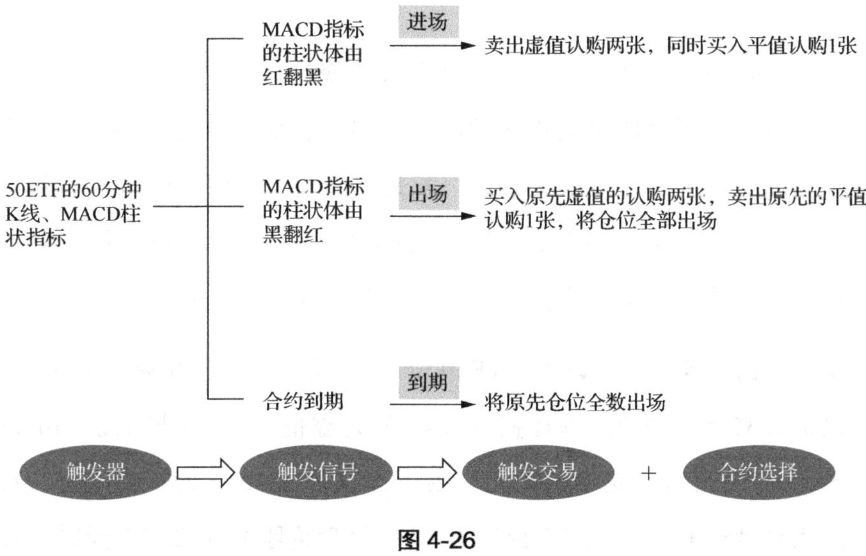

图 4-26

1. 触发器

50ETF 的 60 分钟 K 线与 MACD 技术指标的关系，每 60 分钟观察一次。其中 60 分钟 K 线虽然比较迟钝，但由于我们采用比例价差的方式，其损益的反应会比较慢，净值相对较稳定，也可以替换成其他捕捉价格趋势的指标，在 30 分钟到日线等级的买卖点，其损益均相当稳定。

2. 触发信号与触发交易

“进场”是指当 MACD 指标的柱状体由红翻黑时，卖出两张虚值认购，同时买入 1 张平值认购，建立一组认购比例式价差仓位。

“出场”是指当 MACD 指标的柱状体由黑翻红时，将先前的仓位补回，即买入原先的虚值认购两张，卖出原先的平值认购 1 张，将仓位全部出场。

“到期出场”是若持有仓位到期，我们不换仓，仅将原先仓位全数出场。由于我们在到期前 5 日即交易下个月份合约，因而持有的时间几乎都不超过 5 日，故到期出场其实并不多见。

3. 合约选择

由于合约的流动性及到期日希腊字母的变化，我们交易都使用当月的合约，一方面可以赚取时间价值的收入，另一方面由于每次持仓时间不会太长，故使用较远月份的意义不大。若是使用较长时间架构的 K 线图，如日线格局之上的，则会使用次月或季月的合约。由于使用 60 分钟 K 线收盘价来观察进场时间，所以价位往往会在两个行权价格之间。

我们根据定义，若上证 50ETF60 分钟 K 线的收盘价位是 2.360 元，则以行权价 2.35 元为平值，以行权价 2.40 元为虚值一档；如果上证 50ETF60 分钟 K 线的收盘价位是 2.380 元，则以行权价 2.40 元为平值，以行权价 2.45 元为虚值一档；若是 60 分钟 K 线的收盘价刚好是 2.375 元时，则以行权价 2.35 元为平值，以行权价 2.45 元为虚值一档。毕竟我们是在猜想行情回撤的情况下做这种策略的，当然以较为积极的态度去做效果会更好一些。

除此之外，若当月合约还有不到 5 个交易日到期，则以次月合约为主要交易标的，以避免较大的风险。

二、绩效回测

如图 4-27 所示，以 1 万元为一个单位。

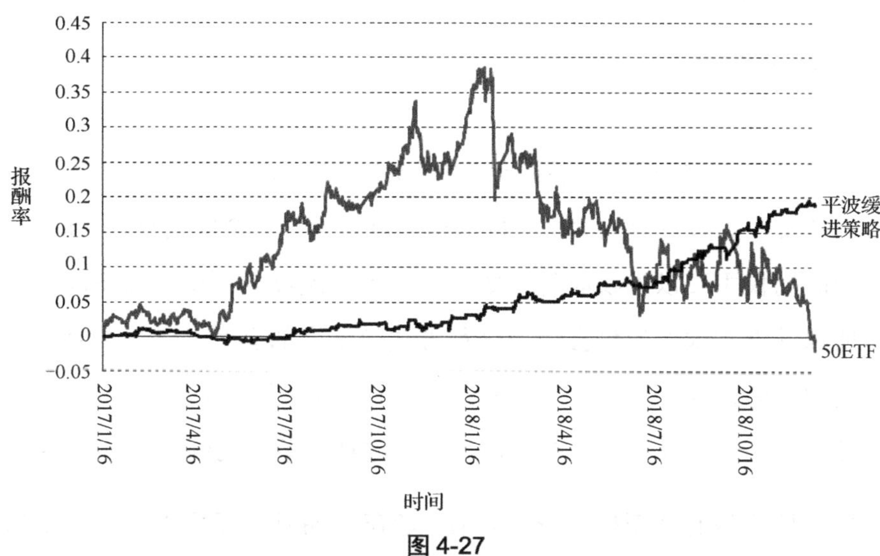

图 4-27

2017 年至 2018 年 MACD 比例式价差策略与 50ETF 绩效比较如表 4-5 所示。

表 4-5

	MACD 策略	50ETF
开始时间	2017/1/16 10:30	2017/1/16 10:30
结束时间	2018/12/25 15:00	2018/12/25 15:00
最大净值/元	11957	13851
最小净值/元	9891	9809
累计获利/%	18.84%	−0.26%
年化收益/%	10.07%	−0.14%
日收益/%	0.04%	0.00%
日收益标准差/%	4.60%	4.73%
最大回撤/%	2.32%	29.19%

三、核心逻辑

2012 年，笔者只是想发展一个类似卖出宽跨式的简单交易策略，但又担心行情暴跌导致风险太大，故将下档的风险锁住，希望能赚取时间价值。因为当时期权主要以加权股价指数为主，上涨速度并不快，而下跌速度很快，所以并没有太多的机会使用这种方式做偏态的套利，进场的时机便成为主要的考虑因素，虽然建立了多腿策略的交易，但由于保证金组合制度，所以使用的保证金并不会太多，便着手了这种简单的比例式价差策略。

以这种策略的到期损益图形来看，若在到期时结算可以落到卖出的行权价（如图 4-28 所示的 B 处），则收益可以达到最大，而主要的收益区间在买入行权价到卖出行权价之外的一个行权价之间，即图 4-28 中的 A 点至 C 点之间的区域，但是行情跌至 A 区域之下也不会亏损，若行情涨太多就无法获利了。

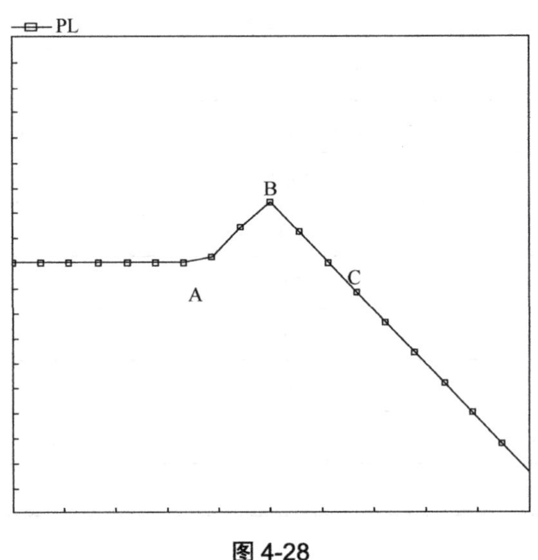

图 4-28

由于离到期日越来越近，原来持有的仓位显示偏空的市值会逐渐偏多。换句话说，其获利最大的位置，可能会从原先的 A 处渐渐变到 B 处，所以我们在持有认购比例式价差时，刚开始会比较期待偏空走势，但在快到期时可能会希望它上涨。如果我们当时买入平值期权一个单位，同时卖出虚值期权两个单位，这种情况比较适合在进场后行情下跌，然后又弹回来，一个没有那么明显趋势的回撤走势的行情。这种走势在指数上出现比较多，且即使遇到崩盘也不会受重创。

由于此种方式对比较大的单边走势没有超额的获利，故进出场逻辑的选择比较适合持有一段时间且止损较慢的方式，也适合一些追踪止损或右侧交易的模式，不用追求较大波段，只要在到期前的时间出现小幅反弹有获利出场机会就好。如图 4-29 所示，在 A 点进场、B 点出场，虽然出场价位比进场价位高，但仍能获利，即使看错方向，行情一路下跌也不用担心。

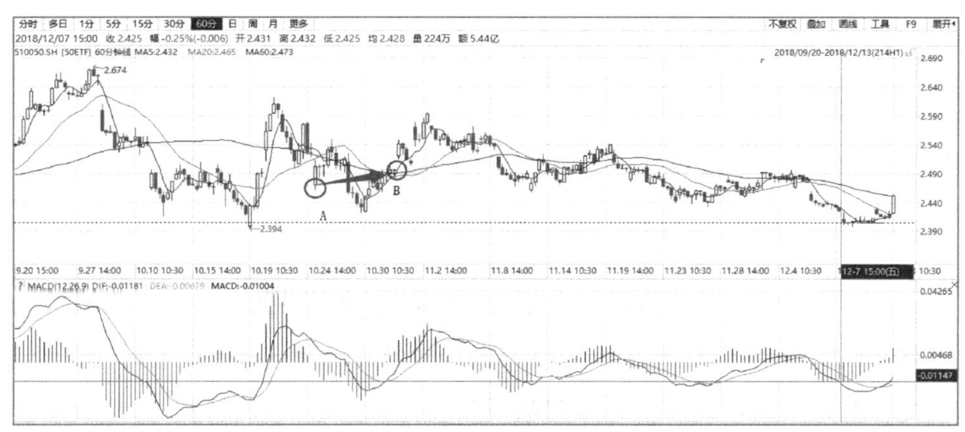

图 4-29

四、不足之处

虽然此种方式回测起来绩效相对稳定，相较前面所提的几种基本款也相对更加安全，但此种交易方式是针对某种走势所建立的，故必定有其短板和不足之处。

（1）由于每天方向性的 Delta 变化很小，故在进场后，若行情立即反转则会亏钱，在多头走势中可能很长时间都赚不到钱。

如图 4-30 所示，在 2018 年 1 月，根本没有机会进场，只好眼睁睁地看着行情一路往上。好不容易有一个进场机会，但在 3 个小时后又被追止损出场，所以在行情明显呈多头时，确实很痛苦。

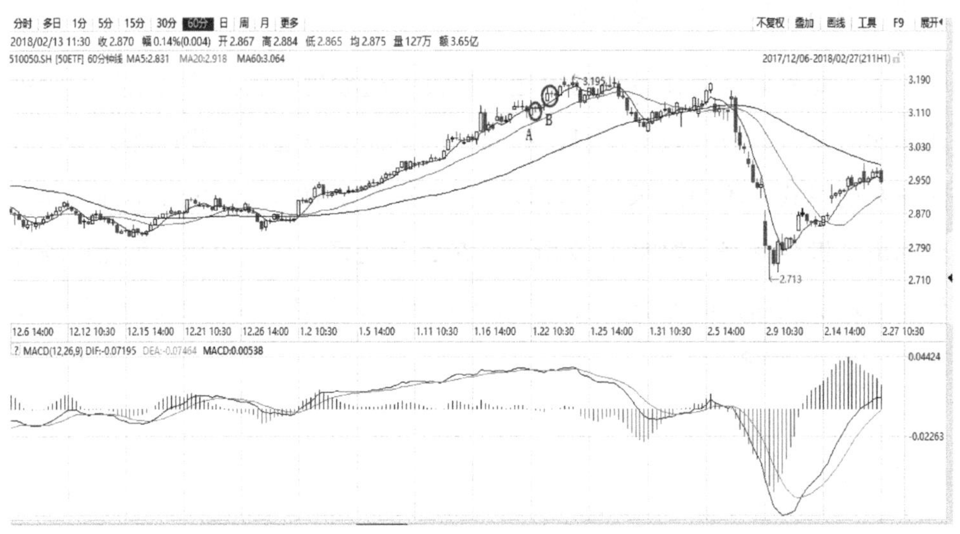

图 4-30

（2）当行情下跌很多时：在刚进场时，方向是对的，但是其策略特性是方向性中希腊字母的 Delta 慢慢偏多，故当进场后行情下跌的时间够长、幅度也够大的话，最后很有可能赚不到任何钱，甚至可能会以亏损出场。如图 4-31 所示，在 A 点进场，一周后确实下跌了不少，最后在 B 点出场，却没有获利。

（3）有许多错误信号。这也是许多基本款的通病，因为简单方法产生的信号的准确度确实较差，不能让我们每次进场的把握度都很高，而且交易成本较大，使用时会有不小的心理压力。

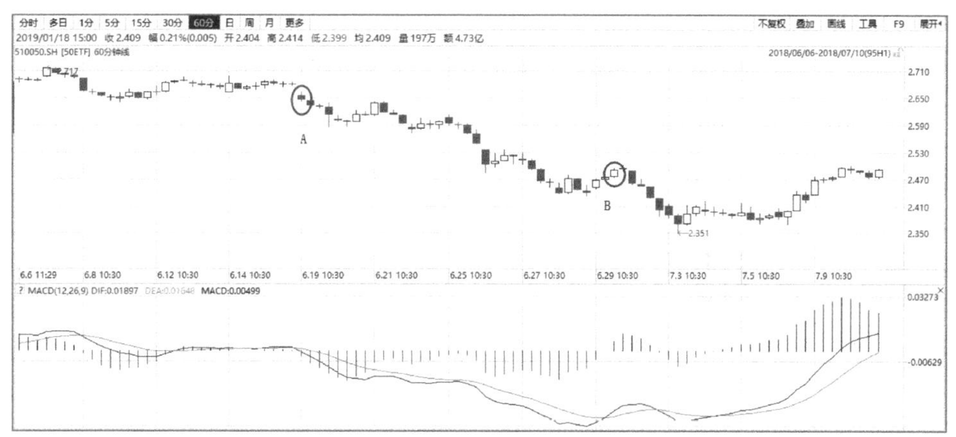

图 4-31

五、变通与衍生

（1）虽然在前文中明确说明，每小时都要观察 MACD 的柱状是否翻黑，但由于有买、又有卖，稍微晚 3 分钟或早两分钟进场，结果差异并不会太大，除非当时的行情变化很快。

（2）此方式与其他基本款一样，也可以和其他方式搭配使用。因为该交易模式对于回撤行情或是区间盘整较为适合，且只做单一方向（空方），资金的使用效率并不是很高，所以可和其他的多头模式相互搭配，成为一个更好的投资组合。

（3）进场及出场较适合一些移动平均系列及右侧交易系列，读者也可以自行利用其他的技术指标和追踪止损等方法做出新的交易模式，相信会有很好的效果。另外，由于 A 股市场常常会有一些虚值认购价格偏高的时候，这时再配合一些偏态指标来交易，效果会更好。

（4）由于平波缓进基本款每次的获利都很有限，所以应该配合资金管理模式。

后　记

笔者进入A股市场四年多，看到许多人抱着赌一把的心态投身于期权市场，之后亏损连连，最终不得不黯然离场。其中多数人都不知道为什么会亏，很多时候明明看对了方向，到最后却还是亏钱，于是只能满怀伤心，不甘地告别市场，而“收割机们”却在等待着新一批“韭菜”入场。

其实，期权市场并没有那么可怕，你可以选择豪赌一把，也可以使用一些简单却正确的方法，再配合严格的交易纪律来操作。期权市场有其独特的特性，即所有人都可以选择站在对自己有利的一边，取得较大概率的稳定获利，而规避掉对自己不利的场景。希望本书能让大家体会到我们过去多年在期权市场中的实务经验，以便有效地利用期权的时间价值、杠杆及资金管理的原则，让交易步入正轨，这也算是对刚起步的衍生品市场做出的一点点贡献。

最后，首先要感谢岳树帅，他虽然很年轻，但对于期权交易颇有心得，能够把期权基本款的构思用通俗易懂的方式表达出来，这对于期权交易专业方法的普及具有较大贡献。其次，还要感谢我的同事杨东阳、王康、贺云、郛静、杨雪、张唯佳、李沁鲜等，他们牺牲了许多宝贵的时间给本书提供了很多支持，否则本书不能这么快付梓！感谢的人太多，在此就不一一列举，谨向所有提供支持和帮助的朋友们致上我们最诚挚的谢意！

徐华康

2019 年 6 月 18 日

反侵权盗版声明

举报电话：(010)88254396；(010)88258888

传　　真：(010)88254397

E-mail　：dbqq@phei.com.cn

通信地址：北京市万寿路173信箱

电子工业出版社总编办公室

邮　　编：100036